羅彤華 著

# 漢代的流民問題

雨盦叟署耑

臺灣學生書局印行

謹以此書獻給

先外祖母 謝雲仲文女士(民前十五年~民國七七年)

# 自序

受到史料的局限，要了解古代社會低階層人民的生活，不是件容易的事。尤其是那群身分變化不定，動態捉摸難測的流民，在研究上更是困難重重。流民有如歷史的彗星，迅急出現，悄然而去，很難引起人長久的關注，或使人意識到他對政治社會的影響。爲了替流民這個歷史角色定位，筆者且以漢代爲中心，以系統化的研究方式，爲這群悲苦民衆鈎勒出一個清晰而完整的面貌。

流民問題是漢代社會的病徵之一。他與其他下層社會的人如奴婢、傭客、盜匪等之成因頗有可相互參證之處，故探究流民問題的來龍去脈，在掌握漢代社會經濟問題上，實有以一隅窺全貌的作用。但流民的最大特色，正在他是游走於社會夾縫中的人，極具可變性，也因此政府在面對這個問題時，若不能相應地做迅速、有效地立即處理，很可能就此爲社會伏下一些原可避免的禍根。雖然，流民問題對政權的衝擊遠不如民變大，但其長期累積效果，仍足以威脅社會經濟的發展，甚或政治的穩定。所以如何導引流民各安生業，而不爲豪強役使，人民蟊賊，應是政府悉心籌謀，早爲之計的。

使研究更深入而周全，是作者無可委卸的責任，但所涉範圍既廣，疏漏自然難免，許多專門問題也只有俟諸來日再予探討。在研究過程中，筆者得益師友之處甚多。初稿寫成後，又蒙許倬雲先生、管東貴老師、邢義田先生、蒲慕州先生、杜正勝先生、廖伯源先生等的撥冗校閱，並提供許多寶貴意見，使筆者獲益匪淺，在此特申謝忱。

本書的完成，最要感激的應是我的家人。自多年前罹患目疾以來，經常受其困擾，研究工作不時爲此中斷，心情亦隨之浮沈不定。支持我走過這段艱辛歲月的最大力量，就是親人的關懷與幫助。凡是有益於我病情的任何藥品、補品、偏方或醫療器材，家人都不惜代價，不問路程遠近，爲我尋來或購得。我能在全無現實生活的壓力下，安心療養，專心研究，也是靠家人的鼓勵與無微不至的照顧。所以書中的一字一句，實際上就是由親情凝聚、融鑄而成的。不幸的是，就在筆者著手寫作本書的前夕，外祖母心臟病突發，猝然而逝。外祖母溫和寬宏，仁慈敦厚，以九十高齡，猶日日操持家事，以此爲樂。在她老人家來說，這是求仁得仁，又何怨？但在吾輩心中，不能不有樹欲靜而風不息的遺憾！可惜她老人家不能親眼看到這本書的完成，在此謹以最深摯的悼懷之意，將此書獻給她老人家，以慰在天之靈。

**羅彤華** 序於七十八年九月十四日中秋節

# 目次

# 第一章　序論

## 第一節　問題緣起

朝代的興衰遞變，一直是史學家最感興趣的課題。二、三百年一次的改朝換代，或被視爲「朝代循環」(dynastic cycle)①，或以「超穩定結構」來說明這個歷史奇觀②。然則，如此龐大的政治體系，其凝聚與崩解都非易事。所謂「動態停滯」、「適應性變遷」(accommodable change)、「缺乏里程碑式的變化」等意念③，或可掌握國史變遷的大筋大絡，但於體系內部複雜的運作方式，各因素間微妙的互動關係，及其與體系之間的衝擊、調適過程，皆未能予人清晰、明確而深入的印象。政權的建構，含融無以數計的因子，有制度性的與人爲性的，有政治的、經濟的、社會的與意識形態的，共同交織成一個嚴整的體系。但要維繫這個偌大的體系，勢需各因子間保持高度的韌性與調節功能，才能避免僵化，持續興盛。若這種功能發生障礙，無法有效地將各因子納入規範中，則各游離出來的因子，將成爲政權內變的動力，終致於摧挎整個體系。

朝代興亡絕非單一因素可以解釋，改朝換代之際經常發生的農民戰爭，其實是政權內部各種機能朽壞、惡化、無以修復的最後結果。農民是傳統社會的主要成分，其安危動向足可爲政權治亂興衰的指標。但農民並未得到政府相對應的重視，他們只是歷史舞台上不起眼的小角色。這廣大的社會群衆，本是最安定，最不肯造反的，而在各代後期，竟紛紛逸出常軌，匯爲撼動政權的可觀力量，其情形自是非比尋常。如果大規模的農民戰爭意味著政權已無藥可救，那麼是什麼原因促使這個體系的機件失靈，維繫功能無效？又是什麼原因逼迫素來安分的農民，走上最不可思議的抗爭行動？

無論政權是在建構、發展中，或在衰退、崩潰中，它的每一舉動，每一階段，都有無數重力量在交互作用著。若粗略地分，可大別爲兩類，一類是使其趨於穩定或前進的力量，另一類是使其僵化或腐敗的力量。這個政治體系的命運與前途，就取決於這兩種力量之孰強孰弱。民變迭起時，王朝將如摧枯拉朽般地被推倒，人們常率爾認定政權已失控，後一力量遠大於前一力量，但却極易忽略這個過程是漫長的，具累積性的，而且在兩種力量處於極度不平衡前，二者曾經歷此消彼長的複雜運作過程，亦即統治者試圖伺機改革，使政權能更合理的持續運作下去。因此欲尋繹朝代興衰遞變之迹，政權維繫自我時所做的種種努力，以及相對於此種努力之種種侵蝕民生的作爲，都是理解其由治而亂，或衰而復興，所必需注意者。由於民變多起於政權已衰之後，反而不易觀察統治者在各階段的自處之道，而這個重任若由任何時期都可能發生的流民來擔負，或許更爲切當。

流民在許多朝代都出現過，其嚴重性却很少被人正視。流民不是一個社會階層，但下層社會的人易爲生活所困而成爲流民。他們難於表達自我，常被漠視。他們是社會病象之一④，是政權的危險群，但他們從未成爲歷史的主流，至多如彗星般地一閃即逝。他們的可變性極大，動向難以確切掌握，若能使其安定下來，在相當程度上可使政權轉危爲安，或減輕不少壓力。他們曾經存在於社會安定時候，而將變未變，將亂未亂之際，最易找到他們的踪影。他們幾乎與朝代興衰同步，但只要大亂揚起，便立即被民變搶盡風彩。他們是歷史上最稱職的配角，只默默地爲民變造勢，爲群雄的羽翼。他們即使在戰亂中成爲最無辜的受害者，也悄然地自我承擔下來。雖然他們的路向是曲折的，命運是坎坷的，地位是低落的，但由他們可了解社會病徵所在，可探知王朝診治之法，可傳達治亂訊息，可反應處置效果，故有必要將這股伏流導引出來，滙入歷史鴻流中，讓人們也同樣領略其波濤洶湧的一面。

因學力與興趣的限制，本書專門討論漢代的流民問題。由於流民並非固定專稱，也無特定身分，故首先應詮釋流民之義，辨認諸多類似行爲者或類似名稱間之異同，以界定本書的研究範圍。並進而歸納出其所具備之基本特性，爲這個隱晦的問題，這群不起眼的民衆，提出一些清晰的概念，找到易於尋索的脈絡。此乃本書第一章之重要工作。

兩漢的流民問題因時空差異而變化甚大，其間不乏波瀾壯濶的時候，但也有時似靜默地涓涓細流，爲使讀者能對這些時空交錯的複雜現象有更具體的認識，本書以分期方式縱剖問題，以區域分析橫切各面，並於觀照全局後，綜論流民問題對社會政治之影響，以深悉研究的意義與重要性。此即本書第二章的中心議題。

在傳統安土重遷，控制嚴密的社會中，人民要脫籍流亡並不容易。占全國絕大多數的農民，其土地的附著性相當強烈，除非有極不得已的原因，很少人會輕易離鄉背井，故流民產生的原因是本書下一章的重點。楊聯陞在「國史諸朝興衰芻論」中，提示用多重檢查辦法，探討朝代的興衰⑤。兩漢的流民問題雖然未必直接導致政權的覆滅，却不折不扣地是民變的先兆，故吾人在做多重檢查時，不僅可了解流民的成因，亦可同時勾畫出漢室興衰的軌迹。

流民猶如漢朝的警示器，隨著社會形勢的發展，問題的叢結程度，發出適當的警訊。統治者在面對警訊時所採取的安撫措施，一方面展現其解決問題的意願與能力，另一方面亦考驗其處事態度與行政效率。而這些正是一個具有活力的穩定政權所不可或缺者。本書第四章就針對這個課題，論評漢政府的各類措施，以觀察其在迎向衝擊時，自身之統馭力產生多大的變化。

本書根據上述架構研究流民問題，希望所提供的研究方式，能有助於澄清此一歷史現象。

## 第二節　流民釋義

自春秋中晚期以來，各國政府為了擴大兵源，增加賦稅，紛紛建立戶籍制，以掌握人力，周知民數⑥。周禮地官小司徒：「乃頒比灋于六鄉之大夫，使各登其鄉之衆寡、六畜、車輦，……及三年則大比，大比則受邦國之比要。」鄭玄注：「大比，謂使天下更簡閱民數及其財物。」秦則規制更為嚴格，凡「計脫實及出實多於律程，及不當出而出之」，都要依情節輕重處以賠償、罰甲，甚或免職的罪刑⑦。漢代的戶籍制度已相當完備，八月案比是對全民的閱視檢核，所造之籍則由上計吏呈於京師⑧。現今雖然尚未發現郡縣的戶籍正本，但已可由漢墓中名籍的副件略式，及居延漢簡中的戍卒家屬廩名籍或符傳中，窺見漢代戶籍的面貌⑨。徐幹中論曰：

「治平在庶功興，庶功興在事役均，事役均在民數周，民數周為國之本也。」審明戶籍即可掌握民數，國之興富，便肇基於此；反之，若是人民流亡，戶籍失實，則衰亂之政將爰斯而作。中論民數篇又曰：

> 迨及亂君之為政也，戶口漏於國版，夫家脫於聯伍，避役者有之，棄捐者有之，浮食者有之，於是姦心競生，偽端並作矣，小則盜竊，大則攻劫，嚴刑峻法，不能救也。

戶口脫漏，民離鄉里，不但使政府稅役來源減少，而且流亡姦偽並出，造成嚴重的政治社會問題。荀悅曰：「士好遊，民好流，此弱國之風也。」⑩不論是遊或流，一旦政府無法確切掌握人民，將會形成政權安定的潛在威脅。

「安土重遷，黎民之性」，「理民之道，地著為本」⑪。農業社會的居民多半有安土重遷的習性，若無天災人禍，或深刻感受無田之苦，是不會輕易離開土地的。而血緣的家族宗族關係，地緣的鄰里鄉黨組織，都具有安定社會的作用⑫。所以民數失實，戶籍不確，除因地方官未盡查核之職，更在於社會經濟狀況不利，才逼使人民不得不離鄉背井，流離失所。對農民來說，著籍雖然意味著承擔賦稅，但也同樣可享有賜爵、獎賞、減免等好處，總比受豪強剝削，或逃往邊荒，要來得安穩而有保障⑬。自古以來，人民既有安土重遷的心理與習性，著籍又有實際的好處，政府為便於社會控制，也欲將人民固著於土地上，故百姓流散於途，在傳統社會中是一件很不尋常的事，何況中國領土廣大，庶物煩雜，此一問題若非已達令人關切的程度，不易引起統治者的注意，也不易載入史書中，故由流民問題，可以了解漢代的社會經濟狀況，以及政府掌握民數的能力。

安土重遷並不代表漢代社會處於靜止狀態，在史書中仍隨處可見遷徙移動之例。漢代貨賄周遊，通利郡國的商賈甚多，貨殖傳中的鉅富羅裒、孔氏、刀閒、師史等是其尤著者。至於內郡商賈是否皆如邊區業商者需向官府請准，且無官獄徵事才可通行郡國⑭，在現有資料中尚無確證。此外，漢初的游士與遊俠，中期以後日漸活絡的遊學風氣，都是社會中較具流動特性的現象。據史記扁鵲倉公列傳，文帝問倉公淳于意，何以齊文王病時不向意求診，意答曰：

> 文王病時，臣意家貧，欲為人治病，誠恐吏以除拘臣意也，故移名數，左右不脩家生。出行游國中，問善為方數者事之久矣。

據此，一般人民可能需經「移名數」手續，向官府申請為流動人口，或請准遷移戶籍後，才可游行郡國⑮，亦即取得如符傳一類的憑證。但此種符傳是否就是出入函谷關的符傳，尚有可議。漢書終軍傳：

> 初，軍從濟南當詣博士，步入關，關吏予軍繻，軍問：「以此何為？」吏曰：「為復傳，還當以合符。」軍曰：「大丈夫西游，終不復傳還。」棄繻而去。

繻即符傳，出入關皆需裂繻以為信⑯，若此關傳即離鄉的憑證，則終軍出游必已經「移名數」手續，關吏又何需再予之繻以為驗？而漢政府若不另制通過函谷關的符傳，將何以謹防出入，嚴別關內、外？無論漢代的邊關、其他關口或京師官亭，是否都有如函谷關那樣嚴格的合符之制⑰，一般人民在游行前需向政府申請「移名數」，應是相當可靠的。這種規制或許承自秦代，據睡虎地秦墓竹簡之游士律：「游士在，亡符，居縣貲一甲；卒歲，責之。」游士未必僅指游談辯說之人，凡遷移流動者皆應包括在內。游士居縣若無憑證，則觸犯律令，將受責罰。漢代的「移名數」或即襲取秦游士律的精神，使政府盡其所能的得以掌握人民動態。

漢人雖然安土重遷，但兩漢書中仍經常可見人們為了通商求學，或為了尋求更好的政治前途、社會生活而遷徙流動，但這些人畢竟不是飢困無依、流移就食的流民，他們在游行郡國時也應有符傳之類的憑證。而江巨孝以母老，自行負轅挽車，接受驗視的故事⑱，顯示漢代的戶籍調查仍具相當的有效性，再加上政府對重要關防的嚴加管制，以及見知故縱、通行飲食、首匿相坐等法的強力防止，故若非國家頻生大故，在一般情況下，失籍、脫籍者應不致太多。

漢代的戶籍制雖然是中國歷史上實施較徹底的時代⑲，但漢代的流民問題依然嚴重。流民的有無多寡，不僅考驗戶政能力，也是吏治良窳的表徵，並反映社會經濟狀態。人民安居樂業時，戶籍制尚可發揮掌握民數的效用，一旦災亂紛起，則脫籍流亡者將勢如潮湧，絕非單純的法制力量所能控制，而戶籍制的崩解，自不待言。在漢代，流民並非法律名詞，也非固定專稱，它不是一個社會階層，也不具任何確定身份，漢代雖有「流民法」，但既未說明何謂流民，又未特別強調如何防制或安撫流民，漢書石慶傳：

惟吏多私，徵求無已，去者便，居者擾，故為流民法，以禁重賦。

師古注曰：

言百姓去其本土者則免於吏徵求，在舊居者則見煩擾，故朝廷特為流人設法，又禁吏之重賦也。

流民法的內容今已不知其詳，禁吏之重賦，可能反而是立法的重點。鹽鐵論未通篇，文學指責惡吏曰：「刻急細民，細民不堪，流亡遠去，中家為之色出，後亡者為先亡者服事錄，民數創於惡吏。」亦可為流民法的重點下一註脚。

兩漢流民問題時有所聞，稟貸、假予田業、賜以爵賞等詔令也隨處可見，但都未對流民的稱呼與義涵做明確界定，如：

（武帝）元封四年，關東流民二百萬口，無名數者四十萬，公卿議欲請徙流民於邊以適之。（漢書石慶傳）

（成帝鴻嘉）四年春正月詔曰：「……水旱為災，關東流亡者衆，青、幽、冀部尤劇，……流民欲入關，輒籍內。」（成帝紀）

（明帝永平三年）賜天下男子爵，人二級，……流人無名數欲占者，人一級。（後漢書

明帝紀）

（安帝元初元年）賜民爵，人二級，……民脫無名數及流民欲占者人一級。（安帝紀）

師古曰：「名數，謂戶籍也。」又曰：「脫亡名數，謂不占戶籍也。」[20]元封四年條將流民二百萬口與無名數分開，似二者應有區別。流民是指脫離戶籍，流亡他鄉的人；無名數是指沒有戶籍的人。但就戶籍觀點言之，二者皆已失籍，細微之區別已不甚重要，故該條後文統稱之為流民。由於流民與無名數的意義相似，指謂相近，有時亦連稱為「流人無名數」、「流民無名數」，或類似名稱[21]，可見流民在漢代並無固定專稱，而其特色則在於已失籍或脫籍。成帝鴻嘉四年條欲入函谷關的流民，不驗符傳，只錄名籍，蓋這些流民已離本籍，也不能應合符之制，政府只能以權宜措施紓其急難，故如何招懷流民，使其復歸於籍，成為統治者的要務。永平三年條及元初元年條皆以誘賞方式欲其自占，師古曰：「占者，謂自隱度其戶口而著名籍也。」[22]流民占著，則又在政府掌握中矣。值得注意的是，元封四年條的無名數約有流民的五分之一，而東漢歷次賜民爵招誘流民時，也無不提及無名數，可見無名數在兩漢社會中的人數應不算少，其中可能有一部分是自豪族勢力下逃出的依附民，或居中國境內的少數民族[23]，他們根本就未曾占籍。漢代素以戶口調查詳實著稱，除一般人民外，宗室、官吏、軍吏、商賈、卒徒、官奴婢等無不各有名籍[24]，皆在政府的控制中，但若察覺流民、無名數為數之多，則不能不對漢政府掌握民數的實際能力發生懷疑[25]。

亡命是另一種形態的流民，顏師古曰：「命者，名也。凡言亡命，謂脫其名籍而逃亡。」[26]亡命者中，有亡軍、亡徒當傳捕者[27]，有因罪而背名逃者[28]，有告劾即亡者[29]，還有因兵饑[30]、避禍[31]而逃匿者。兩漢詔書中言及亡命問題時，很少兼及流民、無名數，而流民問題却常與無名數問題同時處理之。蓋亡命多因觸犯法律而逃亡，流民、無名數雖然可能因失籍而違反戶籍制，但並未觸犯其他刑律，故漢政府以假田、賜爵等優厚條件恤流民欲占者，而僅以赦、贖等方式減免亡命之罪。此外，亡命既多因罪而起，設非遭逢如武帝、王莽或東漢中期以後之苛禁及盜、兵，令百姓無所措其手足而紛紛觸罪逃亡，亡命應只是零星的個人行動，與流民之因外在客觀環境不利而大批的群起流移就食，不甚相同。雖然亡命與流民之間的分異甚為明顯，但就離開本鄉，脫籍流亡的意義言，則二者又無所別，故亡命可謂是另一種形態的流民。

流民之所以離鄉背井，主要在躲避某種外來災難或侵害，與尋求商利之賈者，負笈追師之學生，辯說求用之說客，游行挾持之俠者，以及自願舉家之徙者，為了追求某種特定目的而移動，頗不相同。流民中絕大多數應是農民，農民的利潤薄，生活苦，蓄藏力弱，能夠承擔的外來壓力也小，若遇上各類天災與人禍，就極易失其本業，脫籍流亡。漢政府為了使百姓各安其業，試圖用各種方法救助之，但皆未必能發揮預期效果，也未必能去除引起流民問題的諸多病根，如順帝紀曰：「比蠲除實傷，贍恤窮匱，而百姓猶有棄業，流亡不絕。」此棄業之百姓殆以農民為主，農民是最具安定性與固著性者，則流民愈多，顯示民生愈苦，社會愈不安，而政府的控制力就愈弱了。

漢代多次大規模徙民邊區或稟貸貧民，這些人中，恐怕不乏失業無歸的流民。漢書張湯傳：「（武帝）大興兵伐匈奴，山東水旱，貧民流徙，皆仰給縣官，縣官空虛。」此流徙之貧民，當即元狩四年遷往關以西、及朔方以南新秦中的七十餘萬口[32]，是兩漢實際移徙行動中最具規模的一次㉝。若非武帝即時募徙貧民，並空費仰給之，則這些人只有成爲流移就食，枕席道路的流民。又如平帝元始二年，郡國大旱蝗，青州尤甚，民流亡，安漢公等爲百姓困乏獻其田宅，以口賦貧民㉞。無論貧民的貲產標準如何訂定㉟，這些人是最無抗拒環境之力，也最易脫籍流亡的。能得田宅的貧民，應只是流亡中一小部分的人，其他的貧民，仍只好走上流亡之途。東漢政府對這類貧民也相當關注，屢次稟貸之，和帝永元十四年，「貸張掖、居延、敦煌、五原、漢陽、會稽流民下貧穀，各有差」；安帝永初二年，「稟河南、下邳、東萊、河內貧民」，註引伏侯古今注曰：「時州郡大饑，米石二千，人相食，老弱相棄道路。」㊱貧民因飢困而流亡，當爲兩漢之常事，漢政府的各類撫慰措施，也主要是針對這些流民下貧者而發。

流民是當社會發生病態後才有的現象，是人民失業、脫籍後的一種社會問題，所以流民不屬於任一社會階層，其身分極易隨客觀環境的變遷而轉化。後漢書曹褒傳：「時春夏大旱，糧穀踊貴，褒到，乃省吏幷職，退去姦殘，澍雨數降，其秋大孰，百姓給足，流冗皆還。」穀貴人流，穀熟皆還，一年之中，變化若此之大，正顯示流民具有高度的不確定性。又和帝紀永元六年詔：

> 流民所過郡國皆實稟之，其有販賣者勿出租稅，又欲就賤還歸者，復一歲田租、更賦。

注曰：「漢循周法，商賈有稅，流人販賣，故矜免之。」商賈應有市籍，以律占租，流人既失事業，已令人憐憫，故政府對販賣維生的流人，特寬矜宥之。另據漢書谷永傳：「百姓失業流散，群輩守關。」如淳注曰：「欲入就賤穀也。」則永元六年條之「就賤還歸」，應指流移就食者欲就糧穀價賤，農業環境良好之處，還歸本業，而政府以復田租、更賦的方式優待之。又潛夫論浮侈篇：「今舉俗舍本農，趨商賈，……游手爲巧，充盈都邑，務本者少，浮食者衆。……今察洛陽，資末業者什於農夫，虛僞游手什於末業。」「浮食者」或「虛僞游手」，有些應是轉入城中的流民，他們可能已成爲小工商業者，也有可能是豪強的徒附，甚或依舊是無業游民。此外，漢代有許多人爲了避禍，也亡命自隱於市朝，如姜肱「竄伏青州界中，賣卜給食」；范丹「遁身逃命」，「賣卜於市」；趙岐「逃難四方」，「自匿姓名，賣餅北海市中」㊲。是則流民在其移徙過程中，部分已轉而業商，部分又復歸於農，而流民只是一個尚待轉化的過渡階段。

漢代盛行雇傭，司馬相如、匡衡、兒寬、桓榮、第五訪等在未發迹前都曾任過傭保㊳。流民中也有不少轉爲雇傭的，如：

（昭帝始元四年）詔曰：「比歲不登，民匱於食，流庸未盡還。」（漢書昭帝紀）

（施延）家貧母老，周流傭賃，……後到吳郡海鹽，取卒月直，賃作半路亭父以養其母。（後漢書陳忠傳）

流庸即去本鄉而爲人傭作者。昭帝此詔顯然是針對爲數不少的出外行傭者而發，蓋當社會經濟疲敝時，政府常因財力不足，振護能力有限，無法周徧受害民衆，流民爲了苟全性命，可能就此在外地謀生。建武八年大水，杜林疏曰：「其被災害民輕薄無累重者，兩府遣吏護送饒穀之郡。或懼死亡，卒爲傭賃，亦足以消散其口救，贍全其性命也。」㊴則周流傭賃不啻可舒解經濟危機，減緩社會壓力，亦可分擔政府負擔。就兩漢書所見，傭者中許多是流亡之人，如杜根逃竄山中爲酒家保，積十五年；江革負母逃難，行傭以供之㊵。這些人在流離期間，是否納入政府編戶中，頗令人懷疑，則傭者失籍、脫籍的現象應甚普遍，但卻無礙其已有維生憑籍的事實。

流民能安生業，何其有幸，至於暴屍道路者，更不知凡幾，而人相食的慘劇，亦頻頻出現。如夏侯勝言武帝時情形是：「百姓流離，物故者半，蝗蟲大起，赤地數千里，或人民相食。」谷永上疏成帝曰：「流散冗食，餧死於道，以百萬數。」王符論邊患及政府無能曰：「民既奪土失業，又遭蝗旱飢匱，逐道東走，流離分散，幽冀兗豫荊揚蜀漢，飢餓死亡，復失太半。」太平經載末季貧人：「收無所得，相隨流客，未及賤穀之鄉，飢餓道傍，頭眩目冥，步行猖狂，不食有日，餓死不見葬。」㊶流民若僥倖不死，或許還能等到政府的安慰救濟，如若不然，則很可能走上盜匪一途，以求自保。董仲舒所謂的「民愁亡聊，亡逃山林，轉爲盜賊」㊷，正是流民無奈，成爲盜賊的歷程。這種情形在兩漢衰敗時尤其普遍，如王莽政亂，「內郡愁於徵發，民棄城郭，流亡爲盜賊」，「青徐民多棄鄉里流亡，老弱死道路，壯者入賊中」㊸。而東漢末黃巾亂起，張角等勢力日益滋蔓，楊賜卻以爲：

> 今若下州郡捕討，恐更騷擾，速成其患，且欲切勑刺史、二千石，簡別流人，各護歸本

> 郡，以孤弱其黨，然後誅其渠帥，可不勞而定。（後漢書楊賜傳）

盜賊猖亂會直接威脅政權的安定，但流人既無所慰撫，只好暫且投歸匪黨，使匪黨聲勢更爲壯大，故若能詳加簡別，則亂易平而民可安。與楊賜所見略同者還有嚴尤，時東方群盜無旌旗表識，王莽等怪之，尤曰：「今此無有者，直飢寒群盜，犬羊相聚，不知爲之耳。」㊹惜乎王莽不明嚴尤之意，靈帝不用楊賜之策，遂令盜匪坐大，終以傾覆。兩漢只有少數良吏能得簡別盜匪、流民之效，如漢書循吏龔遂傳：

> 移書勑屬縣悉罷逐捕盜賊吏，諸持鉏鉤田器者皆為良民，吏無得問，持兵者乃為盜賊。

於是盜賊悉平，民得稟假牧養之。安帝時，虞詡也就是因爲知道招還流亡的重要，故慶幸朝歌賊不知開倉招衆，而以爲不足憂㊺。由此可知，盜匪中本有一些無以維生，暫相依附的流民，其與盜匪之別，僅在一髮之間，端視政府能否招懷慰養之。如其不能，則安善良民就可能被迫爲刼掠縱恣的盜匪。流民之易隨客觀環境轉換身分，於此又得一證明。

兩漢豪族勢力日大，依附求生，爲其役使的小民甚多，所謂「奴婢千群，徒附萬計」，「不爲編戶一伍之長，而有千室名邑之役」㊻。這些依附者中，有些是流人被係虜者㊼，有些則是畏罪亡匿，或自行投靠到豪家以求溫飽者㊽。他們脫離政府編戶，附著在地主豪強的勢力之下㊾，如奴婢列入財物簿中，視爲所有者的貲產㊿；部曲與依附性客則自兩漢之際，漸向豪強的私兵或私屬轉化㊿。史書中常有「不揣流亡，競增戶口」，「民多流亡，皆虛張戶口」的記載㊿，大概這些流亡的戶口中，有不少已降身為徒附或奴婢一類的人。漢代屢有免奴為庶的詔書，庶民地位高於奴婢，可享有政府給予的賜爵、假貸或減免稅役等優待。流民雖然暫時脫籍，但其自由民的身分仍未失去，故自占後即可享有賜爵之利，並還歸為小自耕農㊿。而奴婢、徒附只是所有主的財產，或為其所控制，對政府本無義務可言，自也不能享受這些權利。為依附民之無奈，由此可見，彼等若非為困阨所迫，難以維生，恐怕很少人會甘願如此委曲自我的！

漢代重視民數，但人民失籍、脫籍的情形卻相當嚴重，尤其在吏治不良，社會經濟弊病叢生時，人民不得不為逃避侵害而離鄉背井。由於流民只是社會失控後的病態現象，非特定階層，故其身分極易隨客觀環境轉化，其中幸運者或能得政府救助，或謀得生業，不然則淪為依附民或盜匪，甚至轉死於溝壑中。然而，即使流民身分轉化，不再流移就食，也未必納入戶籍，成為編戶齊民，漢代「無名數」為數甚多，這些人中或許就有不少是所謂的「無名數」吧！

## 注釋

① Edwin O. Reischauer, John K. Fairbank, *East Asia : The Great Tradition*, （台北，經文書局翻印本，一九六七年），PP. 117-118 .

② 「超穩定結構」由金觀濤與劉青峰提出，意指中國的改朝換代，是一個舊結構崩潰後又迅速修復的過程，而所恢復的舊結構，總是大同小異。見：興盛與危機—論中國封建社會的超穩定結構，（台北，谷風出版社，民國七六年）。

③ 分別見：金觀濤與劉青峰，興盛與危機，序四九頁，頁三六七。余英時，「關於中國歷史特質的一些看法」，收入：歷史與思想，（台北，聯經公司，民國六五年），頁二七七。S. N. Eisenstadt, *The Political Systems of Empires : The Rise and Fall of the Historical Bureaucratic Societies*, ( New York : The Free Press, 1969 ), P. 323 .

④ 凡群眾不能良好適應所處之社會環境，無法追求最高之福祉，皆可視為一種病徵，其研究、診治之道，則是社會病理學。從此角度觀察，流民問題亦應是社會病理學的研究對象。有關社會病理學之義，見：Herbert Day Lamson, *Social Pathology in China : A Source Book for the Study of Problems of Livelihood, Health, and the Family*, （台北，成文出版社重印本，一九七四年），Introduction, IX-XII.

⑤ 楊聯陞著，陳國棟譯，「國史諸朝興衰芻論」，收入：國史探微，（台北，聯經公司，民國七二年），頁三九。

⑥ 杜正勝，「『編戶齊民』的出現及其歷史意義—編戶齊民的研究之一」，史語所集刊，五四本三分，（民

國七二年），頁七八—八六。

⑦睡虎地秦墓竹簡，效律，（北京，文物出版社，一九七八年），頁一二五—一二六。

⑧日人佐藤武敏「漢代的戶口調查」一文，對漢代戶口調查的時間、對象、事項、目的等問題都做了相當深入的分析研究。收入：簡牘研究譯叢，第二輯，（北京，中國社會科學出版社，一九八七年），頁三〇七—三二〇。

⑨池田溫，中國古代籍帳研究，（台北，弘文館出版社，民國七四年），頁六四—六五，七二；杜正勝，「『編戶齊民』的出現及其歷史意義」，頁七九—八〇；又，「戶籍制度起源及其歷史意義」，食貨月刊（復刊），十七卷三、四期合刊，（民國七七年），頁六—一〇，一六—二三。

⑩荀悅，申鑒，（國學基本叢書），政體篇，頁四。

⑪漢書，（台北，世界書局，民國六一年），卷九，元帝紀，頁二九二；卷二四上，食貨志，頁一一一九。

⑫許倬雲，「傳統中國社會經濟史的若干特性」，收入：求古編，（台北，聯經公司，民國七一年），頁一一—一四；邢義田，「從安土重遷論秦漢時代的徙民與遷徙刑」，收入：秦漢史論稿，（台北，東大圖書公司，民國七六年），頁四一二—四一四。

⑬葛劍雄，西漢人口地理，（北京，人民出版社，一九八六年），頁一五—一六；賀昌群，「漢唐間封建國家土地所有制和均田制」，收入：漢唐間封建土地所有制形式研究，（上海，人民出版社，一九六四年），頁三二三—三二四。

⑭邊區商人需請准才可移動，如居延漢簡甲乙編：「永始五年閏月己巳朔丙子北鄉嗇夫忠敢言之義成里崔自當自言爲家私市居延謹按自當毋關獄徵事當得取傳謁移肩水金關居延縣索關」（一五・一九）（北京，中華書局，一九八一年）。

⑮申請爲流動人口，未必即表示戶籍已改變，見：葛劍雄，西漢人口地理，頁一一七。也有的學者以爲，「移名數」就是遷移戶籍，見：王毓銓，「『民數』與漢代封建政權」，收入：中國社會經濟史參考文獻，

（台北，華世出版社，民國七三年），頁二四三—二四四。

⑯ 漢書終軍傳蘇林註：「繻，帛邊也。舊關出入皆以傳，傳煩，因裂繻頭合以爲符信也。」

⑰ 邊關爲軍防要區，漢簡中之通關符傳有多種，或詳載用符者之姓名、年齡、籍貫、儀表，或僅記符傳之卷齒、號數，或兼及所載之物品。這些符傳的用途究竟有何差別，也只能做推測性論斷。見：林劍鳴，簡牘概述，（陝西，人民出版社，一九八四年），頁一二八—一三五；勞榦，「從漢簡所見之邊郡制度」，收入：勞榦學術論文集甲編，（台北，藝文印書館，民國六五年），頁一九〇。是否出入邊關者亦如出入函谷關者，於「移名數」之外，另需得關傳或繻，實難由漢簡的符傳資料中得到確切答案。至於出入內地一般關口及京師官亭的寬嚴情形，似乎頗不相類。漢書王莽傳：「大司空士夜過奉常亭，亭長苛之，告以官名，亭長醉曰：『寧有符傳邪？』士以馬箠擊亭長，亭長斬士，亡，郡縣逐之，家上書，莽曰：『亭長奉公，勿逐。』」京師官亭可能因地處機要而規制較嚴，一般的游行通關則少見類似查核，如申屠蟠送友歸葬，從事義之，爲封傳護送，蟠不肯受（後漢書申屠蟠傳）；安帝永初二年，民訛言相驚，棄舊居，詔以「若欲歸本郡，在所爲封長檄；不欲，勿強。」（安帝紀）似當涉及公事時，需有符牒爲證，而一般人民的通行則甚少阻滯。

⑱ 後漢書，（台北，世界書局，民國六一年），卷三九，江革傳，頁一三〇二。

⑲ 池田溫，中國古代籍帳研究，頁一一—一五，六〇。

⑳ 漢書卷一下，高帝紀，頁五五；卷一五上，王子侯表，頁四三八。

㉑ 如「民無數及流人」、「民無名數及流民」、「民脫無名數及流民」。此外還有稱爲「流客」的，如太平經卷一一二不忘誡長得福訣：「無德之國，陰氣蔽日，令使無光。人民恐懼，穀少滋息，水旱無常，民復流客有穀之鄉。」

㉒ 漢書卷八，宣帝紀，頁二四八。

㉓ 後漢書仲長統傳，昌言損益篇：「向者，天下戶過千萬，除其老弱，但戶一丁壯，則千萬人也。遺漏既多，

又蠻夷戎狄居漢地者尚不在焉。」漢代戶口統計數字，限於漢政權直接統轄之域，不包括通過西域都護間接統治的地區，也不包括未列編戶的少數民族，以及散居在郡縣管轄外的民戶。見：葛劍雄，西漢人口地理，頁一三—一四。

㉔ 漢代的宗室、貴族、官吏、博士弟子、后妃等皆各有專籍。商賈一般皆有市籍，但亦有無市籍者，建立市籍制度的目的，在便於控制、管理他們，而無市籍商賈可能是鹽鐵商、子錢家一類人。有關宗室、官吏、商賈等之籍，可參考：高敏，「秦漢史雜考—關於秦漢時期商賈的『市籍』制度，秦漢官吏另立專籍說」，收入：秦漢史論集，（河南，中州書畫社，一九八二年），頁三七二—三七八。軍吏名籍在漢簡中所見甚多，可參考：勞榦，居延漢簡考釋，（史語所專刊二一，一九四九年），卷三「名籍類」，頁四三二—四八二。漢代有各種名籍簿，如卒名籍、吏名籍、卒廩名籍、卒家屬廩名籍等，多載有吏卒之郡縣爵里。官奴婢亦應有籍，漢書貢禹傳：「諸官奴婢十萬餘人」，顯示漢政府有很清楚的名籍，才能知其總數。有關各類名籍的調查方式，見：佐藤武敏著，姜鎮慶譯，「漢代的戶口調查」，頁三一三—三一五。卒徒是罪犯，弛刑徒是刑期未滿，不帶刑具者，由漢簡所見，二者皆革去爵位，不寫籍貫里名年齡，但應另有他籍，仍在政府掌握中，故當其逃亡，則謂之亡徒，如後漢書順帝紀永建元年詔：「亡徒當傳，勿傳。」註曰：「徒囚逃亡當傳捕者，放之勿捕。」有關漢代卒徒、弛刑士的特色及其不列入一般民籍或戍卒名籍內，見：陳直，「西漢屯戍研究」，收入：兩漢經濟史料論叢，（陝西，人民出版社，一九五八年），頁九一—一三；陳槃，漢晉遺簡識小七種，（史語所專刊六三，民國六四年），「施刑即弛刑」條，頁一一四b—一一五b。

㉕ 兩漢戶口數不確實的原因很多，如官吏、豪強之奴、客等依附民的不傳籍；流民之脫籍逃亡；無名數之大量漏列戶籍；官府之欺謾不實，未能確切掌握民數；小民之逃避賦役，投托豪家。見：王毓銓，「『民數』與漢代封建政權」，頁二三七—二四二。

㉖ 漢書卷三二，張耳傳，頁一八二九。賀昌群謂亡命是指脫籍逃亡之有爵命的人。此意似乎甚狹隘。兩漢亡

命者頗多，未必皆是有爵命之人，故此處仍以顏師古較廣義的解釋爲宜。賀說見：「王莽改制與農民起義的關係」，收入：漢唐間封建土地所有制形式研究，頁二二二—二二三。

㉗ 如後漢書順帝紀永建元年詔：「亡徒當傳，勿傳。」註曰：「徒囚逃亡當傳捕者，放之勿捕。」雖曰勿傳，但徒囚在逃亦是事實。又馮衍傳註引華嶠書：「衍西歸，吏以亡軍，下司命乘傳逐捕，故亡命。」軍吏亦有名籍，衍亡軍，故逐捕之。

㉘ 如後漢書吳漢傳：「王莽末，以賓客犯法，乃亡命至漁陽。」崔瑗傳：「瑗兄章爲州人所殺，瑗手刃報仇，因亡命。」

㉙ 如漢書昭帝紀：「發三輔及郡國惡少年吏有告劾亡者，屯遼東。」師古曰：「告劾亡者，謂被劾而逃亡。」

㉚ 如後漢書申屠蟠傳：「及大駕西遷，公卿多遇兵飢，室家流散。」兩漢兵、災頗甚，飢民困窮，流冗道路之例實多不勝數。

㉛ 如黨錮禍起，夏馥、張儉、岑晊等人皆爲避禍而逃竄，是其著例。

㉜ 此次徙民不包括會稽在內，葛劍雄有詳細辨正，見：西漢人口地理，頁一九三—一九七。通鑑此事附列於元狩三年，見：司馬光，資治通鑑，（台北，世界書局，民國六三年），頁六三五—六三六。

㉝ 漢書石慶傳，公卿欲請徙二百四十萬流民無名數於邊。但此議似未付諸行動，否則如此大規模的徙民，豈會不載於史書中。未施行之因請參考第四章第五節的分析。

㉞ 漢書卷一二，平帝紀，頁三五三。

㉟ 漢世振貸貧民或減免租賦，多與貲產標準有關，如元帝初元元年，詔民貲不滿千錢者賦貸種食；成帝鴻嘉四年，令民貲不滿三萬勿出租賦。類此皆以貲產爲標準，量其等差而振貸或減免貧民。參見：呂思勉，讀史劄記，（台北，木鐸出版社，民國七二年），頁五三八—五四〇。

㊱ 後漢書卷四，和帝紀，頁一九〇；卷五，安帝紀，頁二〇九。

㊲ 謝承後漢書，（汪文臺輯，七家後漢書，台北，文海書局，民國六一年），卷三，姜肱傳，頁八五；卷六，

范丹傳，頁一六八一—一六九；後漢書卷六四，趙岐傳，頁二一二二。

㊳ 勞榦，「漢代的雇傭制度」，史語所集刊，二三本上，（民國四〇年），頁七四七—七五七；翦伯贊，「兩漢時期的雇庸勞動」，收入：翦伯贊歷史論文選集，（北京，人民出版社，一九八〇年），頁三四六—三五九。

㊴ 劉珍，東觀漢記，（四部備要本），卷一三，杜林傳，頁四。

㊵ 後漢書卷五六，杜根傳，頁一八三九；卷三九，江革傳，頁一三〇二。

㊶ 漢書卷七五，夏侯勝傳，頁三一五六；卷八五，谷永傳，頁三四六二；王符，潛夫論，（國學基本叢書），卷五，實邊篇，頁一六六；王明編校，太平經合校，（北京，中華書局，一九六〇年），卷一一二，頁五七五。

㊷ 漢書卷二四上，食貨志，頁一一三七。

㊸ 漢書卷九九中，王莽傳，頁四一二五；卷九九下，同傳，頁四一五七。

㊹ 漢書卷九九下，王莽傳，頁四一七九。

㊺ 後漢書卷五八，虞詡傳，頁一八六七。

㊻ 後漢書卷四九，仲長統傳，頁一六四八、一六五一。

㊼ 如漢書王莽傳：「（匈奴）發兵寇邊，莽復發軍屯，於是邊民流入內郡，爲人奴婢，乃禁吏民敢挾邊民者棄市。」漢代多次放免奴婢下妻，這些人中可能有因飢亂及爲賊、爲惡吏所掠擄者。

㊽ 畏罪亡匿者如居延漢簡甲乙編：「名捕平陵德明里李蓬字游子年卅二三坐□轂平陵游徼周剽攻邯□市殺游徼萊譚等亡爲人奴☒」（一一四・二一）自行投靠到豪家者，如因貧困自賣或鬻妻贅子以接衣食者，以及蔭庇關係與隸屬性愈來愈強之客、部曲等類人。參見：拙著，「兩漢客的演變」，漢學研究，五卷二期，（民國七六年），頁四三五—四七七。

㊾ 韓連琪，「漢代的戶籍和上計制度」，文史哲，一九七八年三期，頁三九四—三九五。

㊿ 漢代奴婢屬於主人的財產，計貲時必須申報，見：沈元，「『急就篇』研究」，收入：中國社會經濟史參考文獻，頁三二一—三二二；傅學有，「從奴婢不入戶籍談到漢代的人口數」，中國史研究，一九八三年四期，頁一五五。

(51) 拙著，「兩漢客的演變」，頁四六五—四七三；唐長孺，三至六世紀江南大土地所有制的發展，（台北，帛書出版社，民國七四年），頁一三—二三，八一—八二；又，「西晉戶調式的意義」，收入：魏晉南北朝史論叢續編，（北京，三聯書店，一九七八年），頁五—一五；宮崎市定著，杜正勝譯，「從部曲到佃戶」，食貨月刊（復刊），三卷九期，（民國六二年），頁三五—三七。

(52) 後漢書卷四，殤帝紀，頁一九八；袁宏，後漢紀，（國學基本叢書），卷二〇，質帝紀，頁二三六。

(53) 唯自由民才有買爵、加級的權利，才可在政府減免時不出算賦、傜役。見：賀昌群，「漢唐間封建國家土地所有制和均田制」，頁三二三—三二四；賜民爵對小民的實際利益，見：高敏，「論兩漢賜爵制度的歷史演變」，收入：秦漢史論集，頁四五—四七。

# 第二章　流民分布概況及其影響

## 第一節　流民之分期研究

流民的多寡有無，可以反映政府對民生的關注程度，也可借以了解統治力的強弱，故流民問題各階段的演變狀況，可視爲漢政權治亂興衰的指標。本文依據兩漢政情，流民問題的特色，以及政府處理該問題的不同方式與態度，畫分成七個時期來觀察研究：

### 一、西漢早期（高祖～景帝）

秦漢之際，海內騷動，百姓失業流亡或暴骸中野者，不可勝數，故天下初定，大城名都戶口散亡，可得而數者十才二三①。漢書陳平傳：

高帝南過曲逆，上其城，望室屋甚大，曰：「壯哉縣！吾行天下，獨見雒陽與是耳。」顧問御史：「曲逆戶口幾何？」對曰：「始秦時三萬餘戶，閒者兵數起，多亡匿，今見五千餘戶。」

時當高帝七年十月，陳平方解平城之圍。早在高帝五年五月即詔：民聚保山澤，不書名數者，令各歸其縣，復故爵田宅，凡以飢餓自賣爲人奴婢者，免爲庶人②。而一年半後③，大城名都所受的兵創遺禍猶未平復，高祖所見的曲逆僅餘不到秦時百分之二十的戶口，人民逃亡隱匿的現象仍然相當嚴重。及至孝惠、高后的休養生息，社會才漸趨安定，於是「天下晏然，刑罰罕用，民務稼穡，衣食滋殖」④，初興時的亡匿戶口，相信亦漸次還歸。

文景時代雖然號稱治世，其實隱憂甚多。成帝曾詢以文帝治績，劉向謂傳言多傅會之辭，當時不僅災荒飢饉荐至，亦爲備胡設兵而費損虛耗，故不爲升平之世⑤。文帝自即位以來，確實「蓄積歲增，戶口寖息」⑥，但劉向所言亦非誣枉，馬王堆出土的一張文帝時代的駐軍圖，在至少四十九處聚落中，有二十處以上標著「不反（返）」、「今毋人」或「并□」，無論人民因何原因離鄉而去⑦，總是功臣表中「流民既歸，戶口亦息」之外的另一種實情⑧。而晁錯的入粟拜爵疏更明白道出文帝時的流民問題：

> 貧生於不足，不足生於不農，不農則不地著，不地著則離鄉輕家，民如鳥獸，雖有高城深池，嚴法重刑，猶不能禁也。（漢書食貨志）

農民不地著的原因甚多，晁錯特別歸罪於商賈的積貯倍息，以利相傾，至謂：「此商人所以兼幷農人，農人所以流亡者也。」⑨晁錯又獻徙民實邊的策略，顧文帝和輯徙者之心，使「貧民相募而勸往」⑩。文帝時農人因社會經濟問題已頗有流亡的迹象，則此徙邊的貧民中參雜有流民，當是非常可能的。景帝元年春正月，因歲比不登，民多乏食，聽民徙於寬大地，徙者既是「無所農桑毄畜」的無業之人⑪，應可視如在生存邊緣掙扎的流民。

文景時代雖然有流民陰影，但並不構成政權的嚴重威脅，從漢初十三個景帝以前除封的侯國戶數來看，年平均增長率在千分之十五以上的有八個，其中四個更高達千分之二十以上，比武帝時期國除者之平均增長率高出甚多⑫，顯示文景時代仍相當安定，社會經濟問題還算緩和，政府對流民問題尚能控制得宜，流民還歸的情況也差強人意。

文景時代的另一隱憂是諸侯王、游俠等的驕縱不法，藏亡匿死。其時流民壓力未完全去除，不少吏民又因繇役苦厲於漢，逋逃歸於諸侯⑬。這些問題若一時俱發，勢將構成漢政權極大的威脅，文帝對此深有戒心，其使薄昭諫淮南厲王書中有：「諸從蠻夷來歸誼及以亡名數自占者，內史縣令主。相欲委下吏，無與其禍，不可得也。」⑭這些無名數中，可能有不少是爲淮南王助勢的亡命之徒。若能使其納入版籍，適當管理，或有助於減輕諸侯王問題。但此願望只有到七國之亂平定後才能實現，這應是文景時代的流民問題獨具的困擾。

## 二、西漢中期（武、昭、宣時代）

漢武初承大業，倉廩府庫尚稱充實。然其後外事四夷，內興功利，妄賦聚斂，姦軌浸長，又不幸多水旱災，遂致百姓窮困，輕離鄉里，數十年間，流亡不止。武帝時規模最大的流民群發生在元封四年，漢書石慶傳：

元封四年，關東流民二百萬口，無名數者四十萬，公卿議欲請徙流民於邊以適之。

武帝一朝的實際徙民行動，以元狩四年七十餘萬口的一次最爲盛大，但已弄得縣官大空，財政窘迫，不得不興鹽鐵、皮幣等法以斂財⑮。此後，飢民流離之事仍不絕於書，元鼎二年的河災，地方漫延二三千里，飢民流移就食江淮間，就是最著名的一次⑯。但元封四年總計二百四十萬的流民⑰，史書未詳以何方法救助，石慶請徙的四十萬口，武帝也以「搖蕩百姓」而似未付諸實行。兩漢書中的流民數，唯武帝一朝尚約略有迹可尋，雖云「計文不改」，長吏虛報⑱，但此數十百萬的龐大數額以及流民法的適時設置，一來說明當時的社會經濟問題已嚴重到令統治者疲於應付的地步，二來却也反映武帝積極掌握民數的企圖與魄力。

武帝的好大喜功，耗費財力甚鉅，而其空費仰給流民，似乎也未見預期成效，所謂「海內虛耗，戶口減半」⑲，其中應有相當大的部分是脫籍流亡的百姓。無論「戶口減半」是否爲史家誇大之辭⑳，由武帝指責石慶的「流民愈多，計文不改」一語來看，實際逸離出國家控制體系的戶口，較官方統計爲高。而這些百姓中頗不乏起爲盜賊者，武帝沈命法的應時頒布，就是爲處理此一惡化形勢。武帝雖然有安民之意，也積極而強力地推動各項措施，但在行之不甚得法的情況下，問題並未能如願化解。

昭、宣二帝在招還流民上，亦同樣展現有如武帝的氣魄與劍及屨及的精神。所不同者，昭、宣務在輕繇薄賦、假民田苑、整頓吏治、與民休息，而不再以無謂的耗費來消磨民力，故其安民辦法用力少而見功多，小農經濟亦因此得以將息，社會元氣也迅速恢復。雖然昭帝始元四年詔仍曰：「比歲不登，民匱於食，流庸未盡還。」㉑但大體言之，昭帝時已「流民稍還，田野益闢，頗有蓄積」㉒，一派刼後復甦的新氣象。宣帝時最引人注目的流民還歸，應屬地節三年的一次。漢書循吏王成傳，宣帝詔曰：

今膠東相成，勞來不怠，流民自占八萬餘口，治有異等之效，其賜成爵關內侯，秩中二千石。

武帝數十年的擾攘，實不易於頃刻間即平復，若再有災荒發生，又會引起流民。或疑王成僞自增加流民數，以蒙顯賞㉓，但此事適可證明當時的社會已漸趨安定，流民願意接受懷輯，而宣帝也相信招來八萬之數並非不可能，才積極地以厚賞方式，鼓勵他人群起效尤，而在史上留下這段佳話。武帝時波瀾壯濶的流民群，終於因昭、宣二帝的努力，紛紛歸於本業。其間流民暗潮不免仍有起伏，但政局已危而復安，秩序也大致重整，使漢室度過了一個最艱難的考驗。

## 三、西漢晚期（元帝～平帝）

在應對流民問題上，晚期諸帝當然不願採取自然放縱的態度，任其惡化下去，但一道道戒斥百官，哀憫流民的詔令，並不能代表整治之成效，反而是問題益趨棘手的表徵。如果與中期做一對照，最大的差異則在晚期政府不能強力治國，遂使流民陰霾愈益沈鬱，難有澄清之日。崔寔論元帝曰：「多行寬政，卒以墮損，威權始奪，遂爲漢室基禍之主。」㉔以此批評元帝，未免失之嚴苛。但西漢自元、成以來，確是威權下移，吏治不振，與武、昭、宣時代之亂中有序，強力治國，頗不相同，故若謂亡國之基肇於元、成，亦非全不合於事實。西漢晚期，外夷已定，國家用費應較往昔大減，但漢季民生不僅未見改善，反而更爲艱困，鮑宣謂人民有七亡之患：

> 凡民有七亡：陰陽不和，水旱為災，一亡也；縣官重責更賦租稅，二亡也；貪吏並公，受取不已，三亡也；豪強大姓蠶食無厭，四亡也；苛吏繇役，失農桑時，五亡也；部落鼓鳴，男女遮迣，六亡也；盜賊刼略，取民財物，七亡也。（漢書鮑宣傳）

師古曰：「亡謂失其作業。」則所謂七亡，即七種致民流亡的原因。若歸結其要，水旱天災固非人力所能爲，豪強盜賊則與吏治不良有關，而漢末的流民群主要就是在這兩大因素的交互作用下產生。漢末的流民群雖然沒有留下如武帝時官方的略估數字，但其量額之鉅，當亦不下於西漢中期，谷永上書成帝時曰：「流散冗食，餧死於道，以百萬數。」哀帝策免丞相孔光時曰：「百姓飢饉，父子分散，流離道路，以十萬數。」[25]面對這數十百萬的流民，漢政府的各項安輯措施，似乎並不能發揮效果，於是流民數度欲入關，或欲就賤穀[26]，亡徒或謀起稱兵反亂[27]，更有流離死亡，或淪爲盜賊者[28]，故知在王莽篡漢，天下大亂之前，流民已若浸潤之漸，侵蝕著漢室國基，而鼎祚之遷移，也只是政府無力控御政局的結果。

## 四、新莽時期

王莽自居攝以來，反亂已起，其後又昧於事實，大肆改革，致使農商失業，食貨俱廢，民人涕泣於市道㉙。其時天下騷動，青徐之間，「民多棄鄉里流亡，老弱死道路，壯者入賊中」；南方亦因飢饉，「人庶群入野澤，掘鳧茈而食之，更相侵奪」；而流民入關者也有數十萬人，因吏盜稟貸，飢死者十七八㉚。王莽又妄開邊禍，暴兵累年，不僅「內郡愁於徵發，民棄城郭流亡為盜賊」，邊民更深受其擾，或是死亡係虜，或是流入內郡為人奴婢㉛。初時，人民僅以飢寒窮愁群聚，常思歲熟得歸鄉里，不敢有旌旗文號，也不敢攻城掠食，惜王莽不諭其故，以逆亂視之，流者終而轉為盜賊，遂不能禁制㉜。

擾攘之局既開則難安，更始、赤眉等亂相繼而作，長安因是眾人爭奪的焦點，受害尤深，致於「民飢餓相食，死者數十萬，長安為虛，城中無人行」；三輔也因兵亂而「城郭皆空，白骨蔽野，遺人往往各聚為營保」㉝。兩漢之際起兵者遍及全國，豪族多築營壁自衞，流民則歸之以避難㉞，如樊宏作營塹，老弱往之者千餘家；竇融保河西，邊郡流人避凶飢者歸之不絕㉟。此外，還有許多亡命避地者，如劉昆避難負犢山中；江革以採拾養母，自齊國轉客下邳；士燮先祖更自魯國避徙交州㊱。這些流亡者尚能於亂世中找到棲身全命之處，已可稱幸，至於暴骨荒野者，為數或許更多，馮衍與鮑永書曰：「四垂之人，肝腦塗地，死亡之數，不啻太半。」應劭漢官則謂，經此大亂，「人民可得而數，裁十二三」㊲。亂世之民得不到政府的照顧，其命運自然堪憐，在鉅幅縣減的編戶之數中，脫籍流亡者應占相當大的比例。

## 五、東漢早期（光武、明、章三帝）

由於飽承兩漢之際戰亂的摧殘，光武初建大統時，國家元氣深受損傷，社會仍然滿目瘡痍。政治區畫之繁簡與戶口之盈縮相爲表裏㊳，建武六年已因「百姓遭難，戶口耗少」，詔省四百餘縣及吏職㊴；而北邊在外寇侵凌下，郡縣損壞，百姓流亡，隴西人饑，流者相望；此外，避難江南者也頗多未還中土㊵，是皆可見東漢初年的流民甚多，所衍生的問題也相當複雜。

面對荒亂之餘的社會現狀，漢初三帝對招懷流民皆不遺餘力。光武帝令州郡檢覈墾田頃畝及戶口年紀㊶，寓有清查流民，歸之版籍的作用。奴婢乃流民的轉化形態，雖然已失去「流」的特性，仍非國家的編戶之民，光武帝數度放免因飢亂被掠賣爲奴者㊷，不僅可增加勞動力，提高農業生產，還可使政府掌握更多民數，以爲對抗豪族力量的後盾。此外，明、章二帝多次賜爵流民無名數欲占者，以爲獎勵㊸；並對流人欲歸本者及無地貧民，以稟貸、賜糧種、除租算等方式招之，使勸農功㊹。其時，不僅君主唱之於上，良吏亦應之於下，如馮異懷來百姓，三歲即上林成都，民皆歸附；郭伋示以信賞，五歲即寇賊消散，戶口增倍；李忠修起禮容，增多墾田，三歲間流民占著者五萬餘口，三公奏課爲天下第一；衞颯省役止姦，理邺民事，於是流民稍還，漸成聚邑㊺。兩漢之際的兵災餘禍，經此上下戮力整飭而獲致成效，至永平末年，已差可稱是：「吏稱其官，民安其業，遠近肅服，戶口滋殖」了㊻。

東漢爲豪族政權，興革本非易事，又因常逢旱疫災荒，流民問題一直難以眞正平息㊼。早期三帝雖然未必皆以強力治國，光武帝還自謂：「以柔道行之」，章帝也素厭苛切，務從寬厚㊽，但因三帝皆兢兢業業，盡力安民，故仍為東漢政權奠定良好基礎，使流民問題大為減輕。

## 六、東漢中期（和帝～質帝）

東漢中期吏治日壞，災亂愈多，呈現中衰之勢。自王景治河後，黃河已可相對安流，河患頗為減少[49]，但水旱依舊不節，凶饉流亡時時而起，安帝時陳忠疏曰：「青冀之域淫雨漏河，徐岱之濱海水盆溢，兗豫蝗蝝滋生，荊揚稻收儉薄，并涼二州羌戎叛戾。」[50]東漢政府非不致力荒政以減除患害，如就災荒稟貸一項論之，在東漢全期的五十一次中，本期就占了四十次之多[51]，可見統治階層確知事態嚴重，也勉強還有能力來緩和問題。或謂流人多，稟給多，是東漢的兩個特色，在此也得到證明[52]。自安、順以下，邊區屢受外患威脅，羌禍常致穀貴人流，道饉相望[53]，有時連內郡亦受波及[54]。政府不但不能安定生民，甚至還因「百姓戀土，不樂去舊」，而「刈其禾稼，發徹室屋，夷營壁，破積聚」，令百姓「流離分散，隨道死亡」[55]。無論中期政府在流民問題上是扮演著安撫的角色，或竟是激起流民的禍首，其時之流民問題日益嚴重，已不待言。

由於權戚當道，政風窳敗，人民迫於無奈，鋌而走險者，亦自安、順時明顯增多。總計中期自安帝起的四十年間，發生過二十次較重大的變亂，姑不論這些事件的規模與影響如何，單就發生頻率來看，已極驚人[56]。而盜寇的擄掠破壞，不僅有害民生，還會製造出更多的流民，安帝初登大位後即「百姓流亡，盜賊並起」[57]，皇甫規上疏時亦曰：「江湖之人，群為盜賊，青徐荒飢，襁負流散。」[58]江湖之人正是指流離亡命者，這批人既為盜賊，將更驅迫飢民流散，使社會問題益發嚴重，故質帝曾因盜匪殘夷，而有「生者失其資業，死者委尸原野」的詔語[59]，皆可見流民與盜賊之患相爲表裏，互相影響。東漢中葉吏治敗壞，非但徒然造生無謂邊禍，還使得府藏空竭，官負人債[60]，而諸帝惠民之擧的缺乏實效，流民與盜匪又僅若一髮之間，皆已表露出東漢政權的衰敗之象。

## 七、東漢晚期（桓、靈、獻三帝）

桓、靈之世，宦勢熾盛，子弟賓客布滿天下，率皆貪殘之輩，於是四方愁怨，民庶困苦，前期衰象不但未曾稍有改善，反而更添許多亂因。陳蕃謂其時有「三空之阨」，即「田野空、朝廷空、倉庫空」[61]，就中應以「田野空」最具關鍵性。姑不論導致「田野空」的原因爲何，卻已反映出民失本業，四方離散的事實。自安、順以來，政府已難於控制民數，歷經桓、靈的兩次黨錮之禍及黃巾兵凶後，宦豎氣燄更高，郡縣不但不收恤百姓，反而重斂爲姦[62]，皆使已凋敝的社會更添新創，薛瑩後漢書桓帝紀贊曰：「政荒民散，亡徵漸積，逮至靈帝，遂傾四海。」[63]誠能述其實況。雖然東漢晚期還頗有些良吏，但在亂世之中，良吏也只能做小規模、局部性的救濟，無法做整體的、全面的改善。而在軍閥相攻後，政情更是急轉直下，仲長統所謂的：「名都空而不居，百里絕而無民者，不可勝數」[64]，正是兵亂相尋三十餘年後的寫照。然此空絕之狀，當與人民的逃散流亡有相當深的關係，後漢書董卓傳：

> 初，帝入關，三輔戶口尚數十萬，自傕、汜相攻，天子東歸後，長安城空四十餘日，強

者四散，羸者相食，二三年閒，關中無復人跡。

他如關西民之歸向張魯，三輔百姓之流移徐方，青徐士庶之北奔幽部，兗豫學者之南走荊州⑮，皆可見末季大亂所造成的流民群，漢帝已全然無力控御，就連虛浮無實的惠民之詔也不能數下。東漢在東漢十六次的賜民爵於流民無名數中，早、中期分別各有八次，本期連一次也沒有⑯。東漢的民爵不得過公乘，人民永遠不可能享受免役權，故賜民爵只徒具形式，發揮不了號召民心的作用⑰，此所以流民問題雖然極其嚴重，却反而不見賜民爵之詔。而在稟貸方面，東漢國家元氣耗損甚大，安、順時已要向王侯借貸，減官俸來維持⑱，可見政府財政短絀的情形相當嚴重。本期更自桓帝永興元年三十二郡國蝗、河溢之後，不但少有稟貸，還經常以借貸、減俸、賣官、稅畝錢等方式來變相籌款。政府既無力救助百姓，百姓又何堪忍受厰政及大亂的多重壓力，遂只好四處流竄，隨處依託，將命運寄諸造化了。至於軍閥所擁兵衆，「飢則寇略，飽則棄餘，瓦解流離，無敵自破者不可勝數」⑲，儼然亦盜匪、流民之同類，而東漢政權就在此人情擾攘不安中，被曹氏篡奪。

流民問題一直以不同程度困擾著兩漢，西漢一度因武帝的內外煩費而流民大起，幸賴中期諸帝的強力治國，積極處理，才化解不少危機。至西漢晚期，民離本業的積弊已深，政府掌握民數的能力也減弱，大亂將有一觸即發之勢，但終因王莽的改革失當而挑起。東漢早期在力謀撫平瘡痍上，頗見成效，安、順之時却因災荒亂事交至，流民問題愈演愈烈，終至桓、靈以下不可收拾之境。東漢戶口在順帝年間達於極盛，至於興平、建安之際，人戶所存，十無一二⑳，此大量虛耗之戶口中，當有不少是屬於脫籍流亡，尋求安身之處的流民。

## 第二節　流民之區域研究

兩漢最重要的地區是關中與關東。關中可以包括幷涼二州，甚或一度將巴蜀也納入，但仍以三輔、弘農爲其精華所在。關東可以概括殽山、函谷關以東的六國舊地，但是以青、冀、兗、豫、徐五州及荆州北端、司隸東部、幷州東南角一帶爲主⑪。這兩處較狹義的關中與關東，可謂兩漢的核心區。三輔、弘農是西漢建都之處，政治意義自不尋常，東漢雖然移都關東，該區仍因園陵至重，及其外控西州，內保雒都的軍事地位而受到重視。關東在肥沃的黃河下游平原，西漢時要承擔補給關中穀物之責，此外，其工礦資源豐富，名城都會聚集，是漢代經濟文化的重心⑫。關中、關東二區的特性不同，所引發的流民問題亦異，下文分別論之。

核心區以外的地方可謂是邊陲區，包含兩大部分，一是與匈奴等外族接壤，適在關東、三輔之北及西北的邊區，一是在核心區之南及西南的江漢閩粵與巴蜀邊區。前者飽受外患威脅，漢政府採徙民屯戍的策略應付，但東漢時因有棄守之意而甚見蕭條。後者的江漢以南地區，地廣人稀，開發較遲，常爲逋逃者之淵藪；巴蜀地偏西南，堪稱富庶，但也雜有不少南蠻錯居其間⑬。漢代這南北兩大邊區，各因其不同的人文與自然環境，使得流民問題各具一格，別有特色。

以下分別就關東地區、關中地區、北及西北邊區、南及西南邊區四部分，論述流民問題。

## 一、關東地區

漢代關東地區雖是核心區，流民問題却很棘手。水旱不節是關東常見的現象，西漢尤以河患最爲嚴重。因其地當黃河下游，黃河及其分流的河床並不固定，經常泛濫、改道，大概在平漢線以東與山東丘陵西北之間游盪，甚或行逕汴渠東南入淮(74)，正相當於關東的冀、青、兗、豫、徐諸州之間，許多流民就因此而起。西漢武、成二帝的流民群，武帝元狩四年、元鼎二年、元封四年三次都發生在關東，而且都與天災有關，武帝以移徙邊郡的策略或制流民法等方式來化解危機(75)。成帝河平元年、四年、陽朔二年、鴻嘉四年的四次流民群也發生在關東，適巧也主因水患而起。所不同者，成帝時國力已弱，政府魄力大不如前，在無法有效安頓民生的情況下，除了河平四年的一次外，其餘三次流民群竟不約而同地進向函谷關，欲求活全濟。關東天賦膏腴，地理環境優越，西漢的農工商業與特種官署都集聚在關東，人口稠密的郡國也以關東爲最多(76)。但關東有供輸米糧之責，是力役的主要來源(77)，再加上官吏苛暴，政令煩擾，賦稅沈重，地狹人稠等因素的衝擊，西漢的關東反而是流民最多的地區，如董仲舒奏記曰：「今關東五穀咸貴，家有飢餓，其死傷者半，盜賊竝起，發亡不止。」(78)而賈捐之更指明關東在西漢的重要性及其問題，疏曰：「天下獨有關東，關東大者獨有齊楚，民衆久困，連年流離，離其城郭，相枕席於道路。」(79)元、成以後流民的紛紛出現，無法戢止，不啻已爲關東的安定性發出警訊，是後民變的烈焰自呂母點燃後，即迅速燃遍整個關東區，乃至全國，其間的演變脈絡是有迹可尋的。

東漢關東的發展理應較西漢更突出，因東漢自移都雒陽後，全國的發展重心由三輔轉至關東，昔日的強制供輸已無必要，甚至還可能因「反吸作用」（backwash effects）自關中或邊區吸收人才與物資[80]。但事實並不盡然，中興之後的六十年，章帝猶告關東諸郡守相曰：「今肥田尚多，未有墾闢。」[81]可見在東漢盛世，農業最精華的關東地區，土地的利用狀況仍未盡理想，則人民生計及該區的發展，自然會受到影響。就後漢書本紀來看，漢政府的稟貸措施中，若剔除地區指稱含混不明者，凡提及關東州郡者計二十八次，三輔、弘農者僅三次，北及西北邊區有十二次，南及西南邊區有七次[82]。關東不但是政府最常稟貸之處，自然災害尤爲稟貸原因中最常發生者，天災對關東民生的傷害已是不言可喻。雖然東漢關東區的人口率仍高居全國之冠，只比西漢約少百分之四[83]，但東漢關東區的人口密度却由原來的每平方公里六一•八二人，降至每平方公里四六•九一人，整整少了二十四個百分點[84]。西漢人口記錄可及於平帝元始二年，東漢郡國志的資料僅至順帝期[85]，準此相較，兩漢關東區人口密度的差距已如此之大，更遑論桓、靈以下政治逸離常軌後，關東的凋零衰敗與流民的奔流逃竄了。

自安、順以下，流民與盜賊問題已與時俱烈。二者或許在數量上無固定比例，但有時亦可找出一些值得深思的關連，如虞詡爲朝歌長，謂數千之賊開倉招衆的範圍爲青冀萬數之流民[86]，則民變區域中不啻有十數倍於盜賊的流民產生！關東既已久不能靖，政府又束手無策，終於在靈帝中平年間由鉅鹿人張角激起了全國性、有組織、有準備的大亂[87]，後漢書皇甫嵩傳：「十餘年間，衆徒數十萬，連結郡國，自青、徐、幽、冀、荆、揚、兗、豫八州之人，莫不畢應。」則整個關東區，大概僅司隸因在近畿之處，幷州的太原、上黨二郡因有太行山屛障，尚可暫免波及，其餘五州及南陽郡，均已陷入變亂的戰火中。賊勢如許之盛，若以前率推之，關東流民之數又何可勝計？後漢書劉虞傳：「青徐士庶避黃巾之難歸虞者百餘萬口。」姑不論劉虞是否有此能力收恤，青徐口數中至少已有六分之一以上的人成為流民，其擾動狀況，極為可觀⑱。東漢戶口資料可疑之處甚多，勉強能知者亦僅至桓帝永壽三年⑲，此後全無計數，蓋政府控制民數的能力已完全失去，官吏上計不僅虛浮無實，也因道路險阻而幾乎不可能⑳。續漢書郡國志引帝王世紀曰：「及魏武皇帝剋平天下，文帝受禪，人衆之損，萬有一存。」魏地以關東為主，關東流民所付出的慘痛代價，於此可見！

## 二、關中地區（三輔、弘農地區）

西漢自高祖建都長安，實施強幹弱枝的政策以來，就以徙民置邑、漕運轉輸、水利建設等方式刻意發展關中。雖然關中的人口密度約只是關東地區的二分之一㉑，但鄠、鎬，杜、鄠間畝價一金之足以傲視全國㉒，關東吏員之願意改籍或徙居關中㉓，以及元、成帝時流民之數度入關求生，皆可見西漢的關中確有可與關東分庭抗禮的條件，甚至還因政府的特別關注，減少了許多可能發生流民的機會，如宣帝本始四年詔：「丞相以下至都官令丞上書入穀，輸長安倉，助貸貧民，民以車船載穀入關者，得毋用傳。」㉔關防大事，西漢備之甚嚴，本始三年的大旱，既已令三輔民就賤穀㉕，至四年，猶特準不驗符傳，搶運米穀入關，此舉不僅減除了三輔的流民問題，也反映出西漢政府維護京畿地區的苦心。事實上，關中除了漢二年大飢，高祖令民就食蜀漢㉖，是一次較明顯的流民問題外，就屬本始三年的一次稍具迹象，但在規模上均遠不能與關東的流民群相比。當西漢晚期政府力量愈弱，社會動盪不安時，關中雖無直接資料證明其有流民，但從成帝時南山群盜傰宗的剽刼吏民，鄠縣名賊梁子政的阻山爲害，哀帝時三輔群盜的燔燒茂陵都邑，以及平帝時陽陵任橫的攻盜官寺庫兵來看[97]，關中亦可能激起流民。只因其地在首都區，政府防之甚備，或許未待惡化，即迅速平息或安撫之，故流民問題不甚顯然。

王莽亂起，三輔一度「城郭皆空，白骨蔽野」[98]，直到光武中興後，情勢方見好轉。但自此因東漢移都雒陽，關中受到的重視大不如前，僅以陵園所在及軍防價值，成爲區域性的副中心[99]。由於關中的重要性降低，政府注目的焦點轉移，關中民生也連帶受到影響。東漢政府曾三次特准將上林池苑假與貧民耕種或採捕[100]，建武及靈、獻之時關中還數度發生飢民相食、旱蝗爲災等變故[101]，這些貧民或飢民，如果沒有得到政府的及時救助，很可能就成爲流民。安帝元初二年詔稟三輔及并、涼六郡「流冗貧人」[102]，就已將二者連稱並用，可見其間的關係甚深。天災對關中的傷害遠沒有關東區大，反倒是寇亂等人爲因素，使東漢中葉以後的關中經常困於流民問題。自安、順以下，羌寇轉盛，朝廷又每有棄置西州之議，三輔、弘農將不免首當其衝，故自關以西，或是「米穀踊貴」，「道饉相望」，或是流亡徙居，以至於「山原曠遠，民庶稀疏」[103]，安帝永初四年的減免三輔租賦，就因該地比遭寇亂，人庶流冗而起[104]。靈、獻時更因內外俱擾而出現大批流民，如劉陶疏奏馮翊、京兆等處人民，爲避羌禍而「皆以奔亡」，「冰解風散，唯恐在後」[105]；而韓遂、馬超之亂，李傕之亂，以及群雄並峙時的紛擾，都逼使三輔人民流移奔竄至張魯、徐方、益州、荊州等處[106]。東漢末季關中流民問題的嚴重性爲漢世所僅見，而這主要是由內外亂事所引起。關中流人雖然企望思歸，卻有無以自業之苦，賴曹操用衛覬策，以鹽業安之[107]。但漢帝既已不能保全衛護生民，又無力賑給稟貸之，宜乎鼎祚遷移，漢運至此以終。

### 三、北及西北邊區（或簡稱北邊）

本區主要指幽州，上黨、太原之外的幷州（西漢上郡、西河、朔方、五原四郡屬朔方州），以及西北的涼州一帶。由於界臨北疆，地處偏外，爲了增強捍禦外寇的力量，自文帝以來即從晁錯之議，實行募民徙邊，以實塞下的策略，武帝更大規模地徙民至朔方、五原、河西等地[108]，使該區成爲各地流冗貧人的滙集處，形成流民問題中一個很特殊的現象。雖然其地因民多下貧亡賴者，風俗剽悍少禮文[109]，但大批流民遷至，可以增加邊郡人口，厚實邊防，又有助於舒解內郡壓力，減少社會問題，可算是一項尚具價值的政策。

邊防任重，警備非常，雖說「北邊自宣帝以來，數世不見煙火之警，人民熾盛，牛馬佈野」[110]，但嚴設塞徼以防亡逃，乃是漢代的重要政策，如元帝時侯應縷陳不可罷邊塞之因中，就有防貧苦與黠盜的亡出邊塞：

> 往者從軍多沒不還者，子孫貧困，一旦亡出，從其親戚……。又邊人奴婢愁苦，欲亡者多，曰：「聞匈奴中樂，無奈候望急何！」然時有亡出塞者……。盜賊桀黠，群輩犯法，如其窘急，亡走北出，則不可制……。（漢書匈奴傳）

自漢初以來，國內遇有亂事，燕、齊、趙人即常避地朝鮮，朝鮮亦多誘漢亡人[111]，其因蓋如蔡邕諫靈帝語：「關塞不嚴，禁網多漏，精金良鐵，皆爲賊有，漢人逋逃，爲之謀主。」[112]東北邊界，禍患尙輕，強鄰匈奴的威脅，更不可等閒視之，觀居延漢簡之烽燧情形即可知之：

〼候長充六月甲子盡癸巳積卌日＝迹從第四隧南界北盡第九隧北界毋越塞蘭出入天田迹

（居延漢簡甲乙編六・七）

以闌出入邊塞爲日迹的考核項目[113]，以符傳之名籍、齒數、所載物來掌握民數與動向[114]，以吏民的相牽證任來防止亡匿[115]，以造設科條來約束胡人不得受中國亡者[116]，是皆可見漢代防制流人亡命者竄逃之深心。

王莽妄開邊釁，邊民不僅受外患威脅，更受兵衆侵擾，數年之間，北邊已虛空[117]。但因內郡亦有大亂，仍有不少人民逃往邊區，尤其是河西一帶避禍，如馬援輾轉北地、隴漢間，劉般流至武威，孔奮避兵河西，吳漢則亡命漁陽[118]。由於邊人徙入內郡者率多孤弱，易被人欺，故自王莽至東漢初屢有放免奴婢之詔，如王莽天鳳元年，因「邊民流入內郡，爲人奴婢，乃禁吏民敢挾邊民者棄市」；建武十二年，特詔隴、蜀民被略爲奴婢者，免爲庶人；明帝初即位，又詔「邊人遭亂爲內郡人妻」，在赦前，「一切遣還邊，恣其所樂」[119]。而內郡人可能亦有被邊民係虜的，章帝建初中，賈宗因舊時內郡徙人在邊者多貧弱，爲居人所僕役，不得爲吏，特擢用之[120]。內郡徙人未必即流民，已然爲人役使，難有公平待遇，何況是貧弱無依的流民呢？

東漢常受羌胡威脅，安帝時幷、涼二州已然虛耗[121]，王符潛夫論實邊篇曰：「今邊郡千里地各有兩縣，戶才置數百，而太守周迴萬里，空無人民，美田棄而莫墾發。」若就續漢書郡國志順帝期戶數計之，涼州的十郡二屬國中，有七郡一屬國每縣的平均戶數不滿千戶；幷州七郡中（太原、上黨除外），有六郡每縣的平均戶數不滿千戶；幽州則除了遼東屬國的戶數不明外，其他十郡中，僅玄菟一郡的每縣平均戶數不滿千戶[122]。邊郡地曠人稀的情形，確如實邊篇所言，而幷、涼二州的蕭條景況，則較幽州嚴重[123]。

東漢政府對邊郡流冗貧人的十二次稟貸中，只兩次與幽州有關，其他均是針對幷、涼二州而發[124]。二州人民既飽受寇患侵擾，若再無良吏撫慰，就只有流散一途，如後漢書虞詡傳：

> 詡始到（武都）郡，戶裁盈萬，及綏聚荒餘，招還流散，二三年間，遂增至四萬餘戶，鹽米豐賤，十倍於前。

郡國志中武都郡戶二萬有奇，安、順間約二十年而一郡戶數已三次巨變，則邊郡的流民問題不可謂不大。幽州應接荒外，資費甚廣，需割損青、冀賦調才足，但似較少發生如幷、涼二州的流民問題，及至漢末大亂，還因劉虞的收視溫恤，致使青、徐流民歸之者百餘萬口[125]，大概是邊區中較安定富庶的地方。

## 四、南及西南邊區（或簡稱南邊）

本區主要指長江中、下游的荆州（南陽郡除外）、揚州，其南的交州（西漢稱交趾州），以及包括巴蜀、漢中在內的益州。史記貨殖列傳曰：「楚越之地，地廣人稀，飯稻羹魚，或火耕而水耨，果隋嬴蛤，不待賈而足，地勢饒食，無飢饉之患。」江淮以南開發較遲，但因易於生計，漢政府有時就將關東流民徙居該處，以應一時之急，如武帝元鼎二年的河災，飢民就流移就食江淮間。江淮距山東河災各郡不遠，武帝將大批流民置此曠土，一則取其近便，二則因有漁採之利，可使流民自尋安生之道，是後因水潦移於江南，方下巴蜀粟振之[126]。在西漢的多次徙民中，三輔主要接納豪傑名家，北邊因防務關係常為一般貧民之徙所[127]，江淮以南則除了流放罪人或遷移蠻族外[128]，就只有為紓解關東困急才徙來流民。易言之，漢政府因政治、軍事理由，較注意北邊的安全與繁榮，反而忽略了生存環境未必比北邊差的荆揚地區。如武帝元狩四年的徙民，寧可讓關東貧民七十餘萬口，度越山河重關，徙至隴西、北地、西河、上郡等地，並因振業之費過鉅，不得不別開財源[129]，卻未考慮將人民遷至較溫暖、近便、安全、無飢饉之患的荆揚一帶[130]。漢政府的勞師動衆，垂青北邊，可以想見南邊在其心目中的分量了。然而，正因為江淮以南地區較不受政府重視，又地廣人稀，易於維生，自然發展成亡命者逃聚之處。漢初吳王濞、淮南王長謀逆，已多招誘天下亡命者助之；兩漢之際的戰亂，南邊更成為北方難民逃亡棲止之所，如韓績、范平之祖的避居吳地，胡廣、士燮先人的徙至交州[131]，皆是其例。後漢書任延傳：「時天下新定，道路未通，避亂江南者皆未還中土，會稽頗稱多士。」王莽亂時，荊揚一帶雖然也未能安靖，但終究不比三輔、關東的風雲擾攘[132]，也不似北邊有羌胡外患的立即威脅，若似任延傳之語，避難江南者竟至「多士」的地步，已足可反映流人乘亂南遷為數之衆了。

在本文分畫的四個區域中，南邊的人口比率與人口密度是兩漢唯一持續增加的地區，尤以荊、揚二州增加的幅度為大[133]。這或許是因為東漢政府貪汚腐化，中原地區生活不易，北邊又飽受羌患威脅，所以才驅迫流民亡命者至這個深具發展潛力的地區。東漢長江中、下游一帶的人口與經濟較西漢頗有增長，已是不容否認的事實[134]，安帝永初年間甚至還調揚州五郡租米來贍給關東諸郡，樊準並建議將被災郡之尤困乏者徙置荊、揚孰郡，令各安其所[135]。此外，在吏治方面也較前注意興學立教、制定禮則[136]，使素少仰瞻漢化的江南，亦能從化。然而，荊、揚一帶却也是東漢民變最多之處，自安帝以下的四十次民變中，起自荊、揚二州的就有二十二次，其發生頻率為百分之五十五，遠較兩漢之際的百分之一〇・三四高出許多[137]。這固然導源於官吏的貪暴徵斂，侵枉小民，郡縣的稅役失平，苛求無度，還因為南方境界曠遠[138]，討捕不易，故亡命者常至此處避禍，使該地的社會秩序難以建立。再加上收聚各方流人，又與蠻夷錯居，風俗甚為雜駁，衝突自然難免。荊揚之地的民性較強悍，管子水地篇言楚地民風：「輕果而賊」，漢書地理志言吳粵之性：「輕死易發」。所謂「老弱死道路，壯者入賊中」[139]，能逃至南邊的流民亡命者大致應較強壯，故貪吏若有觸怒失平之擧，在悍勇民風的助導下，極易激起民變。南邊人口的持續成長，卻與民變高居全國之冠成一顯明對照，大批流民的蜂湧而至，對二者均有相當的催化作用。

西南的益州較早與中原接觸，開發程度原較荊、揚、交州爲高[140]，高帝二年關中大飢，曾令民就食蜀漢；武帝救濟流民，亦下巴蜀粟振之[141]。此外，巴蜀還因地勢險要，物產豐盛，成爲流亡者依託之所，兩漢間公孫述據地稱王，遠方士庶就因蜀地肥饒，兵力精強，多往歸之；東漢末季，流入益州或奔向漢中的流民，更分別至數萬家[142]，或許是因爲蜀地辟陋，行路不易，所修棧道又以連通關中爲主[143]，故流入巴蜀者多來自三輔、河西[144]，而東漢爲數衆多的關東流民，卻反而不易入此肥饒之地。復以巴蜀民風柔弱褊阸，不至狠鬥[145]，故天下喪亂時，益州反較安定[146]，就連黃巾之亂八方同起的大事，益州也未參與[147]，而漢中的張魯更是起兵反者中最知愛民濟民的人[148]。與荊、揚二州的亂事相尋比較，益州尚能維持相當程度的富庶與安定，是很令人注目的！

流民除了在區內或區間流竄，另外的一種動向也頗值得注意。漢書高帝紀五年詔：「民前或聚保山澤，不書名數，今天下已定，令各歸其縣，復故爵田宅。」流民避處山澤以逃禍患，是兩漢習見之事，如王莽末，天下亂，劉平與母俱匿野澤中；桓榮抱其經書與弟子逃於山谷；黨錮禍起，李、杜伏誅，岑晊逃竄而終于江夏山中；董卓之亂，韓融將宗親千餘家避亂密西山中[149]。流民群聚山澤以求生機，初爲求食，若客觀環境一直未見改善，則姦僞將起，盜寇難免[150]。武帝時天下虛耗，民去本業，董仲舒欲借秦事以喩漢，曰：「民愁亡聊，亡逃山林，轉爲盜賊。」[151]此語不幸也成爲王莽亂時最眞實的寫照：「富者不得自保，貧者無以自存，起爲盜賊，依阻山澤，吏不能禽而覆蔽之。」[152]東漢流民問題更爲嚴重，屯聚山澤成爲盜匪的也更多，此所以山賊、海賊、江賊等名不逕而走也，如郭伋爲潁川太守，招懷山賊；曾旌爲海賊，寇會稽，殺縣長；國三老袁良為廣陵太守，討江賊張路等，威震徐方；黑山賊起於常山、趙郡、中山等諸山谷間，人衆浸廣[153]，皆是其例。中國地形複雜，各州均有山川藪澤，是亂民起事最頻繁的地區[154]；而道路幹線的近側，往往有開發程度甚差的隙地，也是治安上的死角[155]；數郡郡湊之處，因為三不管地帶，自易造成盜賊橫行[156]。這些山澤、隙地或郡湊，不僅經濟較落後，漢政府的政治力量也有所不及，故每當民生困窘，吏治不良時，流民便滙於此類地方，終而釀成巨變。

亂世之中，人命如螻蟻，流民逃往任何地方都未必能安生，視情況往還於城鄉之間反倒是常見的現象。漢書翟方進傳，成帝冊書曰：「間者穀雖頗孰，百姓不足者尙衆，前去城郭，未能盡還，夙夜未嘗忘焉。」城郭是官府所在，軍力較為強大，又是各類物品會集之處，自然較富庶，流民會趨向城郭求生，亦甚顯然。王莽時，中黃門王業賤取於民，民患之，莽聞城中飢饉，問業，曰：「皆流民也。」[157]正因為流民常轉至城郭求生，王莽才如此輕易受騙。潛夫論浮侈篇曰：「今察洛陽，資末業者什於農夫，虛偽游手，什於末業。」這些虛偽游手中恐怕不乏來自鄉間，沒有土地，不事墾闢的貧民[158]，其處境已與一般流民無甚差別。除了洛陽，全國各大城市中恐怕也有類似景況。但從另一方面來看，城市雖然是流民嚮往之處，也同樣是盜賊攻擊的目標，田況曾勸王莽：「收合離鄉，小國無城郭者，徙其老弱置大城中，積藏穀食，并力固守。賊來攻城，則不能下，所過無食，勢不得群聚。」[159]但若不幸政府處置失當，官吏苛急小民，盜賊又攻燒城寺，則可能會發生：「民棄城郭流亡」，或「城郭皆空，白骨蔽野」的情形[160]，此時百姓再滯留城郭，則無死所，但就算是流亡鄉間，亦未必能倖免於難，漢書酷吏傳謂武帝群盜，大群「擅自號，攻城邑」，小群「掠鹵鄉里」[161]，即是明證。後漢書劉玄傳亦曰：

> 王莽末，南方飢饉，人庶群入野澤，……新市人王匡、王鳳為平理諍訟，遂推為渠帥，……於是諸亡命馬武、王常、成丹等往從之，共攻離鄉聚。

註云：「離鄉聚」謂「諸鄉聚離散，去城郭遠者」。流民亡命者依阻山澤而爲盜，還攻離鄉聚，蓋看準其地偏僻，官府亦鞭長莫及，遂有此舉。東漢變亂擾及鄉間的情形，可能較之更勝一籌，所謂「安順以下，風威稍薄，寇攘寖橫，緣隙而生，……然其雄渠魁長，未有聞焉，猶至壘盈四郊，奔命首尾」[162]，故除非是承平盛世，根本沒有流民問題發生，如若不然，則世亂愈急，流民的命運就愈悲慘。

## 第三節　流民對政治社會的影響

無論引起流民的原因是什麼，當問題一旦發生，而政府不能給予相對應的關注，及時解決，或爲官場欺謾之惡習所蔽[163]，不能了解民情時，困阨之人自易迭有怨言，離叛之事或許發生，而民心的流失，將是政府最難彌補的損失。如武帝好大喜功，不愛惜民力，致令流民大起，百姓不安其生；成帝以「一人有辜，舉宗拘繫，農民失業，怨恨者衆」，勑有司務行寬大，以去流民怨心；哀帝策免師丹曰：「河決泉湧，流殺人民，百姓流連，無所歸心，司空之職尤廢焉。」

[164]黎民流散，民心亦去，政府威信又將何所維繫？豈不正如鮑宣之言：「民有七亡而無一得，欲望國安，誠難」乎[165]？東漢中葉以下的流民問題更爲嚴重，政府因處置不當，漠視民情，所導致的後果也益形可觀，朱穆諫梁冀書曰：「昔永和之末，綱紀少弛，頗失人望，四五歲耳，而財空戶散，下有離心。」崔寔政論亦曰：「朝廷不獲溫良之用，兆民不蒙寬惠之德，則百姓之命，委於酷吏之手，嗷嗷之怨，咎歸于上，夫民善之則畜，惡之則讎，讎滿天下，可不懼哉？」[166]試觀邊區羌患日熾，百姓驚惶奔亡，竟至「冰解風散，唯恐在後」的地步[167]，以及民變時賊寇攻官寺，盜庫兵，殺長吏，無所迴忌的情形，可知民心散離，民怨深矣。最可注意的則是靈帝中平元年大起的黃巾之亂，後漢書楊賜傳：「先是，黃巾張角等執左道，稱大賢，以誑燿百姓，天下襁負歸之。」大亂發生前，政府已感受到張角的號召力，但仍未做迅速妥善的處理，也不曾反躬自省。楊賜雖然上書籲請「簡別流人，各護歸本郡，以孤弱其黨」，卻未得朝廷重視[168]。直待亂事暴發，四方又私語張角將入京師，而「州郡忌諱，不欲聞之，但更相告語，莫肯公文」[169]。自中央以至地方，官吏的虛慢應事，推諉卸責，徒然使流民問題惡化，使更多的百姓認清政府的虛僞無能，而張角的自稱「大賢良師」，「以善道教化天下」[170]，更無異是對漢朝吏治的絕大諷刺。人民渴望良吏，猶若大旱之望雲霓，此所以以善道惑民之張角，能使百姓棄漢政權，襁負歸之。

　　流民常是社會經濟問題的副產品，但若政府不能適當處理之，流民問題反而會嚴重傷害社會經濟的發展，二者並互爲影響，形成惡性循環。這在流民問題愈激烈化時，看得愈明顯，如後漢書馮衍傳，與鮑永論王莽時情形：

> 元元無聊，飢寒並臻，父子流亡，夫婦離散，廬落丘墟，田疇蕪穢，疾疫大興，災異蜂起，於是江湖之上，海岱之濱，風騰波涌，更相駘藉，四垂之人，肝腦塗地，死亡之數，不啻太半。

人民流離失所，不僅形成政府救助時的財政重負，更因為田疇曠廢，無人墾闢，導致農業經濟蕭條，民食嚴重缺乏，若再碰上兵災戰亂的威脅，就連僅有的一點城市工商業都會被破壞無遺，赤眉之亂時，「民飢餓相食，死者數十萬，長安為虛，城中無人行」[171]，就是一個很好的例子。流民問題隨其規模大小，對社會經濟產生不同程度的影響，在兩漢四百年間，除非像昭宣二帝或中興三帝之刻意作為，盡力救助流民，並改善客觀環境，才可挽流民之狂瀾，否則二者相纏相擾，無可避免地將使農業減產，工商不振，社會凋敝，民生日困，而且只要此種情勢不見好轉，流民群會日益擴大，並一直盤旋在飢餓、疾疫與死亡的陰影中。

當流民問題興起時，流民若能投歸良吏，以得牧養，自是最佳棲身之所，不然也可托命善人、節士，暫避於一時[172]，否則就只好奔向有塢堡營壍與自給自足莊園的豪族，以保身全命。而豪族之所以成為漢室的隱憂，應與其大量收聚流民為奴婢、客等依附民，使其勢力潛滋暗長，不易為政府所摧折動搖，有密切關係[173]。所謂「流民多庇大姓以為客」[174]，雖然在描述魏晉以後的情形，但對於漸漸喪失控制民數能力的漢代社會，多少有些參考價值。故流民問題所帶來的，不僅是怨讟歸上，政府威望受損，還面臨到與豪族爭民數，賦役無所出的困境，而豪族力量的日益坐大，也隱然成爲未來地方割據勢力的先聲。

流民本是一群生計艱困，游走於社會底層的人，豪強勢力愈大，他們的相對地位就愈卑下，境遇也愈可憐。崔寔對此有一段相當深動而悽慘的描述：

> 上家累鉅億之資，戶地侔封君之土，行苞苴以亂執政，養劍客以威黔首，專殺不辜，號無市死之子，生死之奉，多擬人主，故下戶踦䠊，無所跱足，乃父子低首，奴事富人，躬率妻孥，為之服役。……歷代為虜，猶不贍於衣食，生有終身之勤，死有暴骨之憂，歲小不登，流離溝壑，嫁妻賣子，其所以傷心腐臟，失生人之樂者，蓋不可勝陳。（全後漢文卷四六）

豪強生活麗靡紛華，奢僭無度，還要挾制政令，威迫百姓，比之於貧者的衣食不繼，夫妻散離，父子棄養，爲佃爲傭，甚且爲奴，相去實不可以道里計。貧富差距何等懸殊，社會人情如此不平，流民既生時多憂患，復無所寄望於未來，則一切犯法觸禁，寇盜攻殺之事，將無忌憚，率然爲之，漢初賈誼諫文帝書即有：「飢寒切於民之飢膚，欲其亡爲姦邪，不可得也。」杜欽向成帝建言亦指出：「民人流散，盜賊將生。」[175]徐幹對民數不實，戶口脫漏的後果，看得尤其眞切，中論民數篇曰：

> 於是姦心競生，僞端並作矣，小則盜竊，大則攻刼，嚴刑峻法，不能救也。

流民問題本是一種社會病態，政府若能痛下針砭，興利革弊，貴人富者若能惻隱救助，多些關懷，則病象自能消解，流民復爲良農，何至於弄得社會凋殘，荒地不墾，倫常靡廢，愁怨四起？一旦流民轉爲盜寇，則討捕擾民不說，王命不達，威權受損，恐怕是統治者該當細心計量的。

兩漢邊區一直有外患威脅，政府處理若稍有不當，將有無窮後患。如王莽時的邊禍，或致邊民「流入內郡，爲人奴婢」，或「皆亡出塞，因犯法爲寇」；而東漢因外族抄略，使得邊民「逐道東走，流離分散」，「飢餓死亡，復失太半」⑯，所以政府如不能妥爲安置流散邊民，不但會迫使其投歸豪強，或亡爲盜徒，使社會貧富差距與亂象加重，也會因邊地戶口減少，政治文化力量衰退，致歲舉不易，舊姓及脩身之士官位難登⑰，同時，還可能因此引起區域發展的不均衡，帶來其他的問題，潛夫論實邊篇曰：

> 今邊郡千里地各有兩縣，戶財置數百，而太守周迴萬里，空無人民，美田棄而莫墾發。中州內郡，規地拓境，不能半邊，而戶口百萬，田畝不全，人衆地狹，無所容足，此亦偏枯躄痱之類也。⑱

西漢多次徙民邊區，揆其用意，一可厚實邊防，繁榮邊地；二可護衞三輔，永保首都地區安全；三可舒緩內郡人口壓力，減輕因流民而引發的各項危機。東漢較少進行這項政策，西北邊郡的經濟狀況、政治活力與文化發展已有明顯衰退的趨勢⑲，但中州內郡卻沒有因邊區人力、資源的內徙而深深獲益，反而因吏道不振，荒亂橫生，而有「流離溝壑，嫁妻賣子」之患⑳。西漢江南的開發遜於東漢，東漢的南邊是四區中人口唯一成長者，但東漢對江南並無系統性的開發計畫，除了少數循吏的招撫，就只有聽任流民亡命者自行逃至，東漢江南之所以乏秩序，多盜寇，應與其缺乏計畫性的移徙人民，發展當地，有很大的關係。雖然，江南的開發在某種程度上得利於人民的移至，但流民帶給北邊、三輔及關東的不利影響，卻似乎更大。

社會動盪不安，人民飽嚐生離死別之苦，也會對人民的思想產生相當大的衝擊。漢代儒家思想定於一尊，自董仲舒提倡「君臣父子夫婦之義皆取諸陰陽之道」，「王道之三綱可求於天」以來⑱¹，天人感應，災異譴告的思想遂大行於世，君尊臣卑、三綱五常的理念成爲統治者之意識，而方術、陰陽家等也借此附會雜糅於儒學之中。董氏天人感應的思想本欲假災異以制君權、畏天威，竟不意爲欺世惑俗之人流衍爲符命讖緯之說，以禎祥瑞應來取悅執政，而王莽、劉秀及起兵群雄，率皆用之以示應天順民，招來歸心[182]。儒家的政治態度是樂觀的，縱然有治有亂，仍相信必有王者興[183]。漢儒之倡變法讓賢論，一則顯示漢曆中衰，當更受命，卻也表示他們認爲天下事仍有可爲，新聖人將代之而起。光武之受命，即是另一新的開始，新的希望，過去的一切亂象與流民問題的陰霾，都將一掃而空。

不幸東漢政權弊病深沈，社會經濟問題興革乏力，人民只見到官吏貪殘，流民盜寇四起，自不免對政府失去信心，對未來感到茫然。儘管統治階級刻意強調尊孔崇儒，三綱五常[184]，儘管讖緯書已改變儒家面目，把尊卑關係定得更嚴[185]，但東漢有識儒者如桓譚、王符、崔寔、荀悅、仲長統等人，不復堅持聖君賢相，歸仁化義的崇高理想，反而流露悲觀主義的氣息，與懷疑、宿命、逃避的消極看法，而思想界中，儒家哲學趨於僵化，道家哲學有漸漸抬頭之勢[186]。

至於身罹苦難的百姓，似乎在無望、不平之中，漸漸寄託於宗教力量，嚮往另一太平世界。東漢民變中稱妖賊、妖巫者爲數之多[187]，以及人民頗好以神怪巫祝療病[188]，在在顯示民間的宗教信仰，成爲苦難百姓最重要的心靈寄託，也成爲有心者號召人民的一種憑藉。黃巾賊首張角不僅以符祝爲人治病，還誑惑百姓，使其「信向之」[189]，而造成徒衆數十萬，連結郡國的聲勢，即說明政府所持綱常不變的理論已然變調，企希宇宙新秩序的意識卻在人民心中升起[190]。黃巾賊的「歲在甲子，天下大吉」[191]，若與太平經的「甲子爲初始」合觀[192]，則知與民更始之義，正是百姓所衷心切盼，而既存政權卻不能與之者[193]。無論太平經是代表地主階級的思想[194]，抑或是大傳統被小傳統歪曲運用[195]，政治活動取太平經「初始」之義，無異於是向腐敗的東漢政權昭示，欲棄之而重建理想新世界。雖然在現有史料中，我們無法知悉流民對東漢政府，對自己的未來有何看法，但只要官吏貪暴局面不改，社會經濟景況不見好轉，流民勢必日益增多，而民變只是流民問題處理不善的一種結果。

流民本是一群很不起眼的人，但若不能妥當安置之，其影響層面將極廣遠，而最終則歸結到對政權的質疑，甚或否定，故流民問題的危險性，是任何政府不宜輕忽的。

# 注釋

① 史記，（台北，世界書局，民國六七年），卷一八，高祖功臣侯者年表，頁八七七。

② 漢書卷一下，高帝紀，頁五四。

③ 漢初因襲秦舊，以十月爲歲首，故由高帝五年五月至七年十月，只約有一年半的時光。

④ 漢書卷三，高后紀，頁一〇四。

⑤ 成帝詢問文帝事，劉向謂傳言多傅會之辭，不可盡信，但文帝能聽諫言，節儉約身，亦有過人難及之處。見：應劭，風俗通義，（漢魏叢書本），卷二，正失篇，頁一四一八—一四二二。史記律書謂文帝時：「百姓無內外之繇，得息肩於田畝，天下殷富，粟至十餘錢，鳴雞吠狗，煙火萬里，可謂和樂者乎！」可能是後期一時之狀況，不能謂文帝全期皆如此殷富、和樂，觀賈誼、鼂錯等人的言論即可知矣。

⑥ 漢書卷二三，刑法志，頁一〇九七。

⑦ 人民離鄉原因，有可能是南粵侵邊，爲戰備需要而移民併村，也有可能是人民爲避難而離去。見：馬王堆漢墓帛書整理小組，「馬王堆三號漢墓出土駐軍圖整理簡報」，文物，一九七六年第一期，頁二〇—二三；葛劍雄，西漢人口地理，頁二六；馬王堆漢墓，（台北，弘文館出版社，民國七四年），頁一四一—一四二。

⑧ 漢書卷一六，高惠高后文功臣表，頁五二八。

⑨ 漢書卷二四上，食貨志，頁一一三二。

⑩ 漢書卷四九，鼂錯傳，頁二二八八。

⑪ 漢書卷五，景帝紀，頁一三九。

⑫ 漢初侯國戶口增長狀況見：葛劍雄，西漢人口地理，頁二〇—二一。其中，景帝以前國除者有十三個，平均年增長率爲千分之一六・九。自武帝起亂事甚，人口大量死徙流亡，此期除封的侯國，平均年增長率遂驟降至千分之九・一二。

⑬ 漢書卷四八，賈誼傳，頁二二六一。

⑭ 漢書卷四四，淮南厲王傳，頁二一三九。

⑮ 漢書卷六，武帝紀，頁一七八；卷二四下，食貨志，頁一一六二；卷五九，張湯傳，頁二四六一。

⑯ 史記平準書謂災區方一二千里，漢書食貨志改爲二三千里。關於被河災事，武帝紀中只略言：「夏，大水，關東餓死者以千數。」但其下論救濟江南飢民事則較食貨志爲詳。又魏相上書宣帝時亦言及元鼎二年水災，且指明「平原、勃海、太山、東郡溥被災害，民餓死於道路」。分別見：史記卷三〇，平準書，頁一四三七；漢書卷六，武帝紀，頁一八二；卷二四下，食貨志，頁一一七二；卷七四，魏相傳，頁三一三七。

⑰ 流民、無名數指謂相近，可視爲同一類問題。但二者仍有所別，如東漢賜爵常曰：「民無名數及流民欲占者一級」，即將二者分開來看。故元封四年的無名數四十萬，可能不包括在流民二百萬口中。有關流民、無名數之異同，可參考第一章第二節的討論。

⑱ 漢書卷四六，石慶傳，頁二一九八。

⑲ 漢書卷七，昭帝紀，頁二三三。

⑳ 武帝末年人口，各家看法不同，如袁祖亮以爲戶口並非減半，且有增加；葛劍雄則認爲「戶口減半」是當時實況。葛氏以爲除了虛報戶口，在非流民中必然還有相當數量的人口是脫籍流亡的，只因武帝督責峻刻，官吏計文不改，反而隱匿了事實眞象。見：葛劍雄，西漢人口地理，頁六三—七八。

㉑ 漢書卷七，昭帝紀，頁二二一。

㉒ 漢書卷二四上，食貨志，頁一一四一。

㉓ 漢書卷八九，循吏傳，頁三六二七。馬氏通考以爲，宣帝詔流民還歸者勿算事，使州郡無逋負之責，故可

容僞。此說或許有理，但王成蒙賞在地節三年三月，宣帝詔流民還歸勿算在同年十月，略晚於王成之事，故馬氏按語的推論有待商榷。見：馬端臨，文獻通考，（崇仁謝氏刋本），卷一〇，戶口考，頁七。

㉔ 後漢書卷五二，崔寔傳，頁一七二七。

㉕ 漢書卷八五，谷永傳，頁三四六二；卷八一，孔光傳，頁三三五八。

㉖ 西漢晚期流民欲入關，見於元帝初即（漢書于定國傳）、成帝河平元年（天文志）、陽朔二年與鴻嘉四年（成帝紀）。谷永於元延元年對奏時亦言及流民守關，欲就賤穀事（谷永傳）。

㉗ 如成帝陽朔三年的潁川鐵官徒申屠聖，鴻嘉三年的廣漢鄭躬，永始三年的尉氏男子樊並，與山陽鐵官徒蘇令等，都曾謀起作亂。

㉘ 如成帝册免丞相薛宣之因是：「百姓飢饉，流離道路，疾疫死者以萬數，人至相食，盜賊並興，群職曠廢，是朕之不德而股肱不良也。」

㉙ 漢書卷九九中，王莽傳，頁四一一二。

㉚ 漢書卷九九下，王莽傳，頁四一五七、四一七七；後漢書卷一一，劉玄傳，頁四六七。

㉛ 漢書卷九九中，王莽傳，頁四一二五、四一三八；卷九四下，匈奴傳，頁三八二六。

㉜ 漢書卷九九下，王莽傳，頁四一七〇—四一七一。有謂王莽並非完全不信飢寒爲盜之說，只因更憂慮士族大姓的武裝力量，故不輕恕亂者，見：余英時，「東漢政權之建立與士族大姓之關係」，收入：中國知識階層史論，（台北，聯經公司，民國六九年），頁一二八—一二九。

㉝ 漢書卷九九下，王莽傳，頁四一九三；後漢書卷一一，劉盆子傳，頁四八四。

㉞ 有關兩漢之際群雄起兵的情形，以及士族大姓武裝自保，集體避難的方式，可參考：余英時，「東漢政權之建立與士族大姓之關係」，頁一二九—一六三；金發根，永嘉亂後北方的豪族，（台北，嘉新文化基金獎助委員會，民國五三年），頁一〇—一六。

㉟ 後漢書卷三一，樊宏傳，頁一一二〇；卷二三，竇融傳，頁七九七。

㊱後漢書卷七九上，儒林傳，頁二五五〇；卷三九，江革傳，頁一三〇二；三國志，（台北，洪氏出版社，民國六三年），卷四九，士燮傳，頁一一九一。

㊲後漢書卷二八上，馮衍傳，頁九六六；續漢書卷二三，郡國志五，頁三五三三。

㊳錢穆綜論唐宋以下政治區畫與戶口的關係，可爲參考。見：錢穆，國史大綱，（台北，台灣商務印書館，民國五五年），頁五二四—五三三。

㊴後漢書卷一下，光武帝紀，頁四九。

㊵後漢書卷九〇，烏桓傳，頁二九八二；卷一五，來歙傳，頁五八八。逃往江南者甚多，人才也不少，如後漢書循吏任延傳：「時天下新定，道路未通，避亂江南者皆未還中土，會稽頗稱多士。」

㊶後漢書卷一下，光武帝紀，頁六六。

㊷光武帝放免奴婢的詔令，分別在建武二年五月、六年十一月、七年五月、十一年二月、十一年八月、十一年十月、十二年三月、十三年十二月、十四年十二月。

㊸見附表一說明(2)。

㊹如後漢書章帝紀建初元年正月詔：「流人欲歸本者，郡縣其實稟，令足還到，聽過止官亭，無雇舍宿。」元和元年二月詔：「其令郡國募人無田欲徙它界就肥饒者，恣聽之。到在所，賜給公田，爲雇耕傭，賃種餉，貰與田器，勿收租五歲，除算三年。其後欲還本鄉者，勿禁。」

㊺後漢書卷一七，馮異傳，頁六四八；卷三一，郭伋傳，頁一〇九一—一〇九二；卷二一，李忠傳，頁七五六；卷七六，循吏衛颯傳，頁二四五九。

㊻後漢書卷二，明帝紀，頁一二四。

㊼即使在尚稱安定的明帝時代，一遇災荒，飢者或裸行草食，散見道路（後漢書王望傳）。章帝建初間，也因「牛多疾疫，墾田減少，穀價頗貴，人以流亡」（章帝紀）。可見流民問題尚難完全平息。

㊽後漢書卷一下，光武帝紀，頁六八—六九；卷三，章帝紀，頁一五九。

(49) 有關王景治河後黃河能長期相對安流的原因，以及王景治河的方式與實際成效，見：史念海，「由歷史時期黃河的變遷探討今後治河的方略」，收入：河山集二集，（北京，三聯書店，一九八一年），頁三六四—三七三；譚其驤，「何以黃河在東漢以後會出現一個長期安流的局面」，轉引自：葛劍雄，西漢人口地理，頁五六。

(50) 後漢書卷四六，陳忠傳，頁一五六二。

(51) 稟貸之義見本書第四章第三節。此處僅指災荒稟貸，一般情況下對鰥寡孤弱者之賜穀則不計入。

(52) 賀昌群，「論兩漢土地占有形態的發展」，收入：漢唐間封建土地所有制形式研究，頁一九二。

(53) 如後漢書梁慬傳：「安定、北地、上郡皆被羌寇，穀貴人流，不能自立。」又，馬融傳：「會羌虜颷起，邊方擾亂，米穀踊貴，自關以西，道殣相望。」

(54) 如後漢書西羌傳：「羌遂入寇河東，至河內，百姓相驚，多奔南度河。」同傳：「自羌叛十餘年間，兵連師老，不暫寧息，…延及內郡，邊民死者不可勝數，幷涼二州遂至虛耗。」

(55) 後漢書卷八七，西羌傳，頁二八八八。

(56) 據鄒紀萬所做民變表得出，但除去其中所列順帝永和二年七月的兵變。見：兩漢土地問題研究，（台大文史叢刊，民國七〇年），頁一六三—一六四。

(57) 後漢書卷四六，陳忠傳，頁一五五八。

(58) 後漢書卷六五，皇甫規傳，頁二一二九。

(59) 後漢書卷六，質帝紀，頁二八一。

(60) 如後漢書龐參傳，參奏記於鄧騭曰：「比年羌寇特困隴右，供徭賦役，爲損日滋，官負人債數十億萬。」

(61) 後漢書卷六六，陳蕃傳，頁二一六二。

(62) 後漢書賈琮傳：「時黃巾新破，兵凶之後，郡縣重斂，因緣生姦。」

(63) 薛瑩，後漢書，（七家後漢書本），頁二六五。

64 後漢書卷四九，仲長統傳，頁一六四九。

65 後漢書卷七五，張魯傳，頁二四三六；卷七三，陶謙傳，頁二三六七；卷七三，劉虞傳，頁二三五四；卷七四下，劉表傳，頁二四二一。

66 見附表一說明(2)。

67 高敏，「論兩漢賜爵制度的歷史演變」，頁五〇—五五。

68 安帝永初四年，順帝永和六年、漢安二年。

69 三國志卷一，武帝紀，頁一四註。

70 杜佑，通典，（崇仁謝氏刋本），卷七，食貨典，頁三。

71 有關關中、關東二區之邊界及廣、狹範圍，可參考：邢義田，「試釋漢代的關東、關西與山東、山西」及該文之「補正」，收入：秦漢史論稿，頁八五—一一九。

72 兩漢建都地點的不同，對關中的發展影響甚大，但關中一直著重在其政治、軍事價值，與關東偏重在經濟文化的發展上，有所不同。見：勞榦，「兩漢戶籍與地理之關係」，頁五—一三；拙著，「東漢的關中區」，大陸雜誌，七八卷六期，（民國七八年），頁二〇—二二。

73 本文北及西北邊區大致即勞榦「兩漢戶籍與地理之關係」一文中之西北邊郡與東北地區；本文南及西南邊區大約是勞氏之江漢以南地區。有關南、北兩大邊區一般的自然、人文狀況見勞氏該文。此外，兩漢南、北兩邊各郡國的歸屬不盡相同，見附表二。

74 陳良佐，「從漢書地理志試論我國古代黃河下游的黃河主流及其分流」，大陸雜誌，七十二卷三期，（民國七五年），頁一—二三；胡渭禹貢錐指論黃河行汴渠入淮事，轉引自：余英時，「畢漢思（Hans Bielenstein）『王莽亡於黃河改道說』質疑」，收入：中國知識階層史論，頁二〇三註五。

75 分別見：漢書卷六，武帝紀，頁一七八、一八二；卷四六，石慶傳，頁二一九七—二一九八。

76 西漢關東區各業的發展，各類特種官署的成立，以及人口分布狀況，見：勞榦，「兩漢戶口與地理之關係」，頁五一一三；嚴耕望，中國地方行政制度史，上編，卷上，秦漢地方行政制度，（史語所專刊四十五，民國五〇年），頁一八八—二二五。楊遠，「西漢鹽鐵工官的地理分布」，香港中文大學中國文化研究所學報，九卷上册，（一九七八年），頁二一九—二四三；又，「西漢人物的地理分布」，幼獅學誌，十九卷二期，（民國七五年），頁一八—一九。

(77) 居延漢簡中之戍卒籍貫，許多是來自關東內郡的，見：勞榦，「漢簡中的河西經濟生活」，收入：勞榦學術論文集甲編，頁五一三；陳直，「西漢屯戍研究」，頁一五。

(78) 嚴可均校輯，全上古三代秦漢三國六朝文，（京都，中文出版社，一九八一年），全漢文，卷二四，「詣丞相公孫弘記室書」，頁二五八。

(79) 漢書卷六四下，賈捐之傳，頁二八三三。

(80) 東漢移都雒陽對關中的發展影響很大，不僅政府的重視程度不如西漢，在經濟、文化各方面都有相當明顯的衰退。見：拙著，「東漢的關中區」，頁二二一—二二八。「反吸作用」的概念見：M. G. Bradford and W. A. Kent, *Human Geography: Theories and Their Applications*, (Oxford University Press, 1977), PP. 168-172.

(81) 後漢書卷三，章帝紀元和三年，頁一五四。

(82) 此處宜說明者有：⑴災荒賜穀亦計入，但一般性鰥寡賜穀則不納入稟貸範圍。⑵指謂含混不清者如：和帝永元十一年，「遣使循行郡國，稟貸被災害不能自存者」。此處難以遽斷被災郡國何指，故不計入次數中。⑶同一條中包括不同區域者，分別並重覆計次，如和帝永元十五年，「詔稟潁川、汝南、陳留、江夏、梁國、敦煌貧民」。一事同時涉及三區，故分別計入關東、北及西北邊區、南及西南邊區。⑷同一條中，部分地區明確，部分指稱不明，則明確者計次，不明者捨之不論，如安帝元初五年，「京師及郡國五旱，詔稟遭旱貧人」。此條因確知京師歸屬而計入關東區，但五郡國則難歸入任一區。⑸幷州僅太原、上黨二郡屬關東，荊州僅南陽一郡屬關東，故除非文中明言之，幷、荊二州分別計入北及西北邊區，南及西南邊區。⑹稟貸中凡言及司隸者皆指京師雒陽，後漢書光武帝紀引漢官儀曰：「司隸校尉部河南、河內、右扶風、左馮翊、京兆、河東、弘農七郡於河南雒陽，故謂『東京』爲司隸。」桓帝永壽元年二月：「司隸、冀州飢，人相食。敕州郡賑給貧弱。」註曰：「司隸州，即洛陽。」可知之矣。

(83) 參看附表二。

(84) 兩漢關東區的土地面積見：勞榦，「兩漢郡國面積之估計及口數增減之推測」，收入：勞榦學術論文集甲編，頁三八—四五。葛劍雄與楊遠亦測度西漢各郡土地面積，三人所測之結果各不相同，且有相當差距，但因筆者只見到葛、楊二氏所測之西漢土地面積，無法與東漢狀況做一比較，而勞氏有兩漢土地面積的數據，所用之方式也相同，便於在同一標準下對兩漢做比較研究，故有關兩漢的土地面積，本文以勞氏之估計爲準。唯勞氏所作的郡國面積和人口密度，有些地方尚待商榷，計算與核校也不夠精確，但仍是現今最可運用的資料。梁方仲的統計表亦據勞氏測量得出。有關兩漢縣、戶、口數及土地面積、人口密度，俱見附表二。葛氏數據見：西漢人口地理，頁九六—九九；楊氏統計見：「西漢的人口」，收入：國史釋論，（台北，食貨出版社，民國七七年），頁三七六—三八二；梁氏各表見：中國歷代戶口、田地、田賦統計，（上海，人民出版社，一九八〇年）。

(85) 東漢戶口資料爲數不少，如皇甫謐帝王世紀、伏侯古今注、應劭漢官儀、通典、通考、晉書地理志等皆有，但均是總數，無各郡口數，故無從應用。

(86) 後漢書卷五八，虞詡傳，頁一八六七。

(87) 漆俠等著，秦漢農民戰爭史，（北京，三聯書店，一九七九年），頁一六六—一七〇；范文瀾，中國通史簡編，（北京，人民出版社，一九五五年），頁一九七—二〇一。

(88) 順帝時青徐口數共計六、五〇一、四八六人，降至漢末，口數必然更低，則青徐二州至少有六分之一以上的人口成爲流民。

(89) 東漢戶口資料來源甚多，但各資料間頗有差異，正確性也存疑。有關這方面的探討見：高敏，「秦漢史雜考─關於東漢戶口總數之謎」，收入：秦漢史論集，頁四〇六─四一一；勞榦，「兩漢戶籍與地理之關係」，頁二一三；馮承基，「伏無忌所記東漢戶口數字之檢討」，大陸雜誌，二七卷二期，（民國五二年），頁四三─四九。

(90) 如後漢書獨行劉翊傳：「獻帝遷都西京，翊舉上計掾。是時寇賊興起，道路隔絕，使驛稀有達者，翊夜行晝伏，乃到長安。」

(91) 見附表二、甲。

(92) 鄠、鎬，杜、鄠間地價如此之高，除了表示二區土地肥沃，地狹人稠，更因其地近首都長安，位居全國最精華的地帶。見：漢書卷六五，東方朔傳，頁二八四九；卷九八，元后傳，頁四〇二四。

(93) 如楊僕恥爲關外民，請求武帝廣關；陳湯心利關中之土地田宅，故求徙，並立縣初陵；宣帝時徙平陵、杜陵的條件優厚，官吏願徙者尤多。見：漢書卷六，武帝紀，頁一八三；卷七〇，陳湯傳，頁三〇二四；勞榦，「兩漢戶籍與地理之關係」，頁二一三。

(94) 漢書卷八，宣帝紀，頁二四五。

(95) 漢書宣帝紀本始三年：「大旱，郡國傷旱甚者，民毋出租賦，三輔民就賤者，且毋收事，盡四年。」

(96) 漢書卷一上，高帝紀，頁三八。

(97) 漢書卷七六，王尊傳，頁三二三三─三二三四；卷七八，蕭育傳，頁三二八九；卷一二，平帝紀，頁三五五；後漢書卷三四，梁統傳，頁一一六九。

(98) 後漢書卷一一，劉盆子傳，頁四八四。

(99) 東漢移都雒陽對關中的影響，可參考：拙著，「東漢的關中區」，頁二〇─二二；許倬雲認爲西漢的關中與中原並結爲一個核心區，東漢時關中則降級爲區域性副中心。見：「漢代中國體系的網絡」，收入：勞貞一先生八秩榮慶論文集，（台北，台灣商務印書館，民國七五年），頁二三。

(100) 分別在章帝建初元年、和帝永元五年、安帝永初三年。

(101) 光武帝建武二年，關中飢民相食；五年，三輔及郡國久旱，因詔減免刑徒；靈帝熹平四年，弘農、三輔螟，令減免租稅；獻帝興平元年，三輔大旱，帝親試作糜以賦恤百姓。

(102) 安帝元初二年正月詔稟三輔等地流冗貧人的原因並不很明白，但前一年有郡國旱、蝗、地震的記載，先零羌又數度寇邊關，十月乙卯已詔除三輔租賦，故元初二年稟給三輔等地流冗貧人，或因天災與寇亂俱發而起。

(103) 後漢書卷六〇上，馬融傳，頁一九五三；卷五一，龐參傳，頁一六八八。

(104) 後漢書卷五，安帝紀，頁二二四。

(105) 後漢書卷五七，劉陶傳，頁一八五〇。

(106) 後漢書卷七五，劉焉傳，頁二四三三、二四三六；卷七三，陶謙傳，頁二三六七；三國志卷二一，衛覬傳，頁六一〇。

(107) 三國志卷二一，衛覬傳，頁六一〇—六一一。

(108) 如武帝元朔二年徙朔方民十萬口；元狩四年徙關東貧民於隴西、北地、西河、上郡等地；元鼎六年分武威、酒泉地置張掖、敦煌郡，徙民以實之，天漢元年發謫戍屯五原等皆是。

(109) 有關北邊徙民的成分與民風，可參考：勞榦，「兩漢戶籍與地理之關係」，頁一三—一四。

(110) 漢書卷九四下，匈奴傳，頁三八二六。

(111) 漢書卷九五，朝鮮傳，頁三八六三—三八六四；後漢書卷八五，東夷傳，頁二八一七。

(112) 後漢書卷九〇，鮮卑傳，頁二九九二。

(113) 有關漢代以天田防出入之討論，見：勞榦，居延漢簡考釋之部，居延漢簡考證，（史語所專刊四〇，民國四九年），「塢堡」，頁四二—四三；張春樹，「漢代邊塞上吏卒的日常工作」，收入：漢代邊疆史論集，（台北，食貨出版社，民國六六年），頁一四八及一六八註十五。但王國維對天田亦有另一解，見：陳直，「西漢屯戍研究」，頁五〇—五一。

(114) 林劍鳴，簡牘概述，頁一二八—一三一。

(115) 居延漢簡考證，「捕亡」，頁一四；張春樹，前引文，頁一五四—一五五。
(116) 漢書卷九四下，匈奴傳，頁三八一八—三八一九。
(117) 漢書王莽傳：「穀常貴，邊兵二十餘萬人仰衣食，縣官愁苦，五原、代郡尤被其毒，起爲盜賊，數千人爲輩，轉入旁郡，……歲餘乃定，邊郡亦略將盡。」
(118) 後漢書卷二四，馬援傳，頁八二七—八二八；卷三九，劉般傳，頁一三〇四；卷三一，孔奮傳，頁一〇九八；卷一八，吳漢傳，頁六七五。
(119) 漢書卷九九中，王莽傳，頁四一三八；後漢書卷一下，光武帝紀，頁五九；卷二，明帝紀，頁九六。
(120) 後漢書卷一七，賈宗傳，頁六六七。
(121) 後漢書卷八七，西羌傳，頁二八八七—二八八八。
(122) 有關各郡戶數與縣數資料見附表二、乙。每縣平均戶數不滿千戶者有：涼州的隴西、金城、安定、北地、武威、張掖、敦煌等七郡及張掖屬國；幷州的上郡、西河、五原、雲中、定襄、朔方等六郡；幽州除遼東屬國戶數不明外，僅玄菟一郡。
(123) 若不計遼東屬國（口數不知），幽州的人口密度爲每平方公里六·二三人，遠較幷、涼（酒泉郡口數不知，故不計入）二州的人口密度每平方公里一·四八人與每平方公里〇·六八人爲多，可見幷、涼二州確實很蕭條。
(124) 此處雖然是指災荒稟貸，亦已可見一般。災荒稟貸的選取標準見註五一。區域分畫標準見註八二。與幽州有關的兩次在安帝永初二年十月、十二月。
(125) 後漢書卷七三，劉虞傳，頁二三五四。
(126) 漢書武帝紀，元鼎二年：「夏，大水，關東餓死者以千數。秋九月詔曰：『……今水潦移於江南，迫隆冬至，朕懼其飢寒不活，江南之地，火耕水耨，方下巴蜀之粟致之江陵。』」
(127) 拙著，「東漢的關中區」，頁二一一。

128 蕭璠，春秋至兩漢時期中國向南方的發展，（台大文史叢刋，民國六二年），頁一三五—一三六，一四八—一五一。

129 漢書卷六，武帝紀，頁一七八。

130 姑不論武帝是否徙民會稽，單就會稽（或江南）是否具備接納大量移民的條件來論，筆者以爲未必更劣於北地、西河等郡（或北邊）。北邊以牧畜業爲主，幷州一帶還相當貧瘠，未必比江南的無飢饉之患更易於求生。北邊的外患威脅嚴重，江南則偶有蠻夷侵擾，在安全條件上江南較北邊爲佳。而關東人民的移徙，度越長江至江南，遠比跋涉黃河，翻山越嶺至北邊要容易。在各項移徙條件中，最不利於江南的應是該地多疾疫，人民體力弱，易死亡。但北邊天寒地凍，衣物難求，至東漢末，五原仍不知織績，則人民生活似也不易。綜合上述自然的、人文的各項條件來研判，江南與北邊的生存環境在伯仲間，但不見得比北邊更差。是以漢政府需威迫利誘，才能徙民實邊，甚至爲了防止邊民流散，還定下禁內徙之令。而一般人民的自行遷移，則多流向江南。可見江南接納移民的條件並不算太差。有關會稽之徙民條件不佳，見：葛劍雄，西漢人口地理，頁一九三—一九七。陳良佐則認爲江南的疾疫多，不利人居。見：「自然環境對中國古代農業發展的影響」，收入：中央研究院國際漢學會議論文集，（中研院編，民國七〇年），頁七五九—七六七。

131 漢書卷三五，吳王濞傳，頁一九〇四；卷四四，淮南王長傳，頁二一四一；晉書，（台北，鼎文書局，民國六五年），卷九一，儒林范平傳，頁二三四六；卷九四，隱逸韓績傳，頁二四四三；後漢書卷四四，胡廣傳，頁一五〇四；三國志卷四九，士燮傳，頁一一九一。

132 根據本書分區標準，重新整理余英時「兩漢之際各地豪傑起事表」，得知起於荆（不含南陽郡）、揚二州者，共計九次，只占總數八十七次的百分之一〇・三四，遠比三輔、關東的少。余表見：「東漢政權之建立與士族大姓之關係」，頁一三一—一三七。

133 相關資料見附表二。西漢本區的人口密度爲每平方公里四・五〇人，東漢本區的人口密度爲每平方公里六・九二人，較西漢增加百分之五三・七八。若只計荆、揚二州（不含南陽郡），人口率由原來的百分之八

・一六，至東漢增加爲百分之一六・六一，人口密度則增加百分之六六・三七。

⑭ 蕭璠，春秋至兩漢時期中國向南方的發展，頁一四八—一八三。

⑮ 後漢書卷五，安帝紀，頁二〇八；卷三二，樊準傳，頁一一二八。

⑯ 蕭璠，同前書，頁一八三—一九二。

⑰ 東漢安帝以後的民變是根據鄒紀萬編民變表得出，但除去順帝永和二年七月誤列之兵變。見：兩漢土地問題研究，頁一六三—一六六。兩漢之際亂事的統計見註一三二。

⑱ 若只計荆、揚地區，東漢時平均每五〇七五・一六平方公里即有一縣，關東則平均每一一一六・六三平方公里有一縣，關中亦平均每一九七六・一三平方公里有一縣。換言之，荆揚地區一縣，關東可置四・五五縣，關中可置二・五七縣。

⑲ 漢書卷九九下，王莽傳，頁四一五七。

⑳ 蕭璠，同前書，頁一二八—一三五，一五六—一六一。

(141) 漢書卷一上，高帝紀，頁三八；卷二四下，食貨志，頁一一七二。

(142) 後漢書卷一三，公孫述傳，頁五三五；卷七五，劉焉傳，頁二四三三；同卷，張魯傳，頁二四三六。

(143) 巴蜀、漢中已融入中國體系，成爲西南地區的副中心，並靠著褒斜道、子午道等幾條險絕的棧道，維繫其與關中的關係。見：許倬雲，「漢代中國體系的網絡」，頁四—五，八—九；葛劍雄，西漢人口地理，頁一九八—一九九。漢碑中有許多記述巴蜀地區修治道路的事，如「蜀郡太守何君閣道碑」、「廣漢長王君治石路碑」、「青衣尉趙孟麟羊竇道碑」等，皆可見巴蜀行道之不易。

(144) 如後漢書申屠剛傳：「莽篡位，剛遂避地河西，轉入巴蜀。」劉焉傳：「南陽、三輔民數萬戶流入益州，焉悉收以爲衆，名曰東州兵。」張魯傳：「韓遂、馬超之亂，關西民奔魯者數萬家。」

(145) 漢書卷二八下，地理志，頁一六四五。有關蜀地之民風、民性，可參考：嚴耕望，「戰國時代列國民風與生計—兼論秦統一天下之一背景」，食貨月刊（復刊），十四卷九、十期合刊，（民國七四年），頁三七五—三七六、三七八。

(146) 如兩漢之際，起於益州的亂事只有六件，占總數的百分之六．九，見：余英時「兩漢之際各地豪傑起事表」。東漢安帝以下該區的民變只有二件，占總數的百分之五，見：鄒紀萬民變表，兩漢土地問題研究，頁一六三—一六六。

(147) 益州非無黃巾賊，靈帝中平五年興起的馬相即是。但中平元年黃巾大起事時，益州不在其中，可能因益州本較安定，事後才漸受波及，也可能因西南道險，連絡不易，才未與其事。但也可能是益州為張陵、張魯等的勢力範圍，張角尚無力打入。有關張角的三十六方無雍、益二州，張陵的二十四治主要在雍、益二州之說明，見：李光璧，「漢代太平道與黃巾大起義」，歷史教學，一卷六期，（一九五一年），頁一八—二〇。

(148) 後漢書卷七五，張魯傳，頁二四三五—二四三六。

(149) 後漢書卷三九，劉平傳，頁一二九六；卷三七，桓榮傳，頁一二四九；卷六七，黨錮岑晊傳，頁二二一三；卷七〇，荀彧傳，頁二二八一。

(150) 群盜多據山澤，初為求食，後則聚眾為盜，或結營以自固，可參考：呂思勉，讀史劄記，「山澤堡塢」，頁五七三—五七五。

(151) 漢書卷二四上，食貨志，頁一一三七。

(152) 漢書卷二四下，食貨志，頁一一八五。

(153) 後漢書卷三一，郭伋傳，頁一〇九二；卷六，順帝紀，頁二五九；洪适，隸釋，（石刻史料叢書），卷六，「國三老袁良碑」，頁六a；後漢書卷七四上，袁紹傳，頁二三七九。

(154) 有關中國各州的山川藪澤，可參考：楊毓鑫，「禹貢等五書所記藪澤表」，禹貢半月刊，一卷二期，（民國二三年），頁一六—一七；顧頡剛，「寫在藪澤表的後面」，禹貢半月刊，一卷二期，（民國二三年），頁一七—一九；侯仁之，「漢書地理志中所釋之職方山川澤寖」，禹貢半月刊，一卷五期，（民國二三年），頁一九—二三。亂民多起於山澤地，可參考：許倬雲，「漢代中國體系的網絡」，頁二〇—二三。

155 許倬雲，「漢代中國體系的網絡」，頁一七—二〇。

156 如漢書薛宣傳：「頻陽縣北當上郡、西河，爲數郡湊，多盜賊。」除非加意防治，方能轉危爲安，如後漢書第五種傳：「是時徐兗二州盜賊群輩，高密在二州之郊，種乃大儲糧稸，勤厲吏士，賊聞皆憚之，桴鼓不鳴，流民歸者，歲中至數千家。」

157 漢書卷九九下，王莽傳，頁四一七七。

158 如後漢書章帝紀元和三年詔：「今肥田尚多，未有墾闢，其悉以賦貧民，給與糧種，務盡地力，勿令游手。」則此貧民游手即無田、不事農業之人，有些可能已流入城中。

159 漢書卷九九下，王莽傳，頁四一七二—四一七三。

160 漢書卷九九中，王莽傳，頁四一二五；後漢書卷一一，劉盆子傳，頁四八四。

161 漢書卷九〇，酷吏傳，頁三六六二。

162 後漢書卷三八，張宗傳論，頁一二八八。

163 官吏欺謾之習如貢禹諫元帝：「官亂民貧，亡命者衆，郡國恐伏其誅，則擇便巧史書習於計簿能欺上府者，以爲右職。」（漢書貢禹傳）王莽改制所用之人選，「因與郡縣通姦，多張空簿，府臧不實，百姓愈病」（食貨志），是亦其例。

164 漢書卷一〇，成帝紀，頁三一八；卷八六，師丹傳，頁三五〇七。

165 漢書卷七二，鮑宣傳，頁三〇八八。

166 後漢書卷四三，朱穆傳，頁一四六九；全後漢文，卷四六，頁七二五。

167 後漢書卷五七，劉陶傳，頁一八五〇。

168 後漢書卷五四，楊賜傳，頁一七八四。

169 後漢書卷五七，劉陶傳，頁一八四九。

⑰ 後漢書卷七一，皇甫嵩傳，頁二二九九。

⑰ 漢書卷九九下，王莽傳，頁四一九三。

⑰ 善人如伏湛、朱暉等的分衣食、奉祿、家資於鄉族及來客者。節士如袁閎守正，賊人敬之，不入其閭，故鄉人就閎避難，皆得全免。各見後漢書本傳。

⑰ 有關豪強收聚依附民而助養其勢力，可參考：拙著，「兩漢客的演變」，頁四六四—四七七。

⑰ 南齊書，（台北，鼎文書局，民國六四年），卷一四，州郡志上，頁二五五。

⑰ 漢書卷四八，賈誼傳，頁二二四三；卷二九，溝洫志，頁一六八九。

⑰ 漢書卷九九中，王莽傳，頁四一三八、四一三〇；潛夫論，卷五，實邊篇，頁一六六。

⑰ 潛夫論，卷五，實邊篇，頁一六九；全後漢文，卷一〇五，頁一〇三七；有關北邊政治文化力量的衰退及其幅度，見：拙著，「東漢的關中區」，頁二六—二七。

⑰ 引文中「田畝不全」的「不」字及「人眾地狹」的「狹」字，據注文校改，見：潛夫論，卷五，實邊篇，頁一六七。

⑰ 拙著，「東漢的關中區」，頁二〇—二七。

⑱ 全後漢文，卷四六，頁七二六。

⑱ 董仲舒，春秋繁露，（中國子學名著集成珍本初編），卷一二，基義篇，頁三一〇、三一二。

⑱ 有關董仲舒的天人感應論及影響，見：蕭公權，中國政治思想史，（台北，華岡出版社，民國六六年），頁二九三—三〇八；徐復觀，「先秦儒家思想發展中的轉折及天的哲學的完成」，收入：兩漢思想史，卷二，（台北，台灣學生書局，民國六八年），頁三九二—四二八。有關符命讖緯的興起與運用，見：顧炎武，日知錄集釋，（台北，世界書局，民國五七年），卷三〇，「圖讖」，頁七〇六；趙翼，二十二史劄記，（台北，洪氏出版社，民國六三年），卷四，「光武信讖書」，頁五二—五四；陳槃，「讖緯釋名」，史語所集刊，一一本，（民國三二年），頁二九七—三一六；又，「秦漢間之所謂『符應』論略」，史語

所集刊，一六本，（民國三六年），頁一—六七；又，「讖緯命名及其相關之諸問題」，幼獅學報，一卷一期，（民國四七年），頁一—三五；宋佩韋，東漢宗教史，（台北，台灣商務印書館，民國五三年），頁七—一六。

(183) 儒家對未來抱持較樂觀的看法，如論語子路篇，子曰：「如有用我者，期月而已可也，三年有成。」孟子公孫丑下篇：「五百年必有王者興，其間必有名世者。」荀子儒效篇則明儒者之治，政平俗美，皆可見其政治態度也。

(184) 漆俠等著，秦漢農民戰爭史，頁七四—七七；賀昌群，「秦漢間封建土地所有制形式與秦末農民起義的關係」，收入：漢唐間封建土地所有制形式研究，頁一〇—一一；于炳文、李紹榮、黃德榮著，「漢墓畫像與董仲舒的三綱五常」，文物，一九六四年八期，頁二五—二八。

(185) 宋佩韋，東漢宗教史，頁一六—二〇。

(186) 蕭公權，中國政治思想史，（台北，華岡出版社，民國六六年），頁三〇九—三一四，三四五—三五二；Charles O. Hucker, *China's Imperial Past: An Introduction to Chinese History and Culture*, (Stanford: Stanford University Press, 1975), PP. 199-200. Denis Twitchett and Michael Loewe eds. *The Cambridge History of China, vol. 1 The Ch'in and Han Empires, 221 B.C.—A.D. 220*, (Cambridge: Cambridge University Press, 1986), PP. 808-820.

(187) 如建武年間之妖巫維汜及弟子李廣、單臣、傅鎮，順帝時之妖賊章河，以及桓帝期的裴優、劉鮪、蓋登，靈、獻時的許昭、張脩、駱曜、張角等皆是其例。賀昌群以爲東漢史籍中的妖賊多半與太平道有關。雖然此一論點尚乏有力證據，但以宗教或巫術來號召人民，有別於一般的盜匪，應是相當可靠的。賀氏說法見：「論黃巾農民起義的口號」，收入：漢唐間封建土地所有制形式研究，頁二六六—二六八。

(188) 如王莽亂起，許楊變姓名爲巫醫逃避；潛夫論中言疾病之家爲巫祝所欺而不自知；風俗通義怪神篇則多載立淫祠、以鬼神治病事，皆可見民間好以神怪巫祝療病的風俗。

⑱ 後漢書卷七一，皇甫嵩傳，頁二二九九；卷七五，張魯傳，頁二四三六。

⑲ 中國政治哲學有相當大的彈性，一方面強調綱常萬古不變，另一方面也肯定臣民的權利。中國的治亂，就是在此兩種極端不同的意識形態下發展。見：許倬雲，「傳統中國社會經濟史的若干特性」，頁一八—一九。

⑲ 後漢書卷七一，皇甫嵩傳，頁二二九九。

⑲ 王明編，太平經合校，卷九三，頁三九〇。

⑲ 賀昌群，「論黃巾農民起義的口號」，頁二七一—二七二。

⑲ 大體上這類學者認為，太平經是帝王致太平之道，以維護統治階級利益為主，個別部分才是對豪強斥責，反映農民利益，而吸引農民，發生叛亂。故基本上，太平經中的思想與黃巾賊的想法並不相同，是兩種敵對的階級意識。見：漆俠等著，秦漢農民戰爭史，頁一六三—一六五；傅勤家，中國道教史，（台北，台灣商務印書館，民國七三年），頁五四—七五；熊德基，「太平經的作者和思想及其與黃巾和天師道的關係」，歷史研究，一九六二年四期，頁二〇—二五；卿希泰，中國道教思想史綱，（成都，四川人民出版社，一九八〇年），頁七一—一三二，一五三—一五六。此外，有些學者並不從階級利益上立論，如湯用彤認為太平經上接黃老圖讖之道術，下啓張角等之鬼教，在思想上有其淵源，但張角行事不全依太平經。陳啓雲則從知識分子對宇宙秩序、太平的嚮往，以及陰陽五行之運用等方面，追索太平經與儒道思想的關連，以及與黃巾賊、太平道的關係。見：湯用彤，「讀『太平經』書所見」，收入：玄學、文化、佛教，（台北，育民出版社，民國六九年），往日雜稿，頁二〇三—二〇五；Chen, Chi-yun, *Hsün Yüeh* ( *A.D.* 148-209 ) : *The Life and Reflection of an Early Medieval Confucian*, ( New York : Cambridge University Press, 1975 ), PP. 30-39.

⑲ 余英時，「從史學看傳統」，收入：史學與傳統，（台北，時報文化出版社，民國七一年），頁一五—一六。

# 第三章 流民產生的原因

## 第一節 脆弱的小農經濟

漢代是以農爲本的小農經濟形態，如果農業發展有了弊端，將會影響多數人民的生計，亦連帶引起流民問題。

漢人的土地欲望強烈，豪強兼幷土地的案例幾乎遍及兩漢，而且有愈演愈烈之勢，甚至以帝王之尊，宰相、外戚之貴，有時也不能免於流俗。如成帝置私田於民間，靈帝買田宅於河間，田蚡、張禹等占涇渭之膏腴上田，竇憲、梁冀等侵奪王家之園田林苑①。爲解決土地兼幷問題，兩漢紛紛提出對策，如西漢有限田政策，並禁賈人不得名田。東漢也重申「禁民二業」②，並欲檢覈田畝③，有識之士還提出井田、限田等辦法④。但兩漢的土地兼幷問題未曾稍減，民田被刼奪，人民被役使的情形相當嚴重，武帝元狩六年卽已下「禁兼幷」之詔，成帝時陳湯上封事猶曰：「關東富人益衆，多規良田，役使貧民。」而帝舅紅陽侯立所占之墾草田，就頗有民所假於少府之陂澤⑤。東漢分田刼假，封山錮澤的問題，較西漢似有過之，如侯覽前後奪人田宅三百八十一處，蘇康、管霸「錮天下良田美業，山林湖澤，民庶窮困，州郡累氣」⑥。豪強侵占民利，使百姓無地可耕，無陂澤以漁採，縱然「公家有鄣假之名，而利歸權家」⑦，人民在生計無著下，其不爲傭、奴、佃民，亦將爲流民、盜匪矣！

豪強雖然占地衆多，却未必能善盡地利，反而造成農地的浪費。漢書食貨志載王莽令曰：

周官稅民，凡田不耕為不殖，出三夫之稅；城郭中宅不樹藝者為不毛，出三夫之布。

豪強土地愈多，對土地的利用也愈不看重。當小農「終年耕芸，所得不足以自存」時⑧，擁有衆多土地的豪強却可能沒有充分運用每一筆土地，甚至沒有租佃出去。王莽稅田不耕或不樹藝者，主要應指這類豪強而言，此與王莽各政策中壓制豪強的作法頗爲一致。一項政令的頒布，通常意味著該種情況還算普遍，而地利不盡的問題，可能隨兼并之風日起，至王莽時才欲治之。其後王莽弛山澤之防，就特別申明勿令「豪吏猾民辜而攉之」⑨，即在防範兼并，並欲使力業相稱，以提高產量。東漢豪族宦勢熾盛，兼并現象不減於前，田不耕、不樹藝的問題恐怕也極難避免，漢末仲長統獻言宜賜人民草田時，格外強調：「力堪農事，乃聽受之。」⑩就寓有人盡其力，地盡其利的深意。豪族一般生活奢侈，重視享樂，兼并來的土地有時竟移作他用，窮極奇巧地修起宅第林園，如梁冀強占京師一帶千里美域，拓爲苑囿，繕爲樓觀；侯覽奪田四百餘頃，也起立第宅，僭類宮省⑪。而且隨著豪勢的發展，這類情形應非少數。故土地兼并不僅直接導致人民無地可耕，乏地租用，也可能因地利不盡，農田轉用，而使糧食產量減少⑫。

在「溥天之下，莫非王土」的傳統觀念指引下，君主仍保有最後的土地所有權，在其認爲有需要時，可對私人土地加以干涉或回收，故此種觀念有助政府矯正兼幷的弊端⑬。漢代公田甚多，除了沒收自贓吏、罪犯、豪家的土地，舉凡王室園池，大臣獻地，未墾草田，無主荒田以及邊郡拓地，都是公田的重要來源⑭。兩漢雖曾多次賜民公田，假與池苑，但閒置不用或用之不當的情形依然嚴重。武帝建元三年開上林苑，周袤三百里，連鄠、杜間畝一金之膏田亦含括進去，而所養不過鳥獸異卉而已⑮。司馬相如奏子虛賦，諷言天子諸侯之苑囿廣大，頗占可墾地，篇末更爲齊楚之民哀嘆，曰：「齊楚之事，豈不哀哉！地方不過千里，而囿居九百，是草木不得墾闢，而民無所食也。」⑯武帝期間少有大量開放苑囿的措施，衆多之民只能在狹小的土地上耕種，自然產量大受局限，人民生活水準難以提升。而數十百萬的流民雖然不盡起於人稠地狹，土地分配不均，但若謂與公田太多，民地不足全無關連，是又不盡合理。東漢這類問題仍未見改善多少，如馬援以三輔地曠土沃，求屯田於上林苑；張禹則請將廣成、上林空地假民耕種；而靈帝造畢圭靈昆苑，竟廣壞民田，以畜禽獸⑰。公家多張苑囿池澤，與百姓爭田利，使土地空置，頃畝荒棄，此舉實與豪強之兼幷土地並無差別。

除了土地兼幷，地利不盡，人地比失去均衡，是小農經濟的一大弱點，也是導致漢代民食不足，流民以起的一個重要因素。漢書文帝紀後元年詔曰：

> 何其民食之寡乏也！夫度田非益寡，而計民未加益，以口量地，其於古猶有餘，而食之甚不足者，其咎安在？⑱

且不論文帝時民食寡乏的眞正原因何在⑲，至少這是漢人初次運用「以口量地」，即人地比的觀念來探討食之甚不足的問題。然而，人地比的變動對民生的影響，實際上並沒有受到漢人應有的重視。鮑宣的七死七亡之患中，根本就未將「以口量地」這一因素考慮進去⑳。甚至地方官吏爲獲封賞，也不惜謊言增報田、戶，如宣帝時膠東相王成雖然招來流民有功，仍然僞增人數，以蒙顯賞；明帝時劉般請將度田猥自增多之守令，判與脫田同罪，亦防所報不實；殤帝延平詔更明白指出：「郡國欲獲豐穰虛飾之譽，遂覆蔽災害，多張墾田，不揣流亡，競增戶口。」㉑則多張墾田，競增戶口，可能是兩漢常有的現象㉒。漢代上計制度是以考覈郡縣戶口、墾田之增減，做爲黜陟地方官吏之依憑，但戶口、墾田皆增，却可能導致每戶平均畝數下降，每人平均所得減少㉓。漢人只知道要多張墾田，但未意識到人口增殖後的危險；只知道要人民歸於本業，反而忽略了人地比失去均衡後將不利於農業發展。

就漢書地理志與續漢書郡國志引伏侯注之墾田數與全國戶數觀之，西漢末平均每戶約六七・六畝，東漢時平均每戶約在六九・三畝至七九・二畝間㉔。趙岡推估漢代城市人口約占全國人口的百分之一七・五，這些人若暫以全無土地之非農業人口視之，則占全國百分之八二・五的農戶㉕，其土地平均約可增至八一・九畝至九六畝間。若再把每年平均約千分之十的人口增殖因素考慮進去㉖，而土地的開發速度可能不會太快，則兩漢某些時期每個農戶的平均畝數可望達到百畝之境。傳統「一夫百畝」，或以一夫代表一戶的說法㉗，相信應有根據，否則當鼂錯爲貧民請命時，就不會提出百畝之數；而貢禹儘管「糠豆不贍，短褐不完，猶有田百三十畝」。揚雄先祖揚季避難於蜀，有田一壥，世世以農桑爲業。註云：「周禮，上地夫一壥，一百畝也。」

東漢末溧陽長潘乾惠愛百姓，「遠人聆聲景附，樂受一廛。」㉘傳統「一夫百畝」的概念似在某種程度上仍受支持，這或許反映了土地兼并，地窄人稠之外的另一種實況。

然而，以志、記中之田、戶數推估每個農戶的平均畝數，實甚粗略，未必能反映漢代一般農民的實際生活。因爲漢代人口分布過於不均，關東區以不到全國百分之十五的土地，就聚集了大約百分之六十的人口，誠然是地狹人衆㉙。早在西漢中期司馬遷寫史記時，就已謂鄒、魯之地，沂、泗水以北，地小人衆；鹽鐵論中御史更指出：「內郡人衆，水泉薦草，不能相贍。」㉚而比關東區大一倍以上的北邊，在西漢努力拓殖與大量移民下，仍只約有百分之十三的人口，至東漢竟大減至不到百分之六，實可謂是地曠人稀。關中、南邊在兩漢的發展各見消長，但也顯示類似的問題㉛。事實上，漢代農民由於土地兼并，人口增殖，以及過於密集等因素的影響，在小土地上勤苦工作，反而經常可見，如陳平家至少三大口，僅占舊制三十畝的土地；邊郡屯田卒每人賦田在二十畝上下；甯成貰貸陂田千餘頃，役使數千家，每家分得不滿百畝；湖北江陵鳳凰山十號漢墓的一批二十四個完整農戶資料，其中五個農戶的土地還不到二十畝，十四個農戶的土地在二十至三十畝之間，僅有一戶達五十四畝；四川郫縣的農戶，雖然有一、二百畝以上的地主，但也有只三十畝，甚或八畝的貧戶，相差頗爲懸殊㉜。仲長統昌言損益篇：「諸夏有十畝共桑之迫，遠州有曠野不發之田。」㉝似乎仲長統所見之諸夏狀況，有時比前述情形還更困厄，則農地狹小的問題，可能較想像中的更爲嚴重。

若就漢代的生產力來看，漢書食貨志中李悝估計每歲畝收粟一石半，晁錯估計爲畝收一石㉞，折合成新制，畝產量在二・四石至三・六石間。趙過的代田法每畝可多收一石以上，但實施地區以邊郡、三輔爲主㉟。淮南子主術訓：「中田之穫，卒歲之收，不過畝四石。」可能是南方稻作的產量。則西漢生產力一般在三、四石之間，應是較可靠的估計。東漢的生產力可能與西漢相去不遠㊱，後漢書仲長統傳：「今通肥饒之率，計稼穡之入，令畝收三斛，斛取一斗，未爲甚多。」仲長統的畝收三斛，是通計地力，並考慮稅收的估計，應可代表東漢的平均生產力。兩漢畝產量還可能因一些特殊狀況，而有偏低或過高的估計㊲，如趙過教代田法於居延城，但居延漢簡有屯田六十五畝，收租二十六石的記錄，其產能每畝高不過一・三石，低可至六斗六升多，遠不如代田法的一般產量㊳；九章算術的資料亦具參考價值，有一題曰：「今有田一畝，收粟六升太半升。」㊴若以三十稅一計，則畝產量爲二石。較平均生產力高出數倍之例如史記貨殖傳：「帶郭千畝畝鐘之田」，卽畝收六斛四斗。東漢張禹興水利，千餘頃田得穀百餘萬斛，畝收穀約十斛；而區田之畝產量，少則十一石至十九石，多則二十八石至百石㊵。章帝建初中，秦彭提請將頃畝差爲三品㊶，卽顯示各地產能有所不同。但如此高的生產力，只可能在少數地區或極特殊的情況下才會出現，應不具有代表性。一般而言，兩漢平均生產力在三石左右或至四石，較具可信度。以此生產力，要二、三十畝的農戶維持食貨志中李悝所核算的五口之家的生活，勢必捉襟見肘，入不敷出。卽使漢人充分運用勞動力，也不必等到馬爾薩斯的人口飽和點，勞動力的邊際產量就已先落到最低消費水平㊷。

務農亦需有資本，有些農民因無種、食、農器，卽有田地也不得耕，如和帝永元十六年詔：「貧民有田業而以匱乏不能自農者，貸種糧。」又遣掾使爲貧民無以耕者，雇犂牛直㊸。兩漢賜田常兼有貸種食、貰田器等措施，蓋卽爲防農民因無力耕種而脫土流亡，或爲不軌之民。而吏治不良，賦役煩擾，兵饑相尋，盜匪侵寇，也會導致百姓棄業，耕桑荒廢。故漢代社會的矛盾現象是，既有「人稠土狹，不足相供」之患，又有「廣土民稀，中地未墾」的問題㊹，而且這兩種現象未必分別發生在核心區或邊陲區，有時，核心區亦良田未墾，如章帝元和三年告常山、魏郡、清河、鉅鹿、平原、東平諸郡守相曰：「今肥田尚多，未有墾闢，其悉以賦貧民，給與糧種，務盡地力，勿令游手。」㊺諸郡皆屬關東區，清河、東平二郡國的人口密度且高居全國第二、三位㊻，地狹人稠的問題理應較他郡嚴重，却不料經歷光武、明帝的整治，仍是田畝未闢，地利不盡，而所謂的貧民游手，或即無力農作，棄業流亡之人。可知流民問題固然因人口分布不均，土地不足而起，但也可能同時出現百姓因無力耕種，而拋棄土地，任令荒蕪的情形。東漢末季劉陶疏曰：「地廣而不得耕，民衆而無所食。」㊼就正道出這一現象。

農民在小土地上耕種，還要擔心糧種牛器不足，即以家庭副業或農閒工作來補貼㊽，一遇水旱兵役等事，可能仍只有以豆飯棗菜充饑，或以漁採爲業㊾。小農經濟的脆弱性，於此可見。但也因此漢人頗知節衣縮食，儲積備用，如梁宋之人，「好稼穡，雖無山川之饒，能惡衣食，致其畜藏」；沂、泗水以北，秦、夏、魯、三河等地之民，也好農事畜藏㊿。然而，儘管人民壓低生活水準，或戒愼恐懼地備不時之需，有時仍不免於饑寒困阨之患。漢人中頗有些能安貧樂道者，如李固弟子董班，「嘗耕澤畔，惡衣蔬食」；梁鴻無他財，牧豕於上林中(51)，都能甘之如飴，不以爲苦。但小民未必能安於此種生活，長久下去，難保不有怨尤，或生非常之變。陳平之嫂疾其不親家生產，曰：「亦食糠覈耳。」雖說是氣話，想必貧民必有以麥糠糊口者；成帝河平元年旱甚傷麥，人民竟食榆皮以充饑；和帝永元間春夏穀貴，流民旋起就食他處，及秋熟才還；桓帝時青徐炎旱，五穀茹菽不足，民即流遷[52]。民人流散是寇患飇起的前兆，而民人之所以流散，實因於脆弱的小農經濟，使農民難以從數十畝的田地中得到豐厚收穫，以維持生計，並應付其他各類狀況。故元帝詔所言之：「勞於耕耘，又亡成功，困於饑饉，亡以相救。」[53]可能是漢代小農經濟共同面對的困境。

漢人重農，却無法從平均土地分配，增加耕地面積，提高生產力等方面來解決農業問題，反而常將民食匱乏，黎民流散，歸咎於百姓的背本趨末。漢初賈誼已戒文帝曰：「今背本趨末，食者甚衆，是天下之大殘也。」鹽鐵論中文學以「工商盛而本業荒」，爲民不足食的主因。元帝時貢禹對「貧民雖賜之田，猶賤賣以賈」，深感憂慮[54]。東漢崔寔則對民間的重視工商業及其影響，做了邏輯性的推論：

> 農桑勤而利薄，工商逸而入厚，故農夫輟耒而雕鏤，工女投杼而刺繡，躬耕者少，末作者衆，生土雖皆墾乂，而地功不致，苟無力穡，焉得有年。財鬱蓄而不盡出，百姓窮匱而為姦寇，是以倉廩空而囹圄實，一穀不登則饑餒流死，上下相匱，無以相濟。（全後漢文卷四六）

姑不論抑末是否眞能正本，但此一觀念至少傳達了漢人對勞動力的重視，以及對基本生活資料供應不足的憂慮[55]。早在高帝時已令「賈人不得衣絲乘車，重租稅以困辱之」；武帝更因商賈「墆財役貧」，「不佐公家之急」[56]，而大規模的採取重稅、告緡、均輸、平準及專賣等抑制措施。政府視調節市場，穩定物價爲其責任，初或有福民之意，欲使「富商大賈亡所牟大利，則反本，而萬物不得騰躍」[57]，終則不免走向控制、干預之途，甚至與民爭利[58]。商品流通本可刺激農業生產，適切發展工商業，或可改變小農經濟的形態。但若不當抑末，反使資源的流動不受經濟因素引導，而回流到農村土地的結果，只造成日益嚴重的土地兼并現象，使本末俱受其害[59]。

自西漢中葉以下，雖然有不少規模不小的莊園，像張安世、樊重及「四民月令」中的莊園，都是較典型的範例[60]。莊園中從事多樣性生產，除了自給自足，還有商品化、市場化的趨勢，並可能發展出地區性或全國性的經濟體系[61]。東漢的工商業因沒有政府的刻意壓制，並裁撤了不少特種官署，取消了對關中經常性的強制供輸[62]，又施行邊區與域外貿易[63]，使得東漢工商業的繁盛狀況較西漢似有過之，王符曰：「今舉俗舍本農，趨商賈，牛馬車輿，塡塞道路，游手爲巧，充盈都邑。」仲長統形容豪人業商是：「船車賈販，周於四方，廢居積貯，滿於都城。」[64]末業之盛，可見一般。然而，莊園中所生產與交易的仍以衣食必需品爲主，奢侈品可能只有上層社會的人或城市居民才買得起[65]，一般農民只能爲生活奮鬥，那有餘力購買較高級的商品，是以東漢豪族莊園雖大，工商業雖盛，小農經濟的基本形態仍未變，流民、民變、依附民等問題也不比西漢少，社會兩極化的傾向反成爲東漢的一項特色。正因爲貧富差距日漸擴大，土地荒棄情形愈見增多，社會的總消費量與總生產量自然不太可能大幅成長[66]，故漢代雖曾出現市場性農業經濟，但就整體形勢觀之，商品化的程度可能不似想像中的高[67]，貨幣經濟的發展可能還略爲衰退。自王莽亂後，貨幣雜用布帛金粟，至建武十六年才行五銖錢。而東漢的官俸一直以半錢半穀的方式支付[68]。雖說東漢銅量不足，貨幣短缺[69]，但因有「三空之戹」[70]，農產品甚爲缺乏，可爲交易之餘糧必然更少，故反而導致物貴錢賤，興起了封錢與改鑄大錢之議[71]。東漢中晚期的惡吏、戰亂特多，對工商業摧殘甚大，所謂：「天下亂兮市爲墟」，「貨殖者爲窮寃之魂」，正見工商業環境亦不甚理想[72]，是以歷經漢末大亂，就很快的退化到自然經濟狀況[73]。

漢代重農，却未能找出農業弊端，對症下藥。歸咎於工商業，只徒然造成抑末或輕商，仍無法改善農本。漢代的人口壓力不輕，精耕農業雖然可將婦女、小孩，甚或部分流民亦納入生產行列，降低失業率[74]，但若能均衡發展各業，將可吸收過剩農業人口轉投於工商業中，使本末俱得其利[75]，並因此改善農業體質，提高農民收益，使人民不致因無地可耕或無力耕種，被迫脫籍流亡。然而終兩漢之世，政府顯然偏向勸農，農商之間始終未取得均衡，而使黎民流散的主要經濟原因，至少在表面上看，就要由農業來獨力承擔了。

## 第二節　賦稅繁重

鮑宣七亡之患中，「縣官重責更賦租稅」是其中之一[76]，顯見漢代的賦稅繁重，是導致人民失業流亡的重要原因。

漢代以農立國，田租自然成爲賦稅系統中的基礎稅目。自景帝以後，漢代一般皆行三十稅一之制，無論依頃畝或農業收益來交納[77]，這項負擔似乎並不比其他稅目爲重，而且田租按實物徵課[78]，較不易受貨幣經濟的影響，故漢人並不把三十稅一的田租視爲重稅。田租的徵收應視年之豐欠而定，否則百姓疾耕力作，仍不免於饑寒，如賢良文學批評武帝：「田雖三十，而以頃畝出稅，樂歲粒米粱糲而寡取之，凶年饑饉，而必求足。」[79]卽是一例。此外，度田不實，稅據不平，卽是變相增加田租。東漢光武帝初立，「是時，天下墾田多不以實，又戶口年紀互有增減，十五年，詔下州郡檢核其事，而刺史太守多不平均，或優饒豪右，侵刻羸弱，百姓嗟怨，遮道號呼」[80]。小民本就貧窮，又令其多報田地，徒使稅負加重，更增困苦。明帝時的「吏舉度田，欲令多前」，殤帝詔的「多張墾田，不揣流亡」[81]，可能都與惡吏妄增百姓田畝，加重租稅有關。芻稾隨田土而徵收，貢禹傳所謂的「已奉穀租，又出稾稅」，卽是指芻稾而言。東漢多次同時減免田租芻稾，故可將其視爲廣義的田租[82]，漢官儀曰：「田租、芻稾以給經用。」則稾稅亦爲永制，人民的負擔又多了一項。

漢代常稅中，田租、稾稅只能算是輕稅，相較之下，口、算賦及更賦就要重得多。算賦是人頭稅，以十五至五十六歲的成年男女爲徵收對象，七至十四歲者出口賦卽可，特殊情形則另有增減[83]。一算百二十錢，口賦二十三錢，五口之家若二至三個成人，餘計口賦，則應輸納三、四百錢左右[84]。漢書食貨志中李悝的百畝之戶，可收百五十石粟，依漢三十稅一的租率，僅收五石田租，折合平歲穀價「上不過八十，下不減三十」，若依均數五十五錢計之，約合二七五錢，應比口、算賦低些，但最高亦不超過四百錢，不會比口、算賦更多[85]。然而漢代一般農民擁有百畝之地者可能並不多，五石田租或許還是高估，而口、算賦又需易穀爲錢，很難不受物價波動的影響[86]，像昭帝元鳳二年、六年令三輔、太常郡得以菽粟當賦[87]，只是很偶然的特例，且以局部地區爲限。口、算賦是一種人頭稅，其稅賦與納稅人的生產量無比例關係，屬累退稅率[88]，故相形之下，該賦應是農民一項頗爲沈重的負擔。西漢元帝時貢禹上書曰：「武帝征伐四夷，重賦於民，民產子三歲則出口錢，故民重困，至於生子輒殺，甚可悲痛。」[89]兩漢生子輒殺之事屢見，除因避諱，不舉正月五月子外，多因百姓貧困，產子不能舉養而來[90]，然亦與口錢過重有關，如太平御覽引零陵先賢傳：「鄭產，泉陵人，爲白土嗇夫，漢末，產子一歲輒出口錢，民多不舉，產乃勑民勿得殺子，口錢自當代出。」地方鄉官代出口錢，兩漢僅此一例，誠不可與政府的濫徵加斂相比。口錢遠比算賦輕，百姓竟爲區區二十餘錢，忍心殺子，其困乏就不難想像了。

更賦由「力役之征」轉化而來，凡應役未役者，皆當出更錢代役。依如淳之說，「一月一更是爲卒更」，「貧者欲得顧更錢者，次直者出錢顧之，月二千，是爲踐更」，又「一歲一更，諸不行者，出錢三百入官，官以給戍者，是謂過更」[91]。徭役爲民所苦，若出更賦，也同感壓力甚大。漢書溝洫志：「治河卒非受平賈者，爲著外繇六月。」如淳注曰：「律說，平價一月，得錢二千。」則雇更錢或是比照時傭之平價而定。但若以平歲穀價之均數五十五錢合之，約相當於三十六石多的穀物，卽一成人兩年的食量[92]。雇更錢之可觀，委實驚人。九章算術均輸篇：「粟有貴賤，傭各別價。」傭價似應隨勞動市場的供需狀況來調整[93]。然「律說」之官訂傭價未必卽社會上之實際雇值。東漢崔寔政論的「客傭一月千」[94]，僅及西漢官價的一半，若其時雇更錢仍維持月二千，則以錢代役的相對負擔就更重了。卒更之外，還有一歲一更的正卒役，以及爲衞士或戍卒。役者若不行，亦可月出錢三百代役[95]。前引溝洫志謂時傭之平價約當於外繇六月，則過更錢月出三百，適近乎律說之傭價。原則上，正卒與屯戍一生各一次，過更錢也不爲常費，但當役者要如何做一適當抉擇，就恐怕會感到親役、代役，二者皆重了[96]。

田租、算賦是漢代賦稅系統的兩大基礎，更賦是減免賦稅時經常考慮的項目，三者乃漢政府的重要財源[97]，也是農民的主要負擔。兩漢雖然時有減稅措施，文帝更一度詔除民租，但人民究能獲得多少實惠，荀悅已有質疑，至謂：「今不正其本，而務除租稅，適足以資富彊。」[98]農本不正，人民失去田業，減稅亦歸於枉然。有時，統治者非但不減稅節用，還指責百姓未盡奉上之義，如鹽鐵論未通篇御史曰：「民不齊出於南畝，以口率被墾田而不足，……是以愈惰而仰利縣官也。……民猶背恩棄義，而遠流亡，……田地日無，租賦不入，……君雖欲足，誰與之足乎？」政府不知自省，又持著藏富於國的概念[99]，重徵之下，人民就只好遠流亡了。惡吏強收民租，可能常發生於漢代，像兒寬那樣不急徵租，假貸於民，使營生業的，僅是極少數的個案[100]。因爲官吏多以簿書期會爲大故[101]，爲護持己位，也就難得考慮百姓死活，就算有一、二顧及民生的良吏，也將如兒寬之遭負租課殿，爲考課虛制所牽絆。元帝始卽位，關東連年被災害，民流入關，詔責大臣曰：「民田有災害，吏不肯除，收趣其租，以故重困。」[102]流民大起固然肇源於天災，但吏不奉詔，強收民租，無疑會加重其害。三十而一的田租原非重稅，至此竟也成爲百姓重困之一因。類此事蹟但隱而未發者，相信不算太少，而政府在用度不足時，還會巧立名目，增開稅源，如翟方進奏請「稅城郭堧及園田」[103]，可能就是因緣田租，別出新裁者。現有常稅已頗不輕，還要另添新目，也就難怪成帝會以：「郡國穀雖頗熟，百姓不足者尚衆，前去城郭，未能盡還。」責其無爲相之體了[104]。西漢晚期重斂濫徵的情形鮮有改善，王莽下王田令時已批評其「常有更賦，罷癃咸出」[105]。但王莽非唯不能力矯前弊，反而紛革各項制度，加課有奴婢者口算，舉民貲財行三十稅一之制，致使衆庶詈罵，民棄鄉里流亡[106]。

東漢課斂之重，流民之多，絕不稍讓於西漢。光武初建大統，務在休養生息，但稅負最輕的田租，已有交納不出者，如建武二十二年地震，詔曰：「其口賦逋稅而廬宅尤破壞者，勿收責。」註曰：「逋稅謂欠田租也。」[107]震災只是免稅的導因，卽使沒有災變，百姓也已欠稅。在東漢初的興復階段已然如此，到章帝時更因比年牛多疾疫，墾田減少，穀價頗貴，而民人流亡[108]。此種情勢使政府稅收大減，縣官經用不足，一度欲以布帛爲租[109]。人民流亡與稅務負擔互爲因果，流亡愈多則稅收愈少，稅負愈輕則民易安生。東漢早期國家尚稱安定，濫徵或欠稅的現象還不算嚴重，安、順以下則吏治與邊患交侵於民，內地與邊郡俱有不堪重稅，棄業亡逃的現象。順帝永建六年因災潦詔曰：

比蠲除實傷，贍恤窮匱，而百姓猶有棄業，流亡不絕，疑郡縣用心怠惰，恩澤不宣。

（後漢書順帝紀）

東漢蠲除實傷的詔旨甚多，所減免者也以三大稅目爲主[110]，但流亡之勢依舊，除了官吏可能未盡贍恤之責外，其因或許正與前引元帝詔中惡吏強取民租一事有暗合處。而桓、靈二帝之畝斂稅錢以作無用之物[111]，對百姓而言，無異是火上加油，更增痛苦。至於邊郡人民，有時也視基礎稅爲沈重負擔，如陳龜上疏桓帝，謂并涼一帶人民「室如懸磬」，全無蓄藏，「租更空闕」，無力繳稅。雖然陳龜請「除幷涼二州今年租更」，並「省息經用，歲以億計」[112]，但已不知有多少百姓死徙流亡，生趣盡失，成爲政府空費財力下的犧牲者。僅就兩漢三大稅目的徵收來看，不實、不平、巧取、逋欠等事已層出不窮，百姓實有不勝負荷之感，何況還有其他各類名目呢？漢代稅目繁雜，課徵對象甚廣，如商人有市租，假田苑山澤者有假稅，捕魚採果者有海租、果租，通關者有關稅，供奉王侯國及湯沐邑者有戶賦[113]，此外，蠻夷有時還需繳賨布、賨錢[114]。不同類的人，有不同性質的負擔，政府以不同名目的稅負，滿足其財政上的需求。但漢代的稅務觀念是一切以國用爲本，人民只爲統治者的工具，政府寧可站在恩賜者的立場，減免賦稅，施予振貸，却很少想到減輕百姓日常負擔，使財竭民流的問題根本不致發生。而一旦財庫匱乏，政府常將藏富於民的概念輕易抛諸腦後，各項苛捐雜稅便應時而生。如武帝承文、景餘緒，初時尚「人給家足，都鄙廩庾盡滿」[115]，但是後役費並興，縣官空虛，乃榷酒酤、筦鹽鐵、置均輸、設平準、鑄白金、造皮幣、算緡錢、行告緡、算車船、租六畜，種種攤派，強加於民，各類稅目，紛紛並出。姑不論其初置之用心若何[116]，單就其對民生的影響而言竟是：「鐵器多苦惡，用費不省」，「鹽鐵賈貴，百姓不便」，「農民重苦，女工再稅，未見輸之均也」，「輕賈姦吏，收賤以取貴，未見準之平也」，而「楊可告緡徧天下，中家以上大氐皆遇告」，於是「民力屈，財用竭」[117]，流民起，盜賊多，縱然武帝在輪台詔中顯現再多悔恨之意，也無助於百姓所受賦斂的重壓。

　　有名目之稅或廢或置，或增或減，大體尚有迹可尋，若政府財用依然不足，則無特定名目之稅及徵調貢獻，可能帶給百姓更大的困擾。漢文帝素以輕繇薄賦見重史籍，晁錯貴粟疏中却責以「急政暴賦，賦歛不時，朝令而暮改」，並認爲這是農人所以流亡之一因[118]。漢初稅目有限，晁錯言當朝事也不應虛枉，他先云「暴賦」，又云「賦歛不時」，則制外之稅可能已層層加諸百姓。武帝以苛歛聞名，新添稅目居兩漢之首，但應急時之額外徵歛恐怕又不在新稅之中，如食貨志載，「它郡各輸急處，而諸農各致粟」，於是倉滿帛足，「民不益賦而天下用饒」[119]。此處雖然美其名爲「民不益賦」，而實際已是「諸農各致粟」。此外，各郡之賦調輕重可能也有差異，如南陽、漢中等郡需給西南初郡用物；而兵所過縣爲供其訾給，不敢擅言輕賦法；往輸之郡的賦物與僦費，最終仍轉稼於民[120]。凡此種種，不一而足，民膏民脂也就在重歛苛徵下剝削殆盡。雄才大略的武帝之所以會弄得流民盜賊群起，賦稅繁重當爲要因之一。

昭、宣以後雖然較武帝減省許多稅目，但只要藏富於國的觀念一日不改，統治者追求享樂之習深固不除，賞賜揮霍等無益之花費不能撙節，則政府財用乏竭，便要增歛於民。元、成以後循吏於此多所諫諍，如貢禹請免十萬餘官奴，勿稅良民以給之；谷永深憂成帝賞賜無量，空虛內藏，請止工服官的發輸造作；龔勝以哀帝制度泰奢，賦歛泰重，籲儉約先下[121]。然諸帝卒不能聽。谷永謂元、成時之百姓流散，盜賊反亂是：「萌在民饑饉而吏不卹，興於百姓困而賦歛重，發於下怨離而上不知。」[122]歸其旨要，則無不與稅重民貧有關。而鮑宣論哀帝時的情勢是：「國家空虛，用度不足，民流亡，去城郭，盜賊並起，吏爲殘賊，歲增於前。」[123]惡化的迹象，已甚顯然。至於王莽專政而事愈紛亂，隗囂討莽檄文數其逆人之大罪曰：「設爲六管，增重賦歛，刻剝百姓，厚自奉養。……其死者則露屍不掩，生者則奔亡流散，幼孤婦女，流離係虜。」[124]其實王莽的賦歛豈只是六管，其他濫取之例多不勝舉，故方其赦免盜賊時，賊解而復合，皆曰：「力作所得，不足以給貢稅。」[125]王莽之敗亡，正由其自致也。

續漢書百官志大司農職守中有一項是：「邊郡諸官請調度者，皆爲報給，損多益寡，取相給足。」調度本應邊郡急需而設，但是後漸及於內郡，而且自東漢中期，其運用已有過濫現象，如爲應付羌寇，供傜賦役之外，還「調取穀帛，衒賣什物，以應吏求」；爲供養綵女，不惜「徵調增倍，十而稅一，空賦不辜之民」；其甚者則如梁冀：「四方調發，歲時貢獻，皆先輸上第於冀，乘輿乃其次焉。」而靈帝更變本加厲的調民田及助宮錢，以滿足其窮侈之欲[126]。統治階層如此漠視民生，假徵調貢獻之名，爲無益之耗費，宦者呂強上書諫曰：「調廣民困，費多獻少，姦吏因其利，百姓受其敝。」[127]卽透露出漢末流民潮大起的個中原因。

調度與貢獻不同[128]，但貢與獻則是名異實同的稅項。高帝十一年，因吏多賦以爲獻，百姓苦之，遂定制依郡國口數率，給爲獻費[129]。但事實上，兩漢官吏可能本著多獻的原則，在獻費之外，別輸貢物於朝廷，以投君主所好，冀求蒙寵攀附。貢與獻本是一體的兩面[130]，如光武帝詔：「已勑郡國，異味不得有所獻御，……至乃煩擾道上，疲費過所。」實卽指貢輸而言；南海獻龍眼荔枝，死者繼路，和帝詔：「遠國珍羞，本以薦奉宗廟，……其勑太官勿受獻。」亦可見這些貢物是宗廟助祭時的獻禮[131]。但自高帝定下獻費數額後，貢輸卽獨立發展，擴大漫衍爲各類方物的歲貢。儘管二者不免有重複徵課之嫌，但多數君主似乎樂於受獻，而郡國也常常不計一切的貢獻異物。審視兩漢貢物品類的繁多，衣食用物無所不有，以及武帝特別設均輸官以便遠方貢輸，貢禹力諫宜損來自各方的宮中用物[132]，還有東漢奔騰險阻，疲費百姓等情形，卽可知歲時貢獻的規模甚大，是百姓另一項沉重負擔。

惡吏私斂可視爲一種變相的賦稅。公賦層層累加，隨時增添，已讓百姓不勝負荷，而今又需應付惡吏貪得無厭的私索，則百姓若不願坐以待斃，只好以非常方式，另謀生機，而流徙是很可能的一種途徑。武帝之流民潮，咸多歸罪於公賦繁重，但「縣官所興未獲其利，姦吏並侵漁」，反而是引致百姓騷動的更基本原因[133]。貪吏假公濟私，因緣求利，在兩漢早已不是什麼秘聞，甚至連政府加諸官吏的稅賦，有時也完全轉稼到人民身上，如王莽令公卿以下至郡縣黃綬吏，皆保養軍馬，吏則盡復於民[134]。漢代屢有吏俸不足的問題，荀悅曰：「漢之賦祿薄，而吏非員者衆，在位者貪於財產，規奪官民之利。」[135]有官俸已然規奪官民之利，若似王莽時代的天下吏不得奉祿，豈不更要刻削百姓，以自供給了[136]。惡吏私斂猶如揮之不去的夢魘，在兩漢各期隨吏治狀況，以不同程度在纏擾百姓，腐蝕民生。鹽鐵論疾貪篇，賢良所謂的「長吏侵漁，上府下求之縣，縣求之鄉，鄉安取之哉？」可能還是稍有分寸，略具良心者的作法，若是如王符所言，則百姓更無孑遺了：

> 放散錢穀，殫盡府庫，乃復從民假貸，彊奪財貨，千萬之家，削身無餘，萬民匱竭，因隨以死亡者，皆吏所餓殺也。（潛夫論實邊篇）

東漢中期以下，邊地的情形是如此惡劣，但內地百姓的遭遇也極堪憐，朱穆諫梁冀書曰：

> 京師諸官費用增多，詔書發調或至十倍。……各言官無見財，皆當出於民。民多流亡，

皆虛張戶口。戶口旣少，而無貲者多，當復榜掠割剝，强令充足。（全後漢文卷二八）

姦吏不顧百姓死活，任情強索，百姓在公賦深重，私斂苛暴下，豈無離怨之心？「民多流亡」就是百姓對惡吏的一種無言抗議。韋彪早已警告曰：「賦發充常調而貪吏割其財，此其巨患也。」[137]東漢晚期不僅官吏私取的情形已至泛濫的地步，宰權官財物，求假鹽稅，強折賤買等行爲皆深深殘傷百姓[138]，就連一國之君的靈帝，也要做家居，聚爲私藏[139]。君臣上下競以私斂爲務，就算不是直接取諸百姓，但政府帑藏單盡時，仍要賦之於民。東漢末季昏君惡吏的私求慘毒若此，流民潮的連峯而起，也就不足爲奇了。

李悝估算百畝之田，五口之家的收支，年不足四百五十錢，疾病死喪之費及上賦斂，又未與此[140]。漢代情形可能有些出入，但不見得會比李悝的估計更好。以前述二、三十畝的小農來看[141]，單位面積產量的增加，實不足以抵銷土地的減少，日用不足之數不僅較前增加，賦斂亦未與此。漢代農民需負擔的基礎稅項有田租、槀稅、口算賦及獻費，表面上這些稅目皆有一定額度，但實際上則未必如此[142]。隸釋「樊毅復華下民租田口筭碑」：

縣當孔道，加奉尊嶽，一歲四祠，養牲百日，常當充肥，用穀槀三千餘斛，或有請雨齋禱，役費兼倍，……小民不堪役賦，有饑寒之窘，違宗神之敬，乞差諸賦，復華下十里以內民租田口筭。

華下十里之內的民戶，在基礎稅目外，還要負擔以租稾爲名的額外稅賦。依例推之，他處農民也可能有類似情況。政府徵課有如此大的彈性，也就難怪百姓常至於「寒不敢衣，饑不敢食」，「天下雖復盡力耕桑，猶不能供」了[143]。一旦輸賦有所不足，大司農便命使者「分部督趣，上下相迫」[144]，人民的困頓可想而知。再者，漢代有連坐包賠的問題[145]，下吏不敢督責豪大家，只是苛急細民，於是「細民不堪，流亡遠去，中家爲之色出，後亡者爲先亡者服事錄」，如此惡性循環，只會加速形成「去者便，居者擾」[146]的形勢，而人民在欠稅、重稅，以及需毋官獄，完賦役，才得遷徙的多重壓力下[147]，選擇脫籍流亡，並不是令人訝異的事。

## 第三節　盜寇侵凌與徭役擾民

漢代經常受外族威脅，西漢的匈奴與東漢的羌患尤其嚴重。胡虜的肆行刼掠，殺害吏民，不但使邊方民氣破傷，州境彫殘，還因兵役連年，徵調無已，致內外俱擾，盜賊群起，百姓死徙流離於途。賈捐之對詔言武帝時事曰：

> 當此之時，寇賊並起，軍旅數發，父戰死於前，子鬥傷於後，女子乘亭鄣，孤兒號於道，老母寡婦飲泣巷哭。（漢書賈捐之傳）

戰事一起，徵徭不止，家戶破散，生離死別，其情景何等悽慘！漢代面對這些「非我族類」的外人，時而興兵討伐，時而被迫應戰，但兵凶戰危的概念，也使漢人警惕到不宜窮兵黷武[148]，如魏相以「軍旅之後，必有凶年」，「出兵雖勝，猶有後憂」，諫止宣帝輕啓戰端；而王莽將嚴尤更以武帝的「深入遠戍」，「兵連禍結三十餘年」，爲綏邊之下策[149]。惜乎王莽不僅妄開邊釁，還一次調集四十二萬衆，開前古所未有[150]，於是內外俱擾，編戶大減。東漢光武、明、章三帝人口異於尋常的大幅增加[151]，似可說明因戰亂與避役而流亡的百姓，又漸歸鄉里，重登版籍了。

以中國優勢之人力財力，對政治文化皆較落後之民族，採主動出擊，一勞永逸的策略，也未嘗不好。但若似武帝之借撻伐匈奴，遂其侈靡之心，則又另當別論。一般而言，東漢人之雄武氣魄不足，立國姿態是偏枯的、退守的[152]，僅在和帝時有一次成功的開邊行動，餘則盡受羌患困擾。和帝之興邊功，史書上雖然美其名爲「俱存不擾」，「民安職業」[153]，但實際却是「男子疲於戰陳，妻女勞於轉運」，中州內郡「至於空竭帑藏，耗損國資」[154]。安、順以下羌患與盜賊的侵凌如此酷虐，未嘗不與和帝的空耗財力，罷敝中國有關。自東漢中葉以來，羌人三度大舉侵叛[155]，不僅使軍士「棄農桑，疲苦傜役」，使邊民「流離分散，隨道死亡」，也使內郡「百姓力屈，不復堪命」[156]。羌患不若匈奴之強勢，只因政府禦之無方，遂至於此。而邊民之逐道東走，散於幽冀兗豫荆揚蜀漢等地，則爲內地之盜賊刼掠，伏下火種[157]。

漢代儒家的倫理綱常，在「序尊卑貴賤大小之位」[158]，犯上作亂，終爲逆節[159]。然百姓於豪吏刻剝，賦役無度，刑法煩苛時，亦不免鋌而走險。政府若不能善爲處置，則擅號攻城，縛辱郡吏，依阻山澤，掠鹵鄉里等事將無所不爲。而官府的調民討伐，已無暇顧及重役苛斂對百姓的傷害，也可能無力照顧匪寇掠奪後的民生。百姓既失其資業，又傷離亂之痛，社會之凋零殘破是可以想見的。何況漢代自向南方發展以來，與蠻夷錯雜而居，諸種經常寇掠州郡，使漢室官民困竭，深以爲憂。然蠻夷的殘賊漢民，有時竟因官吏的慘苛對待而起，如靈帝時板楯蠻數叛，程包以爲是：「長吏鄉亭更賦至重，僕役過於奴婢，箠楚降於囚虜」，才將「本爲義民」的板楯七姓，逼致叛逆[160]。種種亂事，皆所以影響漢帝國在南邊的經營，東漢荆揚一帶常有民變發生，不能說與此無關。

無論寇亂者是漢族、胡虜或蠻夷，是平民、刑徒或士卒[161]，只要亂事一起，受害最深的就是無辜百姓。暴屍原野，輾轉流亡，幾乎是不可避免的事，不然或是裹脅依於盜匪，或是掠虜成爲奴婢下妻，但這些都非出於所願。正因盜寇侵凌必對安善良民的生活帶來無與倫比的破壞與震恐，所以若有任何風吹草動，民情無不驚懼，百姓皆自奔散。章帝建初間及安帝永初元年之訛言賊來[162]，即可見盜寇侵凌對人民生命財產及心理的影響。自王莽亂起以至東漢末，內郡塢堡愈來愈多，流人赴之保聚者也頻見其例，這只有在盜寇勢力囂張，政府禦敵無力的情況下，才會有的現象[163]。

戰亂不僅直接危及民生，政府徵役人民預防侵擾，或平息禍源，也同樣是百姓極大的負擔。役齡男子[164]除了月爲更卒，還需服一生一歲的正卒役，以及衞士或戍卒役[165]。漢代爲了防禦羌胡，將戍卒投之「寒凍裂地，衝風飄鹵，沙石凝積」的「不毛寒苦之地」[166]，使其於思親之餘，更飽嚐荒寒之寂寥。役於北方大漠固然辛苦，征伐南蠻夷越則常遭受疫病侵襲，淮南王安在諫伐閩越書中言：「未戰而疾死者過半。」李固諫伐南蠻書中有：「南州水土溫暑，加有瘴氣，致死亡者十必四五。」[167]士卒易因水土不服，寒熱失調，或瘴癘之氣而致病，自然深苦役事。

漢代役法在承平歲月，董仲舒已認爲是三十倍於古[168]，若不幸戰事發動，而又延宕時日，不能平息，則必遠調濫發，久於屯戍。順帝時日南蠻夷反，九眞郡兵已因憚於遠役而反攻政府[169]，若以此較之內郡士卒的遠赴北疆，相去又不可以道里計了。由漢簡中的戍卒郡邑來看，敦煌、居延二地的戍卒，多有遠從潁川、汝南、淮陽、昌邑等地來的[170]，眞可謂是行路迢遙，跋涉萬里了。屯戍之地的吏卒廩食雖然由政府供給，但遠行費用，悉由自備，故吳楚兵起，長安中列侯封君需向子錢家借貸，方能遠行；淮南吏民懸數千里往來長安，衣錢俱儆，深以爲苦；郡國小吏遠役三輔者，常因衣食匱乏而恨俸祿太薄。兩漢唯有光武、明帝時曾賜布還邊縣者裝錢，但也只是特例[171]。爲了因應戰事需要，漢政府有時根本無視於役法中之規定，如文帝因匈奴之患，役及五尺之童[172]；武帝大興伐，五、六十歲的除役者竟與子孫服輓並役；王莽時群盜起，十八歲以上者皆徵來擒討之[173]。東漢雖然廢除都試，多行召募，但百姓軍籍仍在，亦不全廢戰守[174]，一旦事機有急，則發至年二十之男子及小弱者[175]。事急從權，本無可厚非，但兩漢的盜寇之禍有許多根本是由統治者挑起，或因長吏不恤所激發，最終却要無辜百姓服役事，承擔一切後果，這是何許不平，又何等無奈！

遠行、濫徵之外，久戍也爲民所苦。王莽時政事寖廢，徼卒不交代三歲；而征伐匈奴的軍隊，一年尚未集合，先至者已兵疲師老，不能爲用[176]。東漢中期以來，盜亂紛然，情況更爲嚴重，皇甫規上疏以「徙見王師之出，不聞振旅之聲」，爲久戍者請命。政府如此作爲，不但使士卒勞怨，困阨軍旅，也徒使酋豪驚恐生變，戰禍久不能平[177]。李固曾對遠戍久屯有極痛切而警懼的陳情：「遠赴萬里，無有還期，詔書迫促，必致叛亡。」[178]蓋士卒多起於田畝，縱然政府常以刑徒、召募或外族充役[179]，強拉民夫應急，恐怕仍不能免，其結果不但會失農時，使「田疇不得墾闢，禾稼不得收入」[180]，而在民食不足的情況下，流民盜匪亦將順勢發展出。漢政府於此非不知悉，只是戰端一起就難於控制形勢，此所以疲役者或當行者常亡逃自賊殺[181]，而政府為防逃亡，軍法竟連及士卒妻子[182]。武帝時親見懼役之民的淮南王劉安曾言：「民苦兵事，亡逃者必衆，隨而誅之，不可勝盡，盜賊必起。」[183]但傳捕亡軍與盜賊的結果，却可能發生如楊賜所憂慮的：「若下州郡捕討，恐更騷擾，速成其患。」[184]則士卒的亡失軍籍，流民的脫籍逃亡，應與軍旅數徵有相當關連。

維護軍紀，激發奮戰精神，灌輸效忠意識，是提振士氣，克敵制勝所必具之觀念[185]。姑不論漢政府在這方面投注了多少心力，單就賢良文學之反戰厭戰思想[186]，一般人民之畏役避役來看，軍役愈多，只會引致愈大反感，甚至連軍紀士氣都面臨嚴重考驗。漢書李廣利傳：「非乏食，戰死不甚多，而將吏貪，不愛卒，侵牟之，以此物故者衆。」王莽欲集大軍伐胡擊賊，吏士皆放縱，撓亂州郡，侵漁百姓[187]。士卒外需對抗胡虜或盜賊，在軍又為將吏刻削，而一般百姓復為吏士擄掠，且不言其軍紀蕩然，士氣頹敗，戰事難以獲勝，僅就王莽自己所形容的「毒蠚並作，農民離散」來看[188]，已是擾民最具體的證言了。「農民離散」實不限於流民大作，對政府的離心離德可能影響更為深鉅。兩漢之際大姓、群盜各擁兵衆，百姓也因軍士暴橫，禁制不得，深以為苦。光武帝曾曰：「諸將非不健鬥，然好擄掠。」如有一二能檢束軍吏者，百姓歌之[189]。東漢廢都試，士卒以召募、刑徒或外族軍為主，但因征戍役久，財賞不贍，或牢稟逋懸不下而屈死、作亂、畔離者甚多，縱然政府可能愧對吏士，而如此軍隊又何犧牲精神與責任感可言(190)？再加上貪吏猾匠所製兵甲鈍劣，不可依怙(191)，此所以東漢戰事屢敗，征繇不止，虐民爲甚了。軍紀廢弛所衍生的傷害，恐怕是兩漢政府應該重新加以評估的，而流民的產生，則是由其引發的病徵之一。

征役一興，轉輸必起，若暴兵露師久長，徵糧轉輸無已，必使元元騷動，海內擾攘不安。龐參對委輸不易，勞苦百姓，有相當深刻的了解，其奏記於騭曰：

> 千里轉糧，遠給武都西郡。塗路傾阻，難勞百端，疾行則鈔暴為害，遲進則穀食稍損，運糧散於曠野，牛馬死於山澤。縣官不足，輒貸於民，民已窮矣，將從誰求？（後漢書龐參傳）

自海岱江淮輾轉負運，不僅長路漫漫，險阻重重，而且米糧的折耗極大，所謂「千里負擔餽饟，率十餘鍾致一石」(192)，雖或不免誇大，亦已可見一般。若是經歷砥柱之險，其艱難之狀，可能不比永平中太原役者溺死隘口要遜色許多(193)。委輸既應軍需而起，軍事不暫寧息，輸卒便無休時，轉輸所需人數又隨行路遠近，戰役狀況來決定(194)，若再加上使者在道督趣(195)，官府就只好強拉民夫，妄加攤派。鹽鐵論禁耕篇：「郡中卒踐更者，多不勘責，取庸代縣邑，或以戶口賦鐵，而賤平其準，良家以道次發，僦運鹽鐵。」可以逼令運鹽鐵，當可倣之使運軍需。像武帝丞相公孫賀之「以邊為援，使內郡自省作車，又令耕者自轉，以困農煩擾畜者」(196)，恐怕難說是唯一特例。此外，復除之人可以不給中外繇役；豪強又可如郭解之使吏脫直更者[197]，爲自己或他人逃役，則轉輸之人就更限於一般貧苦百姓，甚至連妻女老弱也被捉來應命[198]。轉輸對農事的不利，正如張敞所言：「吏民並給轉輸，田事頗廢，素無餘積，雖羌虜以破，來春民食必乏。」[199]農功消於轉運，田疇不得墾闢，流民危機已在醞釀中。若是耕種所需之畜力，又因輜重非牛驢馬車不能勝負而紛紛被徵用[200]，或不肖官府竟妄取民牛，從民貰馬，使畜力不得所用[201]，則影響之大就不僅限於百姓苦役了。一旦流民已然擾動而猶徵發不絕，則一切變亂叛離可期而立至，元帝詔：「加以邊境不安，師旅在外，賦歛轉輸，元元騷動，窮困亡聊，犯法抵罪。」[202]即指明其間關連。孫子兵法作戰篇：「國之貧於師者遠輸，遠輸則百姓貧。」確是相當有見地的論斷。

　　各種公共工程是漢代人民必須負擔的另一類役事。Karl A. Wittfogel 概括的分爲水利性工程與非水利性工程[203]。就水利工程言之，漢代河患嚴重，水災頻仍，自文帝河決酸棗以來，閒者河溢皐陸，隄繇不息，僅元光三年決於濮陽的一次，就發卒十萬救之[204]。爲隄塞而大興人徒是西漢的常事，成帝於河平元年、三年爲治河卒著外繇六月[205]，只是兩漢諸多水患中施予役者的兩次微薄恩惠。而孫楚自擬的治河計劃，謂可歲省三萬人以上[206]，則實際所需人工必遠過此數。爲治河而興工役本不能視爲擾民，但若無長策，只知繕完故隄，迫河圍堵，或是因私利、望氣、災異等人爲因素而任其泛濫，故意不塞河[207]，將使已興之功，崩壞無用，未興之役，亟亟待發，如此徒耗人力財力不說，百姓因水患而失作業，迭有怨言，恐怕是政府更大的損失。後漢書循吏傳：

汴渠東侵，日月彌廣，而水門故處皆在河中，兗豫百姓怨歎，以為縣官恒興他役，不先民急。

自永平十二年王景發卒數十萬治河以來，黃河已較能安流，這數十萬治河卒的代價總算沒有白費。值得深論的是，徭役興發固然利於治河，但也可能因誤失農時而產生流民問題。王莽時沛郡桓譚的建言在解決這個問題上頗具創發性：

計定然後舉事，費不過數億萬，亦可以事諸浮食無產業民，空居與行役，同當衣食；衣食縣官，而為之作，乃兩便。（漢書溝洫志）

無論是僅予做者衣食，或同於雇傭，這種做法在政府可省救贍之費，可免盜寇之虞；在農民可無役事勞擾，無使農桑失時；在浮食流民則得一謀生機會，不有饑寒凍餓之患，故桓譚的建議豈僅兩便而已，在帶動社會經濟的發展與政治的安定上，都有莫大幫助。這種概念頗有「以工代賑」的意味，與先秦管、晏的想法似相吻合，可惜漢人未深悟「工賑」的效用，使得流民問題少一紓解之法[208]。

引水通漕，興渠修陂，都是有益於民生的工程。但發卒萬人，作之十餘歲，未能得其饒者有之；穿渠引水，迂迴走遠，損省漕卒依舊不甚多者有之[209]。若再如武帝時的諸多徭役一時俱發，則勢必民不堪命，流、盜紛起。

在非水利工程方面，規模最大的就屬宮館陵邑的繕治。兩漢諸帝中，能像文帝那樣克己自制，不起露台，力行薄葬者，委實罕見，反倒是輕起勞役，靡敝天下，極百工之巧，興卒暴之作者甚多。西漢武、成二帝及王莽最好興事觀殿冢塋崇廟，三帝的流民問題也最嚴重。其中，成帝尚乏軍興，已因此而竭民力，致流散冗食百萬數[210]。不愛民力的後果，是統治者宜戒愼恐懼的。東漢則自中期國力已大爲耗損時，順帝猶「務精土木，營建無已」，靈帝則更爲修宮室而震恐州郡[211]。如此輕用民力，也就難怪其時之流民問題難以緩和了。

宮室繇役之外，貴戚權奸率常濫用役力，以遂私欲。解光奏王根：「止宿離宮，水衡共張，發民治道，百姓苦其役。」梁冀當政，「發屬縣卒徒，繕修樓觀，數年乃成」；和帝、安帝更爲寵臣、阿母詔將作各部興府第；其甚者則詐作詔書，調發錢穀大匠見徒材木，以起觀舍[212]。若論救荒活民之術，傳統的「侈靡論」或許有相當價值，勸富室興土木，借民力以資生，未嘗不是賑災良策[213]。但如豪家不自興治，反而依託官府，擅用民役，則營造愈多，百姓勞苦就愈增加。這在東漢奢麗過禮，競相倣效，而建材又取之不易的情況下，問題將更爲嚴重[214]，潛夫論浮侈篇：

> 今者京師貴戚，必欲江南櫄梓豫章之木。邊遠下土，亦競相倣効。夫櫄梓豫章，所出殊遠，……會衆而後動，多牛而後致，重且千斤，功將萬夫，……費力傷農於萬里之地。

一樓成而萬民饑，愈興作而民愈恨，這不僅不能與鍾離意的出奉錢帥人作屋，百姓爭起趨作相比，也不能與朱儁的募民致土石以成塘，善意失信於民並論[215]。王符所謂「費力傷農」，正由繇役過甚所致，農民既已力屈於徵用，流亡無寧是避役之一方法。

漢代的許多防禦與交通工程，若本著護民、便民的前提興役，即便使民勞苦於一時，也未可盡以擾民視之。但若因緣諂媚或以威權震赫，而使百姓做無謂的修治，則不能無害於民生。如武帝尙議封禪事，天下郡國已豫治道橋，繕故宮，望以待幸；天子巡行所經道上，自有司空將徒支柱橋梁，郡國輒逢迎修理，以此煩擾；至於奉承新到長吏，發民除道，繕修城郭，更是很普遍的官場惡習[216]，如東漢佞幸伯榮所過，長吏惶怖，徵役無度，動有萬計，使百姓「頓踣呼嗟，莫不叩心」，是其尤甚者[217]。百姓既受役力逼迫，在走投無路時，可能就只好流亡逃散。

漢代雜徭甚多，如驅民捕獸，驅禽除路，採發金玉[218]，轉輸賑調，車騎費役，文書調役[219]，以及出使隨行之卒徒，遠行貢獻之郵傳等[220]，百姓都不免被繇使。漢代各類役事的勞動力並不只限用役齡男子，除了妻女老弱等非常徵調外，徒與工庸也爲數不少[221]，其中尤以徒爲要。徒的大量使用，從表面上看似可減少百姓的徭役負擔，但實際上漢代律法嚴苛，酷吏爲虐，百姓動輒得咎不說，可能有不少刑徒就是爲了避役才獲罪。徒的刑期一至五年，一般較卒的役期長，耐不住苦的人不是亡逃、慘死，就只有反叛。亡徒當傳的事實，大批出土的刑役墓磚，以及成帝鐵官徒的數叛，都是證明[222]。自身苦役之外，家屬生活也因此連帶受到嚴重影響。故無論是卒或徒皆源自百姓，而最後的受害者則是整個社會。K. A. Wittfogel 因中國從事水利農耕(hydraulic farming)，有大規模水利工程，就把中國社會稱爲「水利型社會」(hydraulic society)[223]。若就徵調徭役的觀點來看，與其說漢政府的權威因推動水利設施而增強，不如說其權威充分表現在指使百姓從事軍役與非水利工程的傜役上。而其所產生的負面影響，也足以抵銷水利設施的福惠。故「水利型社會」這樣的名詞，實未能反映政治組織控制人力、運用人力的社會特質。

漢代役事的另一大問題是傜役不均，後漢書明帝紀中元二年十二月詔曰：

> 郡縣每因徵發，輕為姦利，詭責羸弱，先急下貧，其務在均平，無令枉刻。

隸釋「酸棗令劉熊碑」：

> 愍念烝民，勞苦不均，為作正彈，造設門更，富者不獨逸樂，貧者□順四時。

豪家獨享逸樂，傜役推於下貧，下貧維生已難，豈有餘力再承擔額外之征？正彈、門更大概是在嗇夫之外爲均平傜役而特設的非正式組織㉔。其效果如何，可能仍是「人存政舉，人去政息」。其實凡能勤恤民隱者，百姓莫不感奮，如武威守張奐「平均傜役，率厲散敗，常爲諸郡最」；會稽山民因「它守時發求民間，至夜不絕」，而深謝劉寵的簡除煩苛，禁察非法㉕。正因官吏役民不均，又踰時失時，百姓在不堪其擾下，只好逃避以求免徵，像武帝作通天台的人力，就來自王溫舒覆校所得之脫卒數萬㉖；而成帝時鐵官徒的數叛，或許就與役事過重，身被拘繫，難以逃脫，只有反叛才能免於劇務有關。東漢的劉陶對傜役擾民的危險性看得極爲透徹，其上書桓帝曰：

> 誠恐卒有役夫窮匠，起於板築之間，投斤攘臂，登高遠呼，使愁怨之民，嚮應雲合，八方分崩，中夏魚潰。（後漢書劉陶傳）

農民之性以和爲貴，以安爲尙，非有不可忍，不得生之諸般逼迫，不易群起反抗。而役夫窮匠之不得已，正由官府役利細民而來，但似乎只有在其成爲盜賊逆民之後，才因政府的圍剿而被注意，甚至到「其大章著不可掩者，乃肯發露」[227]。故吾人相信有不少愁怨之民在未嚮應雲合之前，是屬於被忽略的流亡者。

## 第四節　吏治不良與豪強欺壓

董仲舒曰：「郡守縣令，民之師帥，所使承流而宣化也；故師帥不賢，則主德不宣，恩澤不流。」[228]實則不唯郡守縣令關乎吏治良窳，自中央以至地方之各級官吏，皆同樣負有惠民之責，故若是國無良輔，郡縣無循吏，百姓將承其貪縱酷暴，而飽受饑寒窮寃之苦。

貪吏貨賄爲市，營私漁奪，是兩漢最難整治的弊病。西漢懲治貪贓者的罪責至重，與盜同科，値十金以上者棄市[229]。但只要官吏「志但在營私家」、「爲姦利」[230]的觀念一日不改，貪汚納賄的風氣就難以戒除。武帝元封四年二百四十萬的流民無名數，恐怕不盡因河患而起，

「惟吏多私，徵求無已」，可能才是更主要的原因，武帝「爲流民法以禁重賦」[231]，正顯見貪吏苛索足以引致流民問題。宣帝曾因百姓失職不贍，遣使巡行問疾苦，竟以「吏或營私煩擾，不顧厥咎」，失慰民之意[232]。西漢晚期以來，豪族、外戚勢力日益坐大，政府威權頗見墮損，不肖官吏侵刻細民的情形較前猶有過之，漢書鮑宣傳，諫哀帝曰：

> 國家空虛，用度不足，民流亡，去城郭，盜賊並起，吏爲殘賊，歲增於前。

成、哀之際是西漢流民的高峯期，鮑宣所指的「吏爲殘賊」，正是導致人民流亡的原因之一，且其「歲增於前」，發展有更見酷烈之勢。漢末朝中的儒生既無力革除弊端，現實派又常行爲不檢[233]，黎庶在殘吏刻剝下安所歸命乎！

東漢建武、永平之政尚可，但自中期以後，外戚宦官相繼掌權，吏治急速惡化，縱有少數憤疾世情的良吏，也無力扭轉時局。就兩漢貪贓情況而言，東漢劣迹似猶愈於西漢，西漢外戚貲千萬者不多，大臣贓數千萬者僅數例，因賞賜賂遺貲累鉅萬者只有佞幸傳中的幾個特殊人物[234]。東漢則無論在聚歛的金額與人數上，都遠過西漢，史書中最起碼的贓罪就在千萬以上，沒入貲產在巨萬或數億以上者亦不在少數，而循吏條舉犯姦者，或惡吏望風解印綬去者，竟至數十百人，還有至二百八十人者[235]。此外，東漢十金棄市之律形同虛文，桓帝建和元年詔：「長吏臧滿三十萬而不糾舉者，刺史、二千石以縱避爲罪。」[236]就將姦吏的贓錢與罪刑，做了相當大幅度的調整，亦可反映貪贓枉法的情形較西漢嚴重。至於不曾糾舉出的姦吏可能還爲數更多，虞詡曾爲適罰輸贖之「義錢」上疏曰：「貧百姓章言長吏受取百萬以上者，匈匈不絕，適罰吏人至數千萬，而三公、刺史少所舉奏。」[237]隱而未發之贓吏，正爲在所害。西漢文帝貴廉，吏坐贓者皆禁錮不得仕宦。其後續有增錮二世、三世的禁令。安帝時劉愷雖然議「惡惡止其身」，也不贊成解除贓吏的禁錮[238]。但楊震謂安帝乳母等招來貪汚之人，贓錮棄世之徒復得顯用[239]，則桓帝初復詔：「贓吏子孫不得察舉。」[240]可能也只是徒託空言。濁流激盪，民情何以堪，雖或有忠良之士奮起驅逐，終無所用。漢末黨人的力與奸宦周旋，其結果不是觸禍身死，就是走上明哲保身之途[241]。陳躭所謂：「放鴟梟而囚鸞鳳」[242]，不正是志士無力匡正天下，最無奈的表示！兩漢之際天下大亂，群雄中有「思漢」之意味者頗不少，而東漢末之盜寇皆自建號，欲棄現存政權。其間的差異，實與東漢吏政更惡劣有關。

姦吏無時不可妄取，但於制度變改、交代之際，或與作務時，尤易借端豪奪。如武帝籠鹽鐵、造五銖錢，百姓騷動，姦吏並侵漁，撟虔吏亦乘勢以侵烝庶。宣帝數易長吏，黃霸謂姦吏因此絕簿書、盜財物，公私之費皆出於民。王莽令舉百姓貲財，田況奏郡縣不以實數；置養澹官給食流民，吏又盜其稟；設軍監督大姦猾，監者竟恐猲良民，妄封人頸，得錢者去，使農民離散[243]。東漢情形亦頗相類，建武十六年令郡守度田，而多爲詐巧，不務實核。和帝命郡國上尤貧不能自給者，至以衣履釜鬵爲貲，使豪右得饒利。而質帝詔書所指的：「送故迎新，人離其害」，應卽交代之際的公私歛取。安、順以下，軍旅數動，懸師之費「出於平人，回入姦吏」，故「江湖之人，群爲盜賊，青徐荒饑，襁負流散」[244]。無論所與政事於民是否有益，官吏貪殘勢必會曲解原意。人事勞擾，治絲益棼，這是政府應該引以爲戒的，所謂「清靜爲天下正」，就這層意義上看，也確有幾分道理。

兩漢吏俸微薄，早已倍受批評，西漢的賢良文學、張敞、蕭望之等人已言之深切，並請增吏俸[245]。惠帝及宣、成二帝也酌量增加之[246]。王莽時天下亂，吏以不得俸祿，並為姦利[247]。至光武二十六年，才定各級官吏之俸[248]，此後除了永平四年賜公卿半俸，左雄奏請加博士、諸生有志操者俸祿外[249]，自安帝起，尤其是順、桓以下，已多次減俸、假俸、甚或絕俸[250]。漢人每以吏俸豐薄來衡量官人之貪廉，如張敞等曰：「今小吏俸率不足，常有憂父母妻子之心，雖欲潔身為廉，其勢不能。」崔寔曰：「重其祿以防其貪欲，使之取足于俸，不與百姓爭利。」仲長統亦以為：「奉祿誠厚，則割剝貿易之罪乃可絕，……祿不足以供養，安能不少營私門乎？」[251]吏俸豐薄確可影響吏治，然人性之貪欲可能最關重要。若德操不固，樂道之意薄弱，則縱有高官厚祿，仍不饜足，歷視兩漢不肖官吏、豪族、宦者的奢求無度，姦吏的鉅額贓款，則知信不誣也！

吏之為患，在貪與酷，韋彪曰：「農人急於務而苛吏奪其時，賦發充常調而貪吏割其財，此其巨患也。」宋均更以為：「吏能弘厚，雖貪汚放縱，猶無所害；至於苛察之人，身或廉法，而巧黠刻削，毒加百姓。」[252]酷吏苛暴之為民害，已甚顯然，但綜兩漢之世，這股戾氣一直無法化去，人民倍感愁怨。

西漢自武帝起，酷烈為聲，禁罔寖密，好殺行威者，上以為能，微文深詆者，為敢決疑，於是治事者盡效之，而吏民益輕犯法。董仲舒曰：「今吏既亡教訓於下，或不承用主上之法，暴虐百姓，與姦為市，貧窮孤弱，寃苦失職，甚不稱陛下之意。」[253]實則酷吏行事，武帝由以導之，而「寃苦失職」的民衆，有些正是酷吏的傑作。漢代刑律煩多，典者不能徧睹，承用者或罪同而論異，已難持平，若酷吏再有心巧法，則極易陷人於罪。漢書宣帝紀元康二年詔：

> 能使生者不怨，死者不恨，則可謂文吏矣。今則不然，用法或持巧心，析律貳端，深淺不平，增辭飾非，以成其罪。奏不如實，上亦亡繇知。

酷吏縱意出入法令，將使刑開二門，獄多枉濫。百姓無辜蒙寃，因此獲罪，心中之怨恨事小，一家生計頓陷絕境事大，而這正是促發流民問題的誘因。宣帝吏治尚稱良好，猶且如此，元、成以下更不如之，百姓不免搖手觸禁矣。

東漢自初期已有類似問題，如章帝時陳寵上疏曰：「斷獄者急于篣格酷烈之痛，執憲者煩于詆欺放濫之文。」但請行輕法後不數年，「案不以罪，迫脅無辜」，「鉆鑽之屬，慘苦無極」等事又再度重演[254]。而中期以下的百姓在不肖官吏「競爲苛暴，侵愁小民」，「貪苛慘毒，延及平民」[255]的情況下，恐怕也難以安生。若再遇上下情不得上達，枉屈不得申訴，百姓的苦楚就更難以排解了。潛夫論三式篇：

> 今者，刺史守相率多怠慢，違背法律，廢忽詔令，事情務利，不卹公事，細民寃結，無所控告，下士邊遠，能詣闕者，萬無數人，其得省治，不能百一，郡縣負其如此也。

因此而逼使叛逆者，頗見其例[256]，而被迫流亡者，可能也不在少數。

漢人行事，動依時令，若不順四時，則有礙農業。漢書元帝紀建昭五年三月詔：

> 方春農桑興，百姓勠力自盡之時也，故是月勞農勸民，無使後時。今不良之吏，覆案小罪，徵召証案，興不急之事，以妨百姓，使失一時之作，亡終歲之功。

「不以獄訟擾農家」，是「農事擧」的重要條件[257]。有司不以時案驗，而使百姓「失一時之作，亡終歲之功」，影響之大又非酷暴一端可比。東漢章帝建初元年的「人以流亡」，牛疫穀貴之外，官吏不順時讞正也可能是原因之一。和帝永元六年的詔書更將「濟河之域，凶饉流亡」，與「有司不念寬和，而競爲苛暴，覆案不急，以妨民事」，做了直接連繫[258]。獄訟煩擾農民，已非一人一家之事，而是「一人有辜，擧宗拘繫」，「逮捕一人，罪延十數」，「一人有罪，州里驚駭，十家奔七」[259]，甚至連八十歲以上，十歲以下，非身犯法的婦女老弱亦難倖免[260]。潛夫論愛日篇曰：「自三府州郡，至于鄉縣典司之吏，辭訟之民，官事相連，更相檢討者，日可有十萬人。一人有事，二人經營，是爲日三十萬人廢其業也。」若以「中農食七人」率之，則歲二百萬人以上受其饑[261]，要是再加上前述那些被連坐牽引，驚駭奔散的人，辭訟之事對農業的傷害就更大了，後漢書王符傳：

> 百姓廢農桑而趨府廷者，相續道路，非朝餔不得通，非意氣不得見。或連日累月，更相

> 瞻視，或轉請鄰里，饋糧應對。歲功旣虧，天下豈無受其饑者乎？

苛吏煩擾，獄訟妨農，農民旣不能依時興作，農產自然會減少，而流民問題卽醞釀其中矣。

貪吏枉法，與其諉過於吏俸太薄，不如說是出于人性的貪得無厭；酷吏苛暴，主要在爲政者不能用心良善，也是由於官場上求虛名之風的誤導。路溫舒於此已言之深切著明：「今治獄吏則不然，上下相敺，以刻爲明，以深者獲公名，平者多後患。故治獄之吏皆欲人死，非憎人也，自安之道在人也。」哀帝元壽元年詔亦曰：「有司執法，未得其中，或上暴虐，假勢獲名。」[262]官吏治事之所以行苛刻，取能名，可由尹賞臨終戒諸子之言，探得其中消息：

> 丈夫為吏，正坐殘賊免，追思其功效，則復進用矣。一坐軟弱不勝任免，終身廢棄無有赦時，其羞辱甚於貪污坐贓，愼毋然！（漢書酷吏尹賞傳）

漢代考課校論功實，用心深刻的官吏，寧可以殘賊而得能治之名，也不願背負軟弱之譏。東漢情況依然未見改善，文俗吏「以苛刻求當時名譽」，習俗謂「殺害不辜爲威風」，「理己安民爲劣弱」，於是「長吏多殺伐致聲名者，必加遷賞；其存寬和無黨援者，輒見斥逐」[263]。由於兩漢難以擺脫此種僞劣作風，百姓也就只得經常籠罩在酷吏的陰影中。

漢代還有一些是以科條徵歛爲務的俗吏。賈誼「陳政事疏」曰：「俗吏之所爲，務在刀筆筐篋，而不知大體。」周壽昌註曰：「刀筆以治文書，筐篋以貯財幣，言俗吏所務在科條徵歛也。」[264]這類俗吏大概就是王符所指責的：「但坐調文書，以欺朝廷」的那批人[265]。漢代俗語：「何以禮義為？史書而仕宦。」[266]刀筆吏之所為，如何能入於儒家禮義之堂奧，而由俗語之形成可見，俗吏在漢朝應該還算普遍。宣、元以後，俗吏之行且與貪吏、酷吏靠攏，王吉疏曰：「今俗吏所以牧民者，非有禮義科指可世世通行者也，獨設刑法以守之。」匡衡疏亦曰：「今俗吏之治皆不本禮讓，而上克暴，或忮害好陷人於罪，貪財而慕勢，故犯法者眾，姦邪不止。」[267]俗吏雖非大奸巨惡，也不致血流十餘里的地步，但已可與貪吏、酷吏列為同類。東漢論及吏治不良時，經常提到這類俗吏。章帝建初元年詔直云：「俗吏傷人。」[268]即明言其為禍於民，罪行深重。不幸此種風習已漸漸瀰漫朝廷，不易改正，後漢書第五倫傳：

> 然詔書每下寬和而政急不解，務存節儉而奢侈不止者，咎在俗敝，群下不稱故也。…
> 郡國所舉，類多辦職俗吏，殊未有寬博之選以應上求者也。

東漢吏政既然「志道者少與，逐俗者多疇」[269]，則豈能冀望以俗吏來純化政風？百姓在其治下，既為貪財徵斂所苦，又為苛暴刑法所陷，更為計簿欺謾所掩，寃無所申，情無告訴，就難保不會因怨離而脫籍流亡了。

官吏持詔不行，虛應上官，是漢世吏政的又一弊端。如文帝親農，勸民種樹，而吏奉詔不勤；戍卒遠遣絕域，使使勞賜，「而吏未稱奉職承詔以存恤」；宣帝垂意於治，數下恩澤詔書，而吏不奉宣；成帝頻敕有司務行寬大，禁苛暴，而官吏迄不能改[270]。原則上，詔書一下，應即榜寫於鄉市里亭顯要處，並令遠所谿谷山澤之民徧聞之[271]。但吾人很難想像能有幾個不肖官吏就此奉詔改過，即知即行？較多的情況可能反而是擇便巧史書習計簿者，以欺謾上府，避其考課[272]。西漢武、宣二帝最以留意吏治，綜核名實著稱，洪邁謂武帝：「輔相之任，不甚擇人，若但使之奉行文書而已」，「除用郡守，尤所留意」[273]。宣帝則以「與我共此者，其唯良二千石」一語[274]，名聞後世。但若杜周之「專以人主意指爲獄」[275]，則武帝已開容媚之門，豈是眞能折中事理者？王成以流民僞蒙顯賞，黃霸借神雀求取虛譽，宣帝又何能說是「必知其所以然」[276]？田況言於王莽曰：「郡縣力事上官，應塞詰對」[277]，可能是西漢頗爲普遍的現象。

東漢豪族惡吏競起，陽奉陰違，因循怠惰的官場惡習當然不會減輕，崔寔很傳神的刻畫云：

> 今典州郡者，自違詔書，縱意出入。每詔書所欲禁絕，雖重懇惻，罵詈極筆，由復廢舍，終無悛意，故里語曰：州郡記，如霹靂，得詔書，但掛壁。（全後漢文卷四六）

官吏用心懈怠，虧於職守，最直接的受害者就是無辜的百姓。所謂「武吏以威暴下，文吏妄行苛刻，鄉吏因公生姦」，皆爲百姓所患苦。而郡國欲獲豐穰虛飾之譽，遂不揣流亡，覆蔽實情，再加上不得對相監臨及三互法的禁忌，使兵饑之後的百姓因闕職經時，而不得卹理[278]。然官吏之矯飾外貌，不盡心奉國，實與黜陟不明有關，馬嚴曰：「司察偏阿，取與自己」，「又選擧不實，曾無貶坐，是使臣下得作威福也」。郎顗更將邪僞請託，典選不當之責歸於擧者，並謂「陛下崇之彌優，自下慢事愈甚。」[279]治亂非繫於君主一人或少數高位者，但彼等確爲治事之本源，若自上已不能守正，下吏自然虛慢應事，於是積弊不改，吏政愈壞，稍有動靜，卽流民、盜匪群起。後漢書陳忠傳：

> 自帝卽位以後，頻遭元二之戹，百姓流亡，盜賊並起，郡縣更相飾匿，莫肯糾發。忠獨以為憂。

陳忠以爲攻盜成群起於州郡督錄怠慢，諱以盜賊課殿(280)。然則百姓流亡，不也由長吏推諉卸責，互相容隱而來？

漢代吏治不良，亦與官吏豪勢間彼此掣肘、欺詆有關。甯成好氣，爲少吏必陵其長吏；豪惡吏輕尹齊，伏匿不肯爲用，而善吏不能爲治，以故事多廢；成帝時左馮翊數縣令貪猾不遜，持郡短長，二千石數案不能竟；朱博不更文法，爲刺史郡守，老從事、府功曹等皆有欺之之意，終以智略樹其威嚴，但「每遷徙易官，所到輒出奇譎如此，以明示下爲不可欺者」(281)。漢代地方官吏之任用，籍貫限制極嚴，監官長吏例不用本郡人，所自辟之屬吏則必用本籍人，惟京畿郡縣稍可例外。其意蓋使監官長吏單車蒞任，以除親私之弊，並借本籍屬吏周知一方人情，而爲之興利除害(282)。殊不料地方勢力竟乘隙而起，頗有欺淩、牽制長吏者，如此則吏政不得推動，長吏亦被輕慢，王嘉以爲這是由於官吏不久於位的緣故：

> 吏或居官數月而退，送故迎新，交錯道路。中材苟容求全，下材懷危內顧，壹切營私者

多。二千石益輕賤，吏民慢易之，或持其微過，增加成罪，言於刺史司隸，或至上書章下，衆庶知其易危，小失意則有離畔之心。（漢書王嘉傳）

同應前文所引尹賞之言：「一坐軟弱不勝任免，終身廢棄無有赦時，其羞辱甚於貪汚坐贓。」或許漢吏之以苛刻爲能，寓有不爲小吏豪民所制的用意。東漢豪貴宦權更盛，相信不少地方勢力都與之有關，而郡守刺史竟有一月數遷者[283]，則長吏受制於豪惡吏的情形可能更爲嚴重，崔寔政論曰：

今長吏下車百日，無他異觀，則州郡睽睨，待以惡意，滿歲寂寞，便見驅逐。（全後漢文卷四六）

其甚者，州郡還選巧文猾吏，向壁作條，誣覆貞良長吏闔門，以迫其自去[284]。然官吏的彼此疾視，暗中掣肘，最後吃虧的必是良善百姓。成帝時山陽亡徒蘇令等的反叛未能迅速平定，即與守相威權素奪，吏士不肯死節有關，而百姓自是深受其擾。靈帝時涼州牧御失和，竟致海內爲之騷動[285]。則官吏相牽制所隱伏的流民危機，不應等閒視之。

鄉部亭吏是最直接與民衆接觸的郡縣屬吏之出部者，包括有秩、嗇夫、游徼、亭長、里正等人，負責賦役、刑訟、捕盜等事[286]。漢代社會結構緊密，聚落靠著血緣、地緣、家族倫理、社交活動、生產活動、標幟、賦役、祭祀、法律、什伍制等因素，成一有秩序的共同體[287]，人民的更籍、著籍都要由鄉吏來辦理[288]，此外還有三老、孝弟、力田、里父老等負地方化育之責[289]，因此除非有重大事故發生，這種緊密的組織結構應有防止人民逸出流亡的作用。昭、宣雖然承武帝餘敝，地方基層組織並未受到重大破壞，良吏如黃霸、韓延壽、尹翁歸、張敞等還積極整頓，使鄉部比伍得以發揮安定生民的力量[290]。至西漢晚期，「鄉部私求，不可勝供」，已爲百姓患苦，鮑宣更將「部落鼓鳴，男女遮迣」，視爲人民流亡之一因[291]，都在在透露出基層組織已有不足信賴的危機。然此不穩之勢，在王莽的禁止多聚徒衆集會，以及「吏及比伍，知而不擧告，與同罪」，「民犯鑄錢，伍人相坐，沒入爲官奴婢」[292]等刺激下，大有崩解之虞。反莽者初則但稱三老、從事，不敢用大號，或許他們還有所冀望於基層組織，欲借以重振之；也有可能是他們想以非官式的私人組合，暫時維繫社會秩序，故雖饑寒窮愁，初亦不敢刼掠城邑[293]。

東漢雖然重整鄉治，但問題已較西漢複雜得多。明帝方以苛察爲明，樊儵已指出，亡失官錢者委責於民，鄉部吏司因此爲姦；安帝元初四年詔也明言：「鄉吏因公生姦」，爲百姓所苦；而左雄在痛陳官吏除拜之弊時曰：「鄉官部吏，職斯祿薄，車馬衣服，一出於民，廉者取足，貪者充家，特選橫調，紛紛不絕，送迎煩費，損政傷民。」甚至連順帝永和元年蠻夷爭貢布而反，以及桓、靈間板楯蠻的數叛，都與鄉亭吏的貪暴有關[294]。爲了維繫社會的和諧，儒家強調的是興訟不如止訟，聽訟不如無訟。鄉吏、三老、父老等原具有調人功能[295]，但王符對任決斷的鄉亭部吏深爲不滿，因其「類多枉曲」；而自洛陽主諧和殺人者爲姦利，失調人之責後，法禁益壞[296]。再者，東漢政府對三老的禮遇與實權，均自中葉以後衰減，而賜鄉官爵、帛，晚期也只有兩次[297]。凡此皆可顯示這種地方體系不僅職能廢弛，弊病叢生，而且已漸萎縮。漢代早有私社、里社等民間組織，東漢則爲特定目的組織起來的私人團體更多，像「正彈」是爲均平百姓之更役，「街彈」是以耕作互助爲目的，「父老僤」是爲處理地方一般事物[298]。其職能頗有與鄉亭里吏重覆者，故此類民間團體，或可補地方基層體系的不足，助其發揮安民功效。不過在漢末吏治日益惡化的衝擊下，鄉邑秩序似乎未能有所改進，大量流民、盜匪的出現，只說明了這些民間團體尙乏回天之力。

漢代豪強勢力滲入官場，不少官吏本身就是豪強。如甯成爲吏，好氣淩人；何顯爲郡吏，不入租，郡縣敬憚之；朱博治郡，令屬縣用豪桀以爲大吏[299]。自宗族觀念快速發展以來，豪族在官吏中更占重要比例，東漢公卿有半數以上來自二代以上的世宦之家[300]，而碑陰題名中，地方大姓與族人任職者甚多，郡縣吏直可說是大族的晉身之階[301]，可見豪強大姓的力量已在相當程度上深入宦途，但這使得本已難治的吏政更不易整頓，因爲非有能以殺伐立威者，豪惡吏不以爲懼，甚至有些官吏還以豪惡吏爲爪牙，百姓就難免不受其害了。如王溫舒素習關中俗，知豪惡吏，豪惡吏盡復爲用；尹齊木彊少文，豪惡吏伏匿不爲治，故事多廢；義縱以猾民佐吏爲治，郡中不寒而慄；尹翁歸及陳咸則以急於豪民，能治黠吏及大姓犯法者而聞名[302]。東漢因請託之風與族勢拓展，豪惡吏在官場中已有盤根錯結之勢，其隱匿容僞，誣害忠良的問題，較西漢嚴重得多。像竇氏、梁氏、宦豎等豪惡力量，竟至奪公主田而不以爲意，鴆殺命官而不知其過，淆亂政事而不明天下何以穢濁[303]。如此豪惡勢力深相倚附官場，欲使吏治澄清，民安樂業，戛戛乎其難也！

豪勢一旦興起，不但紊亂吏治，敗壞朝綱，而且毒流百姓，挫傷民氣，對社會的安定極其不利。所謂：「寧見乳虎，無直甯成之怒」，「寧負二千石，無負豪大家」等語的出現[304]，就是廢亂公法，漁食閭里的證明。豪勢如此囂張，不是靠着幾個撫循良吏，或以威制暴的酷吏就能濟事，就連漢政府用來壓制豪強的遷徙政策，禁止族居，以及監督、打擊等辦法，似乎也未能有效抑其發展[305]。王莽改革失當，旋卽激起各地豪族的強烈反抗，姑不論這些豪族是否曾「爲在所害」[306]，已顯示這股勢力因時長養，愈益強大，不再限於凌橫郡邑，而足以與政府比權抗力。

東漢借豪族之力建立政權，豪族也成爲東漢政治最大的包袱，舉凡宗室、外戚、一般官吏，乃至宦官，莫不與豪族相關，而且豪族的分佈地遍於全國，有的還歷數百年而不衰[307]。這些豪族若不能守法持正，百姓的際遇就著實堪憐。崔寔政論曰：

> 上家累鉅億之資，戶地侔封君之土，行苞苴以亂執政，養刺客以威黔首，專殺不辜，號無市死之子，生死之奉，多擬人主。（全後漢文卷四六）

仲長統昌言損益篇曰：

> 身無半通青綸之命，而竊三辰龍章之服，不為編戶一伍之長，而有千室名邑之役。榮樂過於封君，勢力侔於守令。財賂自營，犯法不坐。刺客死士，為之投命。至使弱力少智

之子，被穿帷敗，寄死不斂，冤枉窮困，不敢自理。（後漢書仲長統傳）

豪族不見得身居高位，但多與政治人物聲息相通，甚至威逼黔首，役使平民之處，絲毫不遜於在位之貪暴者。雖然，豪族在動亂時候易於組成自衛力量，使宗家親屬及閭里老弱歸之以避難[308]，並吸收佃、傭、奴客為其服事勞作，看似可減輕貧困百姓的窘況。但幷兼之害，豪族有以致之；犯法不坐，使小民寃無可申；至於流民的散離郡國，社會的浸浸於亂，豪族縱非禍首，亦使然者也。故漢政府不能克制豪族勢力，應是其政權的一大敗筆。

豪勢陵逼小民最以占田、畜奴為烈，漢人也亟欲解決之，如董仲舒、師丹等的限田議，就是針對貴戚官吏及豪富民的「多畜奴婢，田宅亡限，與民爭利」而來[309]。但因豪惡壓力甚大，限田、限奴卒無結果，而王莽的王田令在豪勢的極力反撲下，也歸於失敗。

東漢自光武帝檢覈墾田，激起郡國大姓、兵長的反叛後[310]，豪族田宅踰制就注定是東漢最難解決的問題。永平年間的度田及建初元年的差為三品，也曾就此努力過[311]，但似乎全無效用，梁冀、侯覽等的多拓林苑，奪民田宅，就是例證。在東漢勢家的淫威下，能有苑康的膽識，從郡內豪姓手中奪還百姓田宅者，實不多見。而劉祐欲依「科品」沒入蘇康、管霸所占之田業林澤，桓帝竟大怒[312]。可見「科品」直如虛設，絲毫沒有約束豪貴的力量，而君主的不明事理，縱容包庇，更使得「膏田滿野，奴婢千群，徒附萬計」的問題[313]，幾乎成為東漢的絕症。

豪人擁財轉轂，辜榷姦利，也同樣會重困黎民。班固謂郡國兼業顓利，以貨賂自行者是「上爭王者之利，下錮齊民之業，皆陷不軌奢侈之惡」，至於其下焉者則「傷化敗俗，大亂之道也」[314]。豪右辜榷很難不發展爲官商勾結，小民生計在此夾擊下，自是倍感艱困。薛宣移書責櫟陽令：「賊取錢財數十萬，給爲非法；賣買聽任富吏，賈數不可知。」[315]就是富豪與官吏相互爲用，盜取官錢，操縱物價的實例。而像王莽改制所用的富賈，「因與郡縣通姦」，百姓愈病[316]，恐怕也不是那個時代獨有的問題。章帝建初元年，詔流人欲歸本者郡縣實稟之，並謂「長吏親躬，無使貧弱遺脫，小吏豪右得容姦妄」[317]，正是擔心小吏豪右相勾結，妄取流人稟給，而特別下的警告。後漢書方術許楊傳：

> 楊因高下形勢，起塘四百餘里，數年乃立，百姓得其便，累歲大稔。初，豪右大姓因緣陂役，競欲辜較在所，楊一無聽，遂共譖楊受取賕賂。（鄧）晨遂收楊下獄，而械輒自解。……卽夜出楊，遣歸。

若非許楊擇善固執，鴻郤陂可能在豪右大姓的辜較姦利下，無法盡復其功。而豪右大姓的競欲包攬工程，豈無賄賂打點之嫌？一旦事與願違，卽共譖許楊受賕。豪右大姓手段之陰毒，漠視百姓之利益，置官府於股掌間，此段文字將其欺上枉下的面貌，描摩得相當深刻。

豪家欺壓小民，幾乎已達無所不爲的境地。蕭望之追憶天漢四年事曰：「常使死罪人入五十萬錢減死罪一等，豪彊吏民請奪假貸，至爲盜賊以贖罪。其後姦邪橫暴，群盜並起。」[318]豪彊奪占假貸爲盜賊贖罪，其泯滅人性，棄饑貧流民於不顧的行爲，令人齒冷。武帝年間流民的救濟不及，安之不易，殆與豪彊吏民的上下其手有關。雖然，豪彊大家之作務「大抵盡收放流人民」[319]，稍可舒解部分貧民的生活壓力，但這些豪家所能聚合的黎民，或許還比不上其所逼出的流民多，如鹽鐵論未通篇文學曰：「大抵逋賦皆在大家，吏正畏憚，不敢篤責，刻急細民，細民不堪，流亡遠去。」大家有意欠稅，令其轉負到小民身上。這些豪強連官府都不敢去招惹，其惡形惡狀又豈是小民能夠招架得住？小民在豪右惡吏的雙重侵凌下，流亡正是其無可奈何中的自保之道。

官吏豪強本多富貴人家，有時還故意向小民放貸，趁機侵吞之。潛夫論斷訟篇：

> 自封君王侯，貴戚豪富，尤多有之，假舉驕奢，以作淫侈，高負千萬，不可償責，小民守門，號哭啼呼，曾無怵惕慙怍，哀矜之意。……或毆擊責主，入於死亡，群盜攻剽，刼人無異。……永平時，諸侯負責，輒有削絀之罰，此其後皆不敢負民，而世自節儉，辭訟自消矣。

吏治嚴明可以遏阻豪勢欺壓小民。西漢不少王侯功臣都因不償人債，恐猲取財而受刑[320]。東漢明帝尚苛察，負債者自然也不敢欺負百姓。反之，若不幸惡吏與豪強狼狽爲奸，則「以贏民之少黨，而與豪吏對訟，其勢得無屈乎」[321]？富貴豪家放貸給貧弱小民，可能原本就不安好心，此舉正與崔寔所言之官府使民爲百工，「設計加以誘來之」[322]，有異曲同工之處。豪貴寧可逋貸營奢侈，忍見小民凍餒號哭而無憐憫之意，其甚者則「毆擊責主，入於死亡」，較之官府的「器成之後，更不與直」，「又云逋直，請十與三」[323]，更令人憤慨。豪貴的囂張，惟賴官府強力處理才能壓制下來。東漢中期以後，這兩股勢力經常交通勾結，使小民寃情更難平反，而借貸之債務可能也不易收回，所謂「上書封租，願且償責」[324]，難保不是豪強的推託手段，而緩急之間，百姓生計何依？故王符以爲「此小民所以易侵苦，而天下所以多困窮也」[325]。侵苦、困窮不正是成爲流民的誘因！

豪勢之可畏，有時更甚於官府，這不僅因其核心勢力常與政治人物往來，與其他豪族犬牙相錯，更在於它有一批以政治或經濟關係依附其上的宗族、奴從、賓客[326]，狐假虎威的欺壓小民。武帝之殺灌夫，應與其宗族賓客爲權利，橫潁川，侵細民，有絕對關係。蓋主、諸霍之奴客，紅陽侯之賓客，張放之奴從及支屬，既然敢置兵拒吏，入市鬥變，或爲盜賊，自然也會乘權勢，暴虐百姓[327]。東漢豪族的依附勢力遠過西漢，宗族、賓客、部曲常是豪族的基本軍隊，奴婢、徒附、下戶是投靠或服役於豪族的勞動者，而門生、故吏中不乏求志屬託，規圖仕進之人[328]。這些依附者當然未必皆頤指氣使於民，甚至他們自己還要俯伏卑事於人[329]，但宗親奴從賓客乘勢放濫，爲害百姓之例，確是史不絕書。如竇氏權威顯赫，奴客緹騎遂「依倚形勢，侵陵小人，強奪財貨，篡取罪人，妻略婦女，商賈閉塞，如避寇讎」；梁冀權寵無極，賓客在道則「乘勢橫暴，妻略婦女，毆擊吏卒，所在怨毒」；而宦豎一旦秉勢專政，「父兄、子弟、婚親、賓客典據州郡，辜榷財利，侵利百姓，百姓之寃無所告訴」[330]。豪族因這些惡勢力而顯得更爲強橫，小民在其欺壓下將如何營其生計？流亡可能是情非得已時的一種選擇。

## 第五節　災荒頻仍

天災是歷史上很普遍的現象，它不獨厚於太平盛世，也非衰亂末世的特產。它可反映人民的抗災蓄藏力，也可考驗政府的應變能力。災荒之可怕在其突然而至，雖有預警，而且傷害力強，災情立見，與一般人事弊端的漸次累積，逐步顯現不同。史記平準書：「漢興七十餘年之間，國家無事，非遇水旱之災，民則人給家足。」即便是國家無事，民生富足，天災的破壞性仍使人常存戒懼。何況漢代這種太平歲月並不多見，若是數災相尋並至，災區範圍廣大，不僅人民的生活旋即發生困難，整個社會也都受到影響，其所併發的流民後遺症，更是難以收拾。鮑宣將「陰陽不和，水旱爲災」，列爲七亡之首㉛，正可以見災荒之於流民的產生有絕對的影響力。

災荒類別甚多，鮑宣所言之「水旱爲災」，只是其中的兩種，此外如蝗螟、地震與山崩、霜雪雹、風災、疾疫等，也是發生頻率較高，災情較重，災區較廣，復原不易的幾項。本文就以此七類來探討災荒與流民的關係。至於火災、大寒、雷震、虎狼等則爲災情較輕的偶發事件，不足深憂，故不備列並論㉜。

漢代的災荒資料簡短而不完整，災區範圍與災情統計不是付之闕如，就是略言數句，很難確切了解各災的實際影響程度㉝。至於資料的疏漏不實，更易使人對漢代的民生狀況產生誤解。漢書魏相傳：「相敕掾史案事郡國及休告從家還至府，輒白四方異聞，或有逆賊風雨災變，郡不上，相輒奏言之。」地方隱匿實情，或爲求取考課績效，但災荒不以時上，賑助牽延不決，只會使災情擴大，問題惡化，對人民更爲不利。東漢吏治甚且不如西漢，官吏謊報僞漏早已不是密聞，殤帝詔：「郡國欲獲豐穰虛飾之譽，遂覆蔽災害。」安帝又詔：「被蝗以來，七年于茲，而州郡隱匿，裁言頃畝。」[334]即點明災荒資料的不實與不全。然而在無可選擇的情形下，兩漢書仍是最重要的資料來源，本文就以兩漢書中災荒資料最周全的本紀與五行志爲準，另加王莽傳，製成甚具參考價值的數據。此種方式雖不能說是極盡搜羅之能事，但已可掌握兩漢災變之大勢[335]。茲列二表如後[336]。

兩漢年數相差不多，東漢各類災荒的次數却遠在西漢之上，一般差距約在二、三倍之間，其甚者則在四倍以上[337]。由下文所論災荒對西漢社會的影響來看，兩漢災變次數差距如此之大，未必表示西漢災荒問題較輕，可能是官方記錄不夠周全，或只採取重點式登錄，多有遺漏而已。

水災是西漢出現次數最多的災荒。水患淹沒地區廣大，不但敗壞官亭廬舍，傷害人命，還毀損農稼，使年穀不登，民食寡乏。西漢自文帝起河水頻年潰決，水患所引起的成群流民，是政府最棘手的難題。元狩四年的山東水災，武帝遣使振貧，募豪人假貸，尙不能相救，乃徙民七十餘萬口於朔方新秦中等地[338]，則被水災重困的流民，必不止遷徙的七十餘萬口。元鼎二年的河災，漫衍二三千里，歲不登數年[339]。以關東稠密的人口，並做爲全國穀倉而言，這次災害所逼出的流民當以數十百萬計。成帝時百川沸騰，江河溢決，其情況較前不稍遜色，所謂「比年喪稼，時過無宿麥，百姓失業流散，群輩守關」[340]，水患就是激起這次流民群的主因。

西漢不僅淫雨災潦特多，區域性的特色也極明顯。若除去發生地不詳的六次水災，在其餘

## 西漢災荒表　附：新莽時期

| 時期 | 帝王 | 水災 | 霜雪雹 | 旱災 | 蝗螟 | 地震與山崩 | 風災 | 疾疫 | 災荒總數 | 有災年數 | 在位年數 | 罹災率（有災/在位） |
|---|---|---|---|---|---|---|---|---|---|---|---|---|
| 西漢早期 | 高帝 | 0 | 0 | 0 | 0 | 0 | 0 | 0 | 0 | 0 | 12 | 0 |
| | 惠帝 | 0 | 0 | 2 | 0 | 1 | 0 | 0 | 3 | 2 | 7 | 0.29 |
| | 高后 | 3 | 0 | 0 | 0 | 1 | 0 | 0 | 4 | 4 | 8 | 0.50 |
| | 文帝 | 4 | 1 | 3 | 1 | 2 | 3 | 0 | 14 | 9 | 23 | 0.39 |
| | 景帝 | 1 | 1 | 2 | 2 | 1 | 0 | 0 | 7 | 6 | 16 | 0.38 |
| | 小計 | 8 | 2 | 7 | 3 | 5 | 3 | 0 | 28 | 21 | 66 | 0.32 |
| 西漢中期 | 武帝 | 6 | 5 | 10 | 10 | 3 | 3 | 0 | 37 | 28 | 54 | 0.52 |
| | 昭帝 | 1 | 0 | 2 | 0 | 0 | 1 | 0 | 4 | 4 | 13 | 0.31 |
| | 宣帝 | 1 | 1 | 2 | 0 | 3 | 0 | 1 | 8 | 7 | 25 | 0.28 |
| | 小計 | 8 | 6 | 14 | 10 | 6 | 4 | 1 | 49 | 39 | 92 | 0.42 |
| 西漢晚期 | 元帝 | 4 | 4 | 1 | 0 | 5 | 0 | 1 | 15 | 8 | 16 | 0.50 |
| | 成帝 | 10 | 3 | 4 | 0 | 7 | 1 | 0 | 25 | 15 | 26 | 0.58 |
| | 哀帝 | 0 | 0 | 1 | 0 | 0 | 0 | 0 | 1 | 1 | 6 | 0.17 |
| | 平帝 | 0 | 0 | 1 | 1 | 1 | 1 | 1 | 5 | 3 | $5^{+3}$ | 0.38 |
| | 小計 | 14 | 7 | 7 | 1 | 13 | 2 | 2 | 46 | 27 | 56 | 0.48 |
| 總計 | | 30 | 15 | 28 | 14 | 24 | 9 | 3 | 123 | 87 | 214 | 0.41 |
| 新莽時期 | | 5 | 6 | 1 | 4 | 2 | 4 | 1 | 23 | 9 | $15^{+1}$ | 0.56 |

# 東漢災荒表

| 時期 | 帝 | 災別：水災 | 霜雪雹 | 旱災 | 蝗螟 | 地震與山崩 | 風災 | 疾疫 | 災荒總數 | 有災年數 | 在位年數 | 罹災率 |
|---|---|---|---|---|---|---|---|---|---|---|---|---|
| 東漢早期 | 光武 | 8 | 3 | 7 | 10 | 1 | 0 | 3 | 32 | 23 | 33 | 0.70 |
| | 明帝 | 2 | 2 | 5 | 4 | 0 | 0 | 1 | 14 | 8 | 18 | 0.44 |
| | 章帝 | 0 | 0 | 5 | 2 | 1 | 0 | 1 | 9 | 7 | 13 | 0.54 |
| | 小計 | 10 | 5 | 17 | 16 | 2 | 0 | 5 | 55 | 38 | 64 | 0.59 |
| 東漢中期 | 和帝 | 7 | 1 | 7 | 4 | 8 | 2 | 0 | 29 | 15 | 17 | 0.88 |
| | 殤帝 | 3 | 1 | 0 | 0 | 1 | 0 | 0 | 5 | 1 | 1 | 1 |
| | 安帝 | 13 | 7 | 14 | 7 | 32 | 11 | 2 | 86 | 19 | 19 | 1 |
| | 順帝 | 4 | 2 | 5 | 2 | 13 | 0 | 1 | 27 | 15 | 19 | 0.79 |
| | 冲帝 | 0 | 0 | 1 | 0 | 0 | 0 | 0 | 1 | 1 | 1 | 1 |
| | 質帝 | 1 | 0 | 1 | 0 | 0 | 0 | 0 | 2 | 1 | 1 | 1 |
| | 小計 | 28 | 11 | 28 | 13 | 54 | 13 | 3 | 150 | 52 | 58 | 0.90 |
| 東漢晚期 | 桓帝 | 8 | 2 | 3 | 5 | 22 | 0 | 3 | 43 | 20 | 21 | 0.95 |
| | 靈帝 | 11 | 4 | 4 | 3 | 10 | 3 | 5 | 40 | 18 | 22 | 0.82 |
| | 獻帝 | 6 | 1 | 3 | 3 | 7 | 1 | 1 | 22 | 11 | 31 | 0.35 |
| | 小計 | 25 | 7 | 10 | 11 | 39 | 4 | 9 | 105 | 49 | 74 | 0.66 |
| 總計 | | 63 | 23 | 55 | 40 | 95 | 17 | 17 | 310 | 139 | 196 | 0.71 |

的二十四次中，關東區就占了十五次㉛。而且一次災變往往遷延數年，則這個農業精華區所受到的傷害，可能較史書的簡略資料所透露的訊息更爲嚴重。黃河自上游高原區挾帶大量泥沙而下，使下游河道壅滯淤淺，宣洩不易㉜，而流經地區氣侯較乾燥，徑流量貧乏，雨量的季節分布與年際變化又大，夏秋汛期水量約占全年的百分之六十以上㉝。春夏之交的上游融雪，奔騰滙注的夏秋暴雨，再加上人們的築堤迫河，引水灌漑，以及肆意斬伐山林，不知保護水土㉞，於是黃河經常泛濫潰決。西漢關東區的十五次水災中，有十一次發生在夏秋兩季㉟。這段時間也正是穀物耘鋤、收穫的季節，水患不僅使田業流失，更因之以饑饉，其後果實不堪設想。

西漢河患的最大問題在於隄塞不易，甚或根本有意不塞河，是以一旦河決，君臣或束手無策，或任其潰溢橫流。武帝元光三年的河決，在二十四年後的元封二年才得塞之㊻。成帝鴻嘉四年的河決，漢書溝洫志曰：「於是遂止不塞。」哀帝初，平當領河堤猶曰：「決河深川，而無隄防壅塞之文。」此下雖然廣徵能治河者，「但崇空語，無施行者」，若再連上平帝時的河、汴決壞，未及得修，以至東漢明帝永平十三年才築堤理渠，則人民所受程度不等的河患威脅，竟綿延八十七年之久㊼。也就難怪西漢會亂、會亡，流民會如此之多了。有學者將王莽敗亡的原因，歸咎於黃河的決堤泛濫。姑不論河決對王莽政權有多大影響㊽，但西漢晚期水患實自成帝而極甚，只因此下政府力弱，諸般問題又雜沓而至，遂無意疏決防治水患，而使兗豫常漭漭，百姓多怨歎。

黃河山陝段及涇渭流域也是著名的暴雨區㊾。西漢關中區的三次大雨，以及兩度崩壞涇岸、壅涇水，大概都由這個原因而來㊿。關中是首都所在地，在政府全力救助下，除了流殺不算太多的人民外，似未看到更重大的災情。但南及西南邊區就不如此幸運，江水、漢水的幾次氾濫，皆造成數千家至萬餘家的流民，更兼黃河水潦有時移至江南，使該區人民也偶然會嚐到顛沛流離之苦[351]。西漢江漢一帶的人口密度甚低[352]，若和關中區比較起來，這樣的災情已不算太輕了。而政府的疏於關注，可能也是流民衆多之一因。

東漢自王景築堤理渠，使河汴分流以來，黃河已相對安流，爲患遠不如西漢嚴重。然而，只要黃河流域融雪與暴雨等自然因素不改，關東區就極易在夏秋之間引發水災。東漢水患中若除去災區不詳者，有百分之八六是發生在關東區，而確知季節者中，有百分之九十是在夏秋二季[353]。則東漢關東區的百姓，應有類似於西漢的問題。後漢書和帝紀永元六年詔：「陰陽不合，水旱違度，濟河之域，凶饑流亡。」水災正是促成人庶流迸的要因。陳忠傳：「霖雨積時，河水涌溢，百姓騷動。」被災百姓能否再安然回歸鄉里，不無疑問。而順帝永建年間的連年災潦，致百姓棄業，流亡不絕；桓帝永興元年的蝗災與河溢，併發數十萬口的流民，皆顯示水災對東漢民生的傷害甚大[354]。自光武帝移都雒陽後，關東就是唯一的核心區[355]，該區的榮枯盛衰，足可衡量政權的穩定性。東漢確知在關東區的三七次水災中，百分之八六發生在中晚期，僅五次出現在早期[356]，這似乎說明王景治河的成效並未經久，但另一方面，東漢中晚期流民日漸其多，適可與水災的密集發生，相互應和。其時吏治腐敗，行政效率低落，前災尚未能善後，百姓還不得安生，後災又已續至。於是小病積久不愈，層層累加，終而釀成大患。東漢流民的愈益衍生，其理當在於此。至於其他三區水災的發生頻率甚低，在規模與災情上也不能與關東相比，故很少看到因水災而導致的大批流民。

霜雪雹是氣溫驟降，空氣中水分凝結程度不同的三種現象。一般來說，霜雪雹之害遠不如水災嚴重，災區也不如水災廣遠，發生次數更不如水災多，但隕霜傷農作，大雪凍餓人民，雨雹傷稼殺人畜，皆所以使禾麥不收，百姓饑寒，流民之患卽隱伏其中矣。如武帝元鼎三年的雨雹，竟致關東郡國十餘饑，人相食。元帝永光元年的秋稼，因雨雪、隕霜而不得收，也使天下大饑。安帝延平元年的大水、雨雹，詔以宿麥不下，賑賜貧人[357]。則雨雹對民食確然造成可觀的影響，可與大水並列爲患，而所賑賜之貧人，已幾乎可視如流民之同類。兩漢災荒中，霜雪雹之災雖不甚搶眼，但對於飽受災難困擾的人民來說，卽使是偶然發生，也已是雪上加霜，禍患連至了。

旱災是與水災不相上下的嚴重問題，它沒有水災來得那麼迅急突然，但久旱不雨使禾麥枯焦，秋種不下，穀貴人流，百姓窮荒，同樣給社會帶來莫大的危機。有學者指出，作物需水愈多，旱災愈會明顯增加[358]。漢代作物以小麥與大豆爲主[359]，其水分利用效率約只有戰國以前的主要農作——小米（粟）的二分之一到三分之一[360]。漢人在河、淮一帶興建陂渠，顯示防旱觀念與制水能力已大有進步，但可能因作物需水量增加，而政府又未必確實注意灌溉系統的疏理，導致旱災的發生頻率似乎較戰國以前或春秋時代高些[361]。

兩漢水旱災的次數相去不遠，對民生的傷害也可能約略相當。從西漢政府禁酤酒、發倉庾、毋出租賦等行徑看，作物殘傷，饑饉困乏，正是久旱的必然結果，而流民盜匪等患則爲其所帶來的後遺症。漢書天文志：「河平元年三月旱傷麥，民食榆皮。」卽此時，「流民入函谷關」。旱災與流民的關連，於此可見。王莽敗亡的天災因素中，久旱應較河決更重要[362]。東觀漢記：

「王莽末年，天下大旱，蝗蟲蔽天，盜賊群起，四方潰畔。」天災激起人禍，人禍抑減政府的處事能力，二者為政權的穩定投下變數，更使苦難的百姓倍受煎熬。

東漢君臣經常議論旱象，旱災的次數也約是西漢的兩倍，尤以早、中期為烈。如章帝建初元年的一次，鮑昱、楊終等傳皆曰：「大旱穀貴」，東平憲王傳則有「年饑人流」，「所被尤廣」等語，章帝詔以「見穀賑給貧人」，「流人欲歸本者，郡縣其實稟」[363]。一次大旱政府已不勝負荷，若連續數次大旱，勢必弄得府藏空竭，窘態畢露。東漢自和帝起旱災頻繁，一連串的稟貸、賞賜、聽入漁採等措施，仍只換得：「黎民流離，困於道路，朕痛心疾首，靡知所濟」[364]。若似安帝永初元年至元初三年的連續十年大旱，百姓的景況就不問可知了。不幸，東漢中期缺乏像昭、宣時代之大力改革與積極安撫，以致旱象雖然自順帝而稍見緩和，流、盜等病象卻未隨之減少，一遇大旱，受災民衆極廣，如陽嘉三年詔：「春夏連旱，寇賊彌繁，元元被害」[365]百姓耐不住旱災與盜寇的雙重威脅，可能有不少人就流離於途。東漢晚期政情惡化，政府更無力顧及生民，後漢書陳蕃傳，桓帝延熹九年上書曰：「青、徐炎旱，五穀損傷，民物流遷，茹菽不足。」若非陳蕃披露，此事將被湮沒，但政府似未採取任何救助行動，則這批流民的命運當是很悲慘的。至於類似狀況是否不再發生，又不得而知了。

黃河流域是兩漢發展的核心區，關中、關東都包含在內。黃河流域的雨量集中在夏秋兩季，冬春兩季比較乾旱，若至夏季再無雨澤滋潤，則可能有旱災發生。兩漢旱災的季節分布顯然偏重在夏秋二季，即表現這項特色[366]。但也有時還等不到雨季來臨，便已鬧起旱災，如永平十八年詔：「自春以來，時雨不降，宿麥傷旱。」章帝建初元年，「冬春旱甚，所被尤廣」。質帝永熹元年詔：「自春涉夏，大旱災赫。」[367]若能降下及時雨，則可使百姓免於流移就食之苦。後漢書曹褒傳：「時春夏大旱，糧穀踊貴，褒到，乃省幷吏職，退去姦殘，澍雨數降，其秋大孰，百姓給足，流冗皆還。」解除旱象和流民問題終究要靠澍雨數降，但這樣的運氣是可遇不可求。

漢代旱災的發生區域頗多不詳。西漢關中區最引人注目的一次是宣帝本始三年的大旱，詔「三輔民就賤者，且毋收事」[368]。可見流民已然出現，政府在設法安置之。關東區規模最大的一次在平帝元始二年，「郡國大旱，蝗，青州尤甚，民流亡」。從政府爲之置縣、起官寺市里、募徙、設宅二百區來看，流亡人數應相當可觀[369]。在東漢二十二次確知地區的旱災中，有十八次是爲特別記錄京師雒陽的旱災而歸入關東區的。旱災一旦發生，常赤地千里，雒陽因地位特殊才加以記載，這個獨特的訊息，或有助吾人據以揣測東漢的主要災區。長江流域的地位至東漢才竄起，但因其雨量豐沛，湖泊有調節水量的功能，漢代開發的程度又不甚高，人民頗多漁採爲業[370]，故引發旱災的機會不大，約至東漢晚期才有較明顯的旱災出現[371]。

蝗災爲害之烈絕不下於水旱等災。蝗螟每於夏秋之際[372]，成群蔽天，飛越郡國，所過之處，五穀不存，野草不生，是百姓極爲惶懼的災害。西漢蝗災的次數不算太多，但百分之七十以上竟在武帝時代，夏侯勝形容其時之景象是：「蝗蟲大起，赤地數千里，或人民相食，畜積至今未復。」[373]蝗螟薦食作物，竟至饑餒者相食的地步，其不堪自殘，而又不願坐以待斃者，只好流冗他處，另謀生機。西漢末及王莽時代是蝗害的另一高峯期。平帝元始二年曾以石㪷受錢，鼓勵人民捕蝗[374]，但王莽時的蝗災仍極普遍，地皇元年詔：「數遇枯旱，蝗螟爲災，穀稼鮮耗，百姓苦饑。」二年，「關東大饑蝗」。三年，莽曰：「枯旱霜蝗，饑饉荐臻，百姓困乏，流離道路。」[375]蝗蟲生於瀕河郡，王莽時自東方漫天而至長安[376]，擾害數年而不息，致使農稼極度虛匱，黃金一斤才易粟一斛[377]。王莽敗亡的天災因素中，蝗災應有重要作用。

東漢早期郡國大蝗，光武帝時尤盛，但從建武二十八年起連續五年的蝗害來看，似乎與王莽末年的蝗災關係不大。由於史料簡略，早期蝗害對民生的影響難以確知，唯鍾離意諫起北宮表云：「豫章遭蝗，穀不收，民饑死，縣數千百人。」[378]蝗害所隱伏的流民危機，東漢早期不應獨免，然其爲害似不如中晚期顯著，或許與其他災變較少，政府處事嚴明，官吏不敢爲大姦有關。東漢中期以後則不然，和帝永元四年、九年與安帝永初七年，因秋稼爲蝗蟲所傷，特詔減免租賦[379]，即可見穀物盡於蝗螟之口，百姓已不能自贍。元初二年安帝深責群臣曰：「被蝗以來，七年于茲，而州郡隱匿，裁言頃畝。今群飛蔽天，爲害廣遠，所言所見，寧相副邪？……其務消救灾眚，安輯黎元。」[380]蝗災年年復發，雖不盡因人謀不臧，但州郡曲爲隱匿災情，使百姓不得救助，則會加重蝗害。安帝詔中「消救灾眚，安輯黎元」，實已清楚表露流民問題的嚴重性。晚期蝗災未必更烈於早、中期，然民生已極凋敝，如何再禁得起無情災荒的摧殘。桓帝永興元年的一次蝗災，雖說還有河溢助虐，已使數十萬戶的百姓流冗道路。次年詔：「五穀不登，人無宿儲。其令所傷郡國種蕪菁以助人食。」[381]人民既失抗災能力，而天災猶未已，人禍又不息，靈、獻之際會出現大批流民群，也就不足爲怪了。

蝗螟常伴隨旱災而至，西漢十四次蝗災中，有五次是與旱災同時發生。王莽地皇年間的「枯旱蝗蟲相因」[382]，更造成饑饉荐臻，百姓死徙流離。在東漢四十次蝗災中，竟有十八次與旱災併發，尤其是安帝永初四年至元初二年間，不僅連續六年旱蝗大作，而且還蔓延至北邊，後漢書西羌傳，羌患轉盛，朝廷刈禾發屋，迫令百姓內徙，「時連旱蝗饑荒，而驅蹙劫略，流離分散，隨道死亡」。元初四年「三公山碑」又曰：「常山相隴西馮君到官，承饑衰之後，……遭離羌寇，蝗旱高我，民流道荒。」[383]乾旱與蝗螟交侵，天災與人禍具烈，東漢的中衰，流、盜問題的大起於此時，已可由此充分反映出來。直到東漢末季，旱蝗穀貴，民相食的困擾，還不時左右軍閥的強弱與動向[384]。旱蝗並湊之驚人威力，自不可小覷。

地震會敗壞官寺民舍，壓殺人衆，還會因山崩地裂，造成水泉涌出或江河壅塞之患。此外，震災也會改變土壤的毛細作用，使地下水源不易上升，對農作的影響頗爲久遠[385]。西漢中晚期地震與山崩較多，宣帝本始四年的一次最爲厲害：「關東四十九郡同日地動，或山崩，壞城郭室屋，殺六千餘人」，宣帝詔：「被地震壞敗甚者，勿收租賦」[386]。房舍毀壞，只好餐風露宿，所損失的財產，也無法從免租賦中收回。師丹傳中哀帝策免詔曰：「變異屢臻，山崩地震，河決泉涌，流殺人民，百姓流連，無所歸心。」紀、志中不載哀帝地震，必有疏漏。而震災之後的「百姓流連，無所歸心」，恐怕已不僅指流民散離道路，還隱有人心向背的意味。漢代晚期禪國讓賢的論調益見普遍，連帝室也無從裁抑，或許與地震頻繁，災異屢生，王朝德衰顯著，流民盜匪紛紛而起，有某種程度的關連。

東漢中期震災驟然劇增，單是安帝一朝的次數就已超越西漢全期。順帝陽嘉元年張衡的候風地動銅儀[387]，應是災異極度頻繁下的思想創作，由此可見史冊記錄激增，並非有意誇大。東漢自和帝元興元年至安帝延光四年間，連續二十一年發生震災，此下直到桓、靈間，仍不斷受地裂山崩的威脅。震災對民生的傷害，農作的毀壞，或許沒有水、旱災來得大，但從政府的幾次賜死者棺錢，勿收租賦來看，其甚者也會造成不少家庭慘劇與社會損失。東漢中晚期震災如此密集，其所衍生的問題或許較史書所透露者要嚴重。

震災的區域分布較其他災害略爲平均。西漢四區的發生率無分軒輊[388]，關東區外，關中的三輔一帶，北邊的河西一帶，南邊的楚地、巴蜀一帶，都有發生。東漢因爲建都雒陽，特別記錄「京師地震」者，就占了關東區近百分之七十的次數[389]，但震災對該區其他地方的影響仍是可以預期的。其他三區也數見山崩地裂，尤以北邊的涼州，南邊的吳越、巴蜀一帶爲多。涼州在震災與羌患肆虐下，人民生活堪虞。南邊因人口日集，災情可能較西漢多些。

風災是兩漢天災中次數較少，規模較小，災害較輕的一種。但有時也會帶給百姓不小的損失，如文帝二年六月：「淮南王都壽春大風毀民屋，殺人。」成帝建始元年：「大風，拔甘泉時中大木十韋以上，郡國被災十四以上，毋收田租。」[390]大風能拔十韋以上大木，自會毀屋傷人，吹壞稼穡。安帝延光元年將風災與水患並列，詔賜壓溺死者錢，並予廬舍壞敗，穀食亡失者食[391]，即可見風災亦會引發流民問題。

漢代疾疫相當盛行，說文：「疫，民皆疾也。」左哀元年傳：「天有災癘。」注：「癘，疾疫也。」後漢書順帝紀永建元年詔：「上干和氣，疫癘爲災。」古人把疾疫視爲使民衆皆生病的災癘，「大儺逐疫」的典禮就是爲了防止惡鬼作祟[392]。鮑宣以「時氣疾疫」爲人民死亡的主因之一[393]，則漢人亦認爲疾疫是由氣候不正而致。實際上，疾疫是因人民身體羸弱，衞生環境不佳，所引發的疾病，甚或是傳染病。後漢書度尙傳：「遇時疾疫，穀貴人饑，尙開倉廩給，營救疾者，百姓蒙其濟。」開倉廩給並無助於治療疾疫，但可以強壯體力，增加對疾病的抗力，故能營救疾者，使百姓蒙其濟。漢代各類天災甚多，不幸而死者，或因家屬尤貧無力葬埋，或因滅戶、客死而不能自收(394)，於是委屍原野，污染環境，製造病源(395)。漢代有金布令，縣官爲備葬具(396)，周禮秋官小行人注引漢法：「一室二尸，則官與之棺也。」但由兩漢政府的三令五申，一再特詔掩埋來看，政令執行不徹底，也會間接助長疾疫的流行。故疾疫雖非天災，其於民生的傷害却不下於任何天災。

兩漢疾疫實較表中所列爲多(397)，文帝後元年詔：「間者數年比不登，又有水旱疾疫之災，朕甚憂之。」景帝後元年、二年間也有大疫(398)。巧的是漢人將三次民疫皆附列於其他天災之後，或與之合稱，似乎漢人已有感於疾疫是天災的後遺症。西漢中期僅宣帝元康二年有一次全國性的疾疫(399)，但兵饑最甚，災變最多的武帝時代，除了數見軍疫外，民疫始終不曾出現過，若非史傳缺略，於理實難讓人信服。西漢晚期的疾疫也較表中所載嚴重得多。漢書元帝紀初元四年詔：「乃者關東連遭災害，饑寒疾疫，夭不終命。」災害與疾疫之密切關係，使上述武帝期之推測更爲合理。災害之後的饑寒困阨，應是元、成以來疾疫的主因，如京房傳：「水旱蝗蟲，民人饑疫。」翼奉傳：「關東大水，郡國十一饑，疫尤甚。」于定國傳：「關東流民饑寒疾疫，已詔吏轉漕，虛倉廩開府臧相振救。」災變易致流民，流民饑寒，易患疾疫，若疾者殞命，生者將更不知所歸，成帝册免丞相薛宣曰：「變異數見，歲比不登，倉廩空虛，百姓饑饉，流離道路，疾疫死者以萬數，人至相食，盜賊並興。」(400)此下直到王莽敗亡，情勢未見有何好轉，平帝元始二年的旱蝗，不僅造成大量流民，還引發嚴重的傳染病，有學者以爲當時政府的「舍空邸第，爲置醫藥」，就是一種隔離治療(401)。隗囂數落王莽的罪狀曰：「饑饉之所夭，疾疫之所及，以萬萬計。其死者則露屍不掩，生者則奔亡流散，幼孤婦女，流離係虜。」[402]饑疫使死者無算，室家破散，所造成的流民，也未必比其他天災少。

承王莽時代之餘緒，東漢早期災疫未息，尤以關東及南邊爲烈[403]，這或許與兩地的災變多，動亂甚，人口雲集有關。此外，牛疫也是此期的特色。明帝因郡國牛疫，使民區種增耕，但以耒耜作區，無需用犂發土。章帝建初元年詔：「比年牛多疾疫，墾田減少，穀價頗貴，人以流亡。」[404]牛疫之影響已及於「人以流亡」的地步，其爲害實不下於水旱等災。自東漢中期，民疫趨烈，這似乎與災異蜂起之勢相應和。和帝時曹褒卽因爲致醫藥，經理饘粥而聞名。安帝時張衡上封事曰：「臣竊見京師爲害兼所及，民多病死，死有滅戶。」[405]東漢政府詔瘞遺骸自安帝起增多，連民間也開始有斂葬遭疫死亡不能自收者[406]，想見其時大疫之盛行。順、桓以下不但諸災並湊，盜寇之禍殺傷百姓更多，於是疾疫之災日甚於前，晚期次數逾於總數一半以上，卽可反映此一趨勢，而張仲景的「傷寒雜病論」成於此時，也決不是偶然的事，其自序曰：「余宗族素多，向餘二百，建安紀年以來，猶未十稔，其死亡者三分有二，傷寒十居其七。」[407]應劭風俗通義怪神篇多言鬼神致病，或因以祈福痊癒，亦是遇時疫癘的表徵。

軍士徵發也極易引起瘴疫，因爲胡地秋冬甚寒，春夏甚風，食糒飲水又重不可勝，故師有疾疫之憂[408]。而北邊戍卒貪利，好以高價出售衣物，使已無私衣的戍卒，軍征時更乏禦寒之物[409]。南州水土溫濕，加有瘴氣，致死亡者十必四五[410]。瘴氣卽瘧蚊傳染之惡性瘧疾[411]，在古代醫藥與病理研究俱不發達時，是一種相當可怕的疫病。漢代軍徵頻繁，軍疫也時有所見[412]，而其影響則如淮南王所言：「親老涕泣，孤子謕號，破家散業，迎尸千里之外。」[413]室家之丁壯既死，老弱之生活備極艱困，所謂「破家散業」，不正是走上流民之途？

一種災荒發生，百姓已有饑窮之虞，若是一年中數災並發，或是連續數年都有災荒，則必田疇荒蕪，穀價踊貴，人用困乏，烝庶離散。表列兩漢一年中災荒次數如下：

| 時期 ＼ 一年中發生次數 | 一次 | 二次 | 三次 | 四次 | 五次 | 六次 | 七次 |
|---|---|---|---|---|---|---|---|
| 西漢早期 | 一五（次） | 五 | 一 | ○ | ○ | ○ | ○ |
| 西漢中期 | 二九 | 一○ | ○ | ○ | ○ | ○ | ○ |
| 西漢晚期 | 一四 | 七 | 六 | ○ | ○ | ○ | ○ |
| 新莽時期 | 二 | 三 | 二 | 一 | 一 | ○ | ○ |
| 東漢早期 | 二三 | 一三 | 二 | ○ | ○ | ○ | ○ |
| 東漢中期 | 一三 | 一一 | 一四 | 三 | 八 | ○ | 三 |
| 東漢晚期 | 一七 | 一九 | 六 | 五 | ○ | 二 | ○ |

兩漢連續數年發生災荒之情形(41)：

| 時期 ＼ 連續發生年數 | 一年 | 二年 | 三年 | 四年 | 五年 | 六年 | 七年 | 八年 | … | 十三年 | … | 二十年 | … | 廿七年 |
|---|---|---|---|---|---|---|---|---|---|---|---|---|---|---|
| 西漢時期 | 三二（次） | 八 | 五 | 三 | 一 | 一 | ○ | ○ | … | ○ | … | ○ | … | ○ |
| 新莽時期 | 二 | ○ | 一 | 一 | ○ | ○ | ○ | ○ | … | ○ | … | ○ | … | ○ |
| 東漢時期 | 一二 | 三 | 五 | 三 | 一 | 一 | 一 | 二 | … | 一 | … | 一 | … | 一 |

西漢情況似較東漢爲佳，但西漢已是：「山東被災，齊趙大饑」，「往年災害多，今年蠶麥傷」，「群災大異，交錯鋒起，……因之以饑饉，接之以不贍」[415]。東漢從這兩種統計資料來看，顯然較西漢的問題嚴重。一年中有四次以上災荒的，密集在東漢中晚期，連續十年以上發生災荒的，也主要在此期。尤其是連續二十七年橫亙整個安帝期，以及永初元年、元初六年、延光元年三次一年七災的記錄，確實給人民帶來無與倫比的衝擊。後漢書陳忠傳：「自（安）帝即位以後，頻遭元二之戹，百姓流亡，盜賊並起。」即表露災變已使社會險象環生，岌岌可危。不幸東漢官吏不能善加撫循百姓，使流民還歸，致盜賊多自立旗號，舉起反政府的大纛，這是西漢末較少見到的。晚期災變狀況也未見減輕，如桓帝紀永興二年詔：「朝政失中，雲漢作旱，川靈涌水，蝗螽孳蔓，殘我百穀，太陽虧光，饑饉荐臻。」人民長期受到天災與惡政的折磨，又不見任何改善迹象，桓、靈以下災荒縱然已稍稍緩和，也不足以平息極度高漲的人怨，而東漢政權終以此敗亡。

## 注釋

① 漢書卷二七中之上，五行志，頁一三六八；後漢書卷七八，宦者張讓傳，頁二五三六；漢書卷五二，田蚡傳，頁二三八〇；卷八一，張禹傳，頁三三四九；後漢書卷二三，竇憲傳，頁八一二；卷三四，梁冀傳，頁一一八二。

② 「禁民二業」可以有兩種說法，一爲賈人不得名田妨農，一爲賈人不得仕宦爲吏。漢書食貨志：「高祖乃令賈人不得衣絲乘車，重租稅以困辱之。孝惠、高后時，爲天下初定，復弛商賈之律，然市井子孫亦不得爲官吏。」是賈人不得爲吏。而武帝因財用匱乏，採取抑商措施，規定：「賈人有市籍，及家屬，皆無得名田以便農。」（食貨志）是賈人不得名田。後漢書桓譚傳：「先帝禁人二業，錮商賈，不得仕宦爲吏。」但由通段文字看來，此處的「禁人二業」可指商賈不得爲吏，亦可指商人不得妨農，而與下句「錮商賈，不得仕宦爲吏」對稱。又，劉般傳「禁民二業」，註云：「謂農者不得商賈也。」是賈人不得名田，與農人爭利。文苑黃香傳：「田令『商者不農』，王制『仕者不耕』，伐冰食祿之人，不與百姓爭利。」故所謂「禁民二業」，可兼二種情形，漢書哀帝紀詔曰：「賈人皆不得名田、爲吏，犯者以律論。」即並論之。

③ 後漢書卷一下，光武帝紀，頁六六。

④ 有關兩漢的限田之議，王莽的王田政策，以及東漢學者的井田說，見：堀敏一，均田制研究，（台北，弘文館出版社，民國七五年），頁一七—二四，三一—三九；李劍農，先秦兩漢經濟史稿，（台北，華世出版社，民國七〇年），頁三〇三—三〇六。

⑤ 漢書卷六，武帝紀，頁一八〇；卷七〇，陳湯傳，頁三〇二四；卷七七，孫寶傳，頁三二五八。

⑥ 後漢書卷七八，宦者侯覽傳，頁二五二三；卷六七，黨錮劉祐傳，頁二一九九。

⑦ 鹽鐵論集釋，（台北，廣文書局，民國六四年），卷三，園池篇，頁六八。

⑧ 漢書卷九九中，王莽傳，頁四一一一。

⑨ 漢書卷九九下，王莽傳，頁四一七五—四一七六。

⑩ 後漢書卷四九，仲長統傳，頁一六五六。

⑪ 後漢書卷三四，梁冀傳，頁一一八二；卷七八，宦者侯覽傳，頁二五二三。

⑫ 有學者認爲，農民因可自地主處分租土地，所以土地兼并並非導致流民的主因。筆者亦以爲土地兼并的問題似不宜過分誇大，但農民可分租土地之事，則不宜過分樂觀，土地之廢置、轉用等因素亦當考慮進去。上述說法見：Cho-yun Hsu, *Han Agriculture: The Formation of Early Chinese Agrarian Ecomomy* (206 B. C.- A.D. 220), (Seattle: University of Washington Press, 1980), p. 142, 150-151.

⑬ 君主對私人土地有干涉之權，並可借傳統思想爲基礎來矯正占地弊端。此種說法見：唐長孺，「西晉戶調式的意義」，頁二一—四；揚聯陞著，陳國棟譯，「晉代經濟史釋論」，收入：國史探微，頁三一二—三一三。

⑭ 漢代公田來源甚多，有關這方面的討論，見：許倬雲，「漢代的精耕農作與市場經濟」，頁五四七—五四八；鄒紀萬，兩漢土地問題研究，頁六二—六三；賀昌群，「論兩漢土地占有形態的發展」，頁一五八，及「漢唐間封建國家土地所有制和均田制」，頁二八八。

⑮ 漢書卷六五，東方朔傳，頁二八四七；三輔黃圖，（四部叢刊續編本），卷四，上林苑條，頁一。杜、鄠間地價畝一金，見：漢書卷九八，元后傳注引孟康語，頁四〇二四。

⑯ 漢書卷五七上，司馬相如傳，頁二五七五。

⑰ 後漢書卷二四，馬援傳，頁八三一；卷四四，張禹傳，頁一四九九；東觀漢記，卷二〇，楊賜傳，頁一—二。

⑱ 賀昌群以爲，此處之「以口量地」是政府計口量給土地，所予之土地乃國有地。但筆者認爲，「以口量地」不應指狹隘的公田賦民，而是指每人或每戶之平均土地。賀氏說法見：「漢唐間封建國家土地所有制和均

田制」，頁二八七。

⑲ 由詔書來看，文帝將民食寡乏的原因歸咎於以末害農，酒醪靡穀，六畜食衆。而賈誼、晁錯則復強調兵旱相乘。劉向追述前史時，亦有同感。見：漢書卷二四上，食貨志，頁一一二九、一一三五；風俗通義，卷二，正失篇，頁一四一八—一四二一。

⑳ 漢書卷七二，鮑宣傳，頁三〇八八。

㉑ 漢書卷八九，循吏王成傳，頁三六二七；華嶠後漢書，（七家後漢書本），卷一，劉般傳，頁五二一。後漢書劉般傳則謂與「奪田」同罪。後漢書卷四，殤帝紀，頁一九八。

㉒ C.O. Hucker 認爲少報是普遍現象，一因有助地方減少稅役，二因分家、移民、新地區的開放等因素，使統計不會精確。見：Charles O. Hucker, *China's Imperial Past; An Introduction to Chinese History and Culture*, p. 171. 這些因素確會影響戶口統計，但漢代地方官吏刻意增報戶口，也是另一種事實。

㉓ 農業成長爲廣泛性成長(extensive growth)，即生產與所得總額大幅上升時，每人平均所得可能無顯著變動。見：王業鍵，「近代中國的農業成長及其危機」，近史所集刊，七期，（民國六七年），頁三五五—三六一。

㉔

| 年代 | 戶數 | 墾田數 | 每戶平均畝數 | 資料來源 |
|---|---|---|---|---|
| 平帝元始二年 | 一二、二三三、〇六二戶 | 八百二十七萬五百三十六頃 | 六七．六畝 | 漢書地理志 |
| 和帝永興元年 | 九、二三七、一一二戶 | 七百三十二萬一百七十頃八十畝一百四十步 | 七九．二畝 | 伏侯注 |
| 安帝延光四年 | 九、六四七、八三八戶 | 六百九十四萬二千八百九十二頃十三畝八十五步 | 七二．〇畝 | 伏侯注 |
| 順帝建康元年 | 九、九四六、九一九戶 | 六百八十九萬六千二百七十一頃五十六畝一百九十四步 | 六九．三畝 | 伏侯注 |

| | | | | |
|---|---|---|---|---|
| 沖帝永嘉（憙）元年 | 九、九三七、六八〇戶 | 六百九十五萬七千六百七十六頃二十畝百八步 | 七〇・〇畝 | 伏侯注 |
| 質帝本初元年 | 九、三四八、二二七戶 | 六百九十三萬一百二十三頃三十八畝 | 七四・一畝 | 伏侯注 |

㉕ 趙岡、陳鍾毅，中國經濟制度史論，（台北，聯經公司，民國七五年），頁三八八—三九一；趙岡，「中國歷史上的城市人口」，食貨月刊（復刊），十三卷三、四期合刊，（民國七二年），頁一七—一九。

㉖ 兩漢的人口增加率，各家說法不一。葛劍雄就西漢各期之變動情形來看，認爲平均年增率約在千分之六至七。許倬雲就漢初十九個封國及西漢後半期三郡來觀察，認爲人口平均增加率是千分之十六。趙岡以爲，千分之十左右才是較合理的增加率。雖然三說各有所見，但葛氏只就西漢立論，許氏以漢初十九郡國爲重點，而漢初十九郡國人口增加率的差距甚大，難以爲準。至於西漢後半期三郡及東漢初期的人口增加率，若剔除過分偏高不可信者，大約皆在千分之十上下，故本文此處姑取趙氏千分之十之率。各說分見：葛劍雄，西漢人口地理，第二章～第五章；許倬雲，「漢代的精耕農作與市場經濟」，頁五四六；Cho-yun Hsu, ***Han Agriculture*, pp. 16-20, p. 150.** 趙岡、陳鍾毅，中國土地制度史，（台北，聯經公司，民國七一年），頁一三〇—一三四；趙岡，「中國歷史上人口壓力的問題」，中研院經濟所經濟論文，九卷一期，（民國七〇年），頁三五—三七。

㉗ 谷霽光，「漢唐間『一丁百畝』的規定與封建占有制」，收入：中國社會經濟史參考文獻，頁三一〇註五；堀敏一，均田制研究，頁一四—一五。

㉘ 漢書卷二四上，食貨志，頁一一三二；卷七二，貢禹傳，頁三〇七三；卷八七上，揚雄傳，頁三五一三；翁方綱，兩漢金石記，（石刻史料叢書），卷一一，「校官碑」，頁一八b。

㉙ 見附表二。

㉚ 史記卷一二九，貨殖列傳，頁三二六六、三二七〇；鹽鐵論集釋，卷三，未通篇，頁七四。

㉛ 見附表二。

㉜ 漢書卷四〇，陳平傳，頁二〇三八；陳直，「西漢屯戍研究」，頁五一；漢書卷九〇，酷吏甯成傳，頁三六五〇；黃盛璋，「江陵鳳凰山漢墓簡牘及其在歷史地理研究上的價值」，文物，一九七四年六期，頁七一—七二；弘一，「江陵鳳凰山十號漢墓簡牘初探」，文物，一九七四年六期，頁八一—八二；謝雁翔，「四川郫縣犀浦出土的東漢殘碑」，文物，一九七四年四期，頁六八。

㉝ 全後漢文，卷八八，頁九五〇。

㉞ 姚鼐認為，古人計米以石，計粟以斛，李悝之粟百五十石，即晁錯之米百石。見：王先謙，漢書補注，（國學基本叢書），卷二四上，食貨志，頁二〇〇八—二〇〇九。陳槃則以為漢人無論計粟或穀，都可以石，並非計米用石，計粟用斛，見：漢晉遺簡識小七種，「大石、小石」條，頁四六a。

㉟ 漢書卷二四上，食貨志，頁一一三九。

㊱ 許倬雲認為東漢生產力較西漢高些，許氏由房舍、水井、囷倉、器皿、農具、耕作方式等方面來做判斷。鄒紀萬根據同樣資料，認為此例具有特殊性，而西漢倉舍未必就比東漢小，西漢政府對農業改良、水利灌溉等的重視，也未必不如東漢少數良吏、局部地區的改善。現今這方面的研究尚不深入，還難從少數資料中遽下結論。若僅就仲長統畝收三斛來看，兩漢生產力似相去不遠。許氏說法見：Cho-yun Hsu, *Han Agriculture*. pp. 127-128. 商榷意見請參考：鄒紀萬，兩漢土地問題研究，頁二〇九—二一〇。

㊲ 有些學者所用以估計兩漢生產力的資料不甚正確，如安作璋「關於西漢農業生產的幾個問題」一文即是。葛劍雄已逐一批駁之。分別見：安作璋，漢史初探，（上海，學習生活出版社，一九五五年），頁四〇—四一；葛劍雄，西漢人口地理，頁五七—五八。

㊳ 漢書卷二四上，倉貨志，頁一一三九。對同一條資料，勞榦與谷霽光有不同的算法與解釋，但所估計之畝產量，均較平均生產力為低。見：勞榦，居延漢簡考證，頁五三；谷霽光，「漢唐間『一夫百畝』的規定

與封建占有制」，頁三〇〇。

㊴ 劉徽注，李淳風注釋，九章算術，（叢書集成簡編本），卷三，衰分篇，頁四四。

㊵ 史記卷一二九，貨殖列傳，頁三二七二；後漢書卷四四，張禹傳，頁一四九八。東觀漢記張禹傳引文與後漢書有異：「墾田四千餘頃，得穀百餘萬斛。」則畝收約二石半。東觀漢記可能有誤，因畝收二・五石尚不足中田之平均生產力，與表彰張禹通渠灌溉之文意不合，故此處後漢書說法較可靠。區田法的畝產量隨田地美惡，農技高低，耕種類別，而有極大差異，見：石聲漢，氾勝之書今釋，（北京，科學出版社，一九五六年），頁四二—四九；賈思勰，齊民要術，（國學基本叢書），卷一，種穀篇，頁一〇—一一。

㊶ 後漢書卷七六，循吏秦彭傳，頁二四六七。

㊷ 趙岡認爲，馬爾薩斯人口論的缺點，在以平均數量解釋人口過剩的問題，而現代經濟學以邊際數量來分析，亦卽等到勞動力的邊際產量落到只夠應付維生的最低消費水平時，人口與勞動力總量便都達到飽和點，超過此點卽過剩勞動力與過剩人口。見：「中國歷史上人口壓力的問題」，頁三〇—三二。

㊸ 後漢書卷四，和帝紀，頁一九二。

㊹ 全後漢文，卷四六，頁七二六；後漢書卷四九，仲長統傳，頁一六五六。

㊺ 後漢書卷三，章帝紀，頁一五四。

㊻ 見附表二、乙。安平國的人口密度勞表僅六六・二，與本表核算差距甚大，可能是勞表的土地面積有誤所致。安平國大約卽是西漢的信都國，查附表二、甲，其土地面積與人口密度都與安平國不甚符合，故安平國之數據難以採信，此處暫不計入。

㊼ 後漢書卷五七，劉陶傳，頁一八四七。

㊽ 漢人重視家庭副業及農閒時工作，循吏如黃霸、龔遂、王景、崔寔、仇覽等人，或教民事蠶織，作紡績，或爲之制科令，定果菜雞彘之數，以助農民拓展生計。漢代的家庭副業及農閒時工作，許倬雲稱爲「Z」類活動，見：「漢代的精耕農作與市場經濟」，頁五五五；又，「漢代的市場化農業經濟」，思與言，十

二卷四期，（民國六三年），頁二三；*Han Agriculture*, pp. 129-133.

㊾ 漢人在平時除了殖穀維生，也要靠漁採蔬食補其不足，甚或無田之人就根本賴此度日。晁錯入粟拜爵疏中，已將「山澤之利未盡出」與「生穀之土未盡墾」並列，視爲同等重要（漢書食貨志）。汝南鴻隙大陂壞，枯旱時，人民就只有食豆飯芋魁（翟方進傳）。王莽之亂起，荊揚之民率依山澤爲生，以漁採爲業（王莽傳）。兩漢之際軍食乏，軍士皆以豆粥麥飯果實棗栗充饑（後漢書馮異、鄧禹傳）。

㊿ 史記卷一二九，貨殖列傳，頁三二六六、三二七〇。

(51) 後漢書卷六三，李固傳註，頁二〇八九；卷八三，逸民梁鴻傳，頁二七六五。

(52) 漢書卷四〇，陳平傳，頁二〇三八；卷二六，天文志，頁一三一〇；後漢書卷三五，曹褒傳，頁一二〇五；卷六六，陳蕃傳，頁二一六六。

(53) 漢書卷九，元帝紀，頁二九〇。

(54) 漢書卷二四上，食貨志，頁一一二八；鹽鐵論集釋，卷一，本議篇，頁六；漢書卷七二，貢禹傳，頁三〇七五。

(55) 蕭璠，「關於戰國秦漢分配理論的一些初步考察」，收入：第二屆中國社會經濟史研討會論文集，（漢學中心叢刊，民國七二年），頁一五八。

(56) 漢書卷二四下，食貨志，頁一一五三、一一六二。

(57) 漢書卷二四下，食貨志，頁一一七五。

(58) 漢代抑商原因很多，如末業不能爲衣食之源；商人生活奢侈，有害淳樸風俗；商業的勞動強度小而利益大，若聽其自然發展，將致農商人口比例失調；政府爲直接控制資源，確保政府權威及社會安定，以免商人擴大；政府有責任調節市場，穩定市價，不使形成壟斷，以助百姓生活。漢代的抑商措施，或從經濟、稅務、法律、政治意識等方面直接打擊商人，或以平價、專賣、官府工業等方式控制、取代商業機能。有關漢代抑商的原因與措施，可參考：高敏，「試論漢代抑商政策的實質」、「秦漢時期的重農思想蠡測」，收入：

秦漢史論集，頁一五九—一六九，一三八—一四二；李劍農，先秦兩漢經濟史稿，頁一八六—一八八；鄒紀萬，秦漢史，（台北，衆文書局，民國七三年），頁一六七—一六九；又，兩漢土地問題研究，頁五六—六一；趙岡，「中國歷史上的城鎮與市場」，食貨月刊（復刊），十三卷五、六期合刊，（民國七二年），頁四〇—四一；Cho-yun Hsu, *Han Agriculture*, pp. 39-41. C. O. Hucker, *China's Imperial Past*, pp. 187-191. Nancy Lee Swann, *Food and Money in Ancient China*, (New Jersey: Princeton University Press, 1950), pp. 61-70.

59 趙岡，中國土地制度史，頁一八八—一九一；又，「中國歷史上的城鎮與市場」，頁四三；Cho-yun Hsu, *Han Agriculture*, pp. 41-42.

60 漢書卷五九，張安世傳，頁二六五二；後漢書卷三二，樊宏傳，頁一一一九；崔寔著，石聲漢校注，四民月令，（北京，中華書局，一九六五年），頁一—七八。

61 許倬雲，「漢代的市場化農業經濟」，頁二一一—二三；又，「漢代的精耕農作及市場經濟」，頁五五五—五五六；楊聯陞，「從四民月令所見到的漢代家族的生產」，食貨半月刊，一卷六期，（民國二四年），頁八一—一一；趙岡，中國土地制度史，頁二七七—二七九；鄒紀萬，兩漢土地問題研究，頁二三三—二三五；邱漢生，「從四民月令看東漢大地主的田莊」，歷史教學，一九五九年十一期，頁一三—一五；Cho-yun Hsu, *Han Agriculture*, pp. 134-135, 152-153.

62 拙著，「東漢的關中區」，頁二三—二五。

63 Ying-shih Yü, *Trade and Expansion in Han China*, (Berkeley and Los Angeles: University of California Press, 1967), ch. 5-7.

64 後漢書卷四九，王符傳，頁一六三三；仲長統傳，頁一六四八。

65 鄒紀萬，兩漢土地問題研究，頁二五一—二五二；Ying-shih Yü, *Trade and Expansion in Han China*, pp. 215-216.

(66) 如漆俠等就以爲東漢的社會生產力在下降和萎縮，見：秦漢農民戰爭史，頁一四四—一四五。

(67) 李劍農，先秦兩漢經濟史稿，頁一八五—一八七；鄒紀萬，兩漢土地問題研究，頁二四七—二四八，二五〇—二五一。

(68) 後漢書卷一下，光武帝紀，頁六七；續漢書卷二八，百官志五，頁三六三三。

(69) 勞榦，「漢代黃金及銅錢的使用問題」，收入：勞榦學術論文集甲編，頁一三一一—一三一三。

(70) 後漢書卷六六，陳蕃傳，頁二一六二。

(71) 後漢書卷四三，朱暉傳，頁一四六〇；卷五七，劉陶傳，頁一八四五—一八四六。

(72) 謝承後漢書，（七家後漢書本），卷四，皇甫嵩傳，頁一三〇；後漢書卷五七，劉陶傳，頁一八四二。

(73) 各家對自然經濟的解釋不盡相同，爭點在於絕對說或相對說。全漢昇認爲社會中雖然同時有物物交換、貨幣及信用三者存在，但在同期內較占優勢的往往只有一個，故可從三者的比重來判斷社會屬於那一階段。就此觀點而言，漢末至安史亂前後，自然經濟在中國較占優勢。此說法見：「中古自然經濟」，收入：中國經濟史研究，（香港，新亞研究所，民國六五年），頁一—一三。

(74) Cho-yun Hsu, *Han Agriculture*, pp. 151-152.

(75) 商業資金流向農村的利弊得失，以及商業可吸收農村過剩人口，見：趙岡，中國土地制度史，頁一八八—一八九；Cho-yun Hsu, *Han Agriculture*, P. 43.

(76) 漢書卷七二，鮑宣傳，頁三〇八八。

(77) 漢代田租的徵收方式，或依頃畝，或依產量，或二者兼顧，並不很一致。有關這方面的討論可參考：高敏，「秦漢史雜考十二題—漢代田租系按畝產量征收稅」，收入：秦漢史論集，頁三八三—三八五。

(78) 李劍農，先秦兩漢經濟史稿，頁二六八—二七一。

(79) 鹽鐵論集釋，卷三，未通篇，頁七七。

(80) 後漢書卷二三，劉隆傳，頁七八〇。

⑧① 後漢書卷三九，劉般傳，頁一三〇五；卷四，殤帝紀，頁一九八。

⑧② 王毓銓，「『民數』與漢代封建政權」，頁二二四。

⑧③ 特殊情形如漢書惠帝紀六年令：「女子年十五以上至三十不嫁，五算。」應劭註曰：「漢律，人出一算，算百二十錢，唯賈人與奴婢倍算。」王莽傳：「一切調上公以下諸有奴婢者，率一口出錢三千六百。」也是較特殊的情形。

⑧④ 漢書食貨志引晁錯上文帝疏曰：「今農夫五口之家，其服役者不下二人。」此服役者可能指力能事農者，也可能指傅籍應役者。漢代算賦起徵之年是十五歲，若服役者是指傅籍應役，則儘管役年前後三變，都仍在十五歲以上，需繳算賦。又食貨志有：「農民戶人已受田，其家衆男爲餘夫，亦以口受田如比。」餘夫爲「其家衆男」，是否在「服役者不下二人」之中，並不確定。但五口之家在正常情況下，夫妻二人皆需納算賦，若另有「餘夫」，則納者當不止二人，故此處姑且以二至三個成人計之。如以兩人納算，餘計口錢，則應輸貲三〇九錢；如三人需算，餘交口賦，則總計有四〇六錢。有關漢代役年的演變，見：王毓銓，「『民數』與漢代封建政權」，頁二二八。「餘夫」之討論可參考：堀敏一，均田制研究，頁一四—一五。

⑧⑤ 史記卷一二九，貨殖列傳，頁三二五六。平歲穀價一般在三十至八十錢之間，漢書食貨志中李悝就以「石三十」來估算。勞榦則認爲，西漢市價約七、八十錢，東漢約百錢。但東漢穀價有不少記錄也在石三十至八十錢間，如金石萃編卷十四「李翕西狹頌」，粟麥一斗五錢；卷十七「白石神君碑」，也是粟一斗五錢；華陽國志卷四南中志，益州米一斗八文；後漢書虞詡傳，粟石八十即家給人足。這些事例雖較特殊，但若謂東漢穀物的市價一般較高，仍需有進一步的證明。勞氏說法見：居延漢簡考證，頁五七—五九。

⑧⑥ 影響穀物價格波動的原因，見：劉翠溶、費景漢，「清代倉儲制度功能初探」，中研院經濟所經濟論文，七卷一期，（民國六八年），頁二—五，八—一二。

⑧⑦ 漢書卷七，昭帝紀，頁二二八、二三二。

⑧⑧ 趙岡認爲，漢代的人頭稅是一種稅負重而又高度累退的租稅結構。見：中國土地制度史，頁一八〇—一八二。

⑧⑨ 漢書卷七二，貢禹傳，頁三〇七五。

⑨⓪ 不擧正月五月子見：王充，論衡，（四部叢刊正編本），卷二三，四諱篇，頁二二七。百姓貧困，生子輒殺之事見：後漢書卷六七，黨錮賈彪傳，頁二二一六；卷七七，酷吏王吉傳，頁二五〇一；謝承後漢書，卷七，宗慶傳，頁二〇五。

⑨① 漢書卷七，昭帝紀，頁二三〇。

⑨② 此處食量依食貨志李悝之言「人月一石半」估之。

⑨③ 趙岡、陳鍾毅，中國歷史上的勞動力市場，（台北，台灣商務印書館，民國七五年），頁二一二—二一四。

⑨④ 全後漢文，卷四六，頁七二六。

⑨⑤ 漢書卜式傳：「賜式外繇四百人。」蘇林註曰：「外繇謂戍邊也。一人出三百錢，謂之過更。式歲得十二萬錢也。」蘇林意謂更賦一人年出三百，似有誤解。由漢簡所見，戍卒的廪食、衣物、器用等皆由公家供給，若過更錢年僅三百，則政府補貼過鉅，而役者可能因代役的負擔較輕，不願親身服役，造成役源短缺。

⑨⑥ 雇更錢每月的負擔較過更錢爲重，可能是因更卒調換頻繁，而且就近郡縣，地方官不鼓勵雇人代役，代役錢也提得較高。而歲更之屯戍，政府只需負擔戍卒之衣食用物，不必直接付給雇錢，故過更錢較雇更錢輕。但代役者一年的總負擔，仍相當可觀。

⑨⑦ 如錢穆即以田租、算賦、更賦爲漢代財政收入的主要項目。見：秦漢史，（台北，東大圖書公司，民國七四年），頁一七六。

⑨⑧ 荀悅，漢紀，（國學基本叢書），卷八，文帝紀，頁七〇。

⑨⑨ 鹽鐵論中御史與文學之爭，其中含有儒家藏富於民，與法家藏富於國的原則性爭論。見：徐復觀，「鹽鐵論中的政治社會文化問題」，收入：兩漢思想史，卷三，（台北，台灣學生書局，民國六八年），頁一三七—一四三。

⑩⓪ 漢書卷五八，兒寬傳，頁二六三〇。

(101) 如漢初賈誼早已有此看法，其上陳政事疏曰：「大臣特以簿書不報，期會之間，以爲大故。」

(102) 漢書卷七一，于定國傳，頁三〇四三—三〇四四。

(103) 漢書卷八四，翟方進傳，頁三四二三。

(104) 同上註。

(105) 漢書卷二四上，食貨志，頁一一四三。

(106) 漢書卷九九下，王莽傳，頁四一五〇，四一五六—四一五七。

(107) 後漢書卷一下，光武帝紀　頁七四。

(108) 後漢書卷三，章帝紀，頁一三二。

(109) 後漢書卷四三，朱暉傳，頁一四六〇。

(110) 蠲除實傷主要指減免租賦，詳見本書第四章第二節。但有時也據以賜錢收斂，如順帝永建三年正月詔：「實覈傷害者，賜年七歲以上錢，人二千；一家被害，郡縣爲收斂。」

(111) 桓帝延熹八年、靈帝中平二年，皆令畝斂稅錢。陸康傳謂欲鑄銅人，宦者張讓傳謂以修宮室，是皆作無用之物也。

(112) 後漢書卷五一，陳龜傳，頁一六九二—一六九三。

(113) 漢書貨殖傳：「秦漢之制，列侯封君食租稅，歲率戶二百。千戶之君則二十萬，朝覲聘享出其中。」即戶賦也。馬端臨通考戶口考疑口賦之外又有戶賦（卷一〇，頁八a—八b）。但張鵬一則以爲，漢代絕無既給口算，又出戶賦之理。見：漢律類纂，收入：中國法制史料，第二輯第一冊，（台北，鼎文書局，民國七五年），頁六二一。列侯食封的方式是始以戶計，後戶益息，在其封域內者，例得兼食，即錢氏考異：「要以封界之廣狹，定租入之多寡，不專以戶爲定也。」有關之討論見：王恢，漢王國與侯國之演變，（台北，國立編譯館，民國七三年），頁三七六。

(114) 漢代蠻夷輸賦，情況並不一致。漢書食貨志，武帝置初郡十七，「以其故俗治，無賦稅」。後漢書南蠻傳板楯蠻：「高祖爲漢王，發夷人還伐三秦，……不輸租賦，餘戶乃歲入賨錢，口四十。」黔中蠻：「漢興，改爲武陵，歲令大人輸布一匹，小口二丈，是謂賨布。」明帝與哀牢夷約，「邑豪歲輸布貫頭衣二領，鹽一斛，以爲常賦」。巴蠻自秦惠王時，君長出賦、義賦，民戶出幏布、雞羽，漢興，一依秦時故事。又後漢書循吏衞颯傳：「先是含洭、湞陽、曲江三縣，越之故地，武帝平之，……習其風土，不出田租。……（衞颯）役省勞息，姦吏杜絕，流民稍還，漸成聚邑，使輸租賦，同之平民。」可見蠻夷租賦狀況因時因地而異，未必皆無賦稅。有時蠻夷還因租賦過重或收稅不均而起兵反叛，如隸釋「車騎將軍馮緄碑」：「南征武溪蠻夷……等，斬首萬級，沒溺以千數，降者十萬人，收逋賨布卅萬匹，不費官財。」可能這場戰爭就是爲賨布過重，拒不繳納而起。後漢書南蠻傳：「和帝永元十三年，巫蠻許聖等以郡收稅不均，懷怨恨，遂屯聚反叛。」蠻夷賦稅問題，顯然並不單純。

(115) 漢書卷二四上，食貨志，頁一一三五。

(116) 爲應付武帝廣大的財政需要，才有桑弘羊等之財經政策，欲以政治控制來增加政府收入，其中，某些項目初置之用意未必不善，如均輸、平準是也。有關武帝財政政策設置之用意，見：徐復觀，「鹽鐵論中的政治社會文化問題」，頁一三二一—一五五。

(117) 鹽鐵論集釋，卷六，水旱篇，頁一九〇—一九一；卷一，本議篇，頁九；漢書卷二四下，食貨志，頁一一七〇；卷九六下，西域傳，頁三九二九。

(118) 漢書卷二四上，食貨志，頁一一三二。

(119) 漢書卷二四下，食貨志，頁一一七五。

(120) 漢書卷二四下，食貨志，頁一一七四。政府用費仰給於大農，武帝用度不足，大農以均輸等法徵調於民以助賦，如漢書食貨志：「初郡又時時小反，殺吏，漢發南方吏卒往誅之，間歲萬餘人，費皆仰大農，大農以均輸調鹽鐵助賦，故能澹之。」但轉輸僦費甚高，大農仍需取足於民，食貨志：「天下賦輸或不償其僦費，乃請置大農部丞數十人，分部主郡國，各往往置均輸鹽鐵官。」

(121) 漢書卷七二，貢禹傳，頁三〇七六；卷八五，谷永傳，頁三四六〇、三四七一；卷七二，龔勝傳，頁三〇八一。

(122) 漢書卷八五，谷永傳，頁三四七〇。

(123) 漢書卷七二，鮑宣傳，頁三〇八七。

(124) 後漢書卷一三，隗囂傳，頁五一七。

(125) 漢書卷九九下，王莽傳，頁四一五〇—四一五一。

(126) 後漢書卷五一，龐參傳，頁一六八八；卷六二，荀爽傳，頁二〇五五；卷三四，梁冀傳，頁一一八一；卷三一，陸康傳，頁一一一三；卷七八，宦者張讓傳，頁二五三五；三國志卷八，公孫瓚傳註引魏書，頁二四一。

(127) 後漢書卷七八，宦者呂強傳，頁二五三二。

(128) 調度與貢獻時或混同，如後漢書皇后紀，鄧太后詔省宮中諸用物，「其蜀、漢釦器九帶佩刀，並不復調」。但由漢書貢禹傳來看，服官、工官都是由齊、蜀等地歲貢物料於朝廷，並非臨時性的調度。可能因東漢調度頻繁，與歲貢相混，又皆出自百姓，遂無所別。

(129) 漢書卷一下，高帝紀，頁七〇—七一。

(130) 可參考：王毓銓，「『民數』與漢代封建政權」，頁二二五—二二七。

(131) 後漢書卷一下，光武帝紀，頁六〇；卷四，和帝紀，頁一九四。

(132) 鹽鐵論集釋，卷一，本議篇，頁七；漢書卷七二，貢禹傳，頁三〇七〇。

(133) 漢書卷五九，張湯傳，頁二六四一。

(134) 漢書卷二四下，食貨志，頁一一八五。

(135) 漢紀，卷五，惠帝紀，頁四八。

(136) 漢書卷九九中，王莽傳，頁四一四三；卷九九下，同傳，頁四一五二。

(137) 後漢書卷二六，韋彪傳，頁九一八。

(138) 後漢書卷五四，楊彪傳，頁一七八六；卷六四，史弼傳，頁二一一一；卷七八，宦者張讓傳，頁二五三五。

(139) 後漢書卷七八，宦者張讓傳，頁二五三六。

(140) 漢書卷二四上，食貨志，頁一一二五。

(141) 漢代小農的實有土地面積，請參考本書第三章第一節的討論。

(142) 許倬雲分別就衣食、賦稅、社會活動等各項，推算漢代農戶的收支狀況。但筆者此處不擬用定量方式探討此一問題，因爲推估過程中的每一項都有極大的變異性，故推估結果可能與事實有相當差距，可靠性存疑。何況在基礎稅項外，農民還有許多其他負擔，這些負擔或許較基礎稅項更重，也更難估計其數額。故本文只就稅項的多寡、輕重及漢人的感受與批評來立論。許氏之推算見：Hsu, Cho-yun, *Han Agriculture*, pp. 68-80.

(143) 後漢書卷七八，宦者呂強傳，頁二五二九。

(144) 後漢書卷二五，魯恭傳，頁八七六。

(145) 王毓銓，「『民數』與漢代封建政權」，頁二四五－二四六。

(146) 鹽鐵論集釋，卷三，未通篇，頁七九；漢書卷四六，石慶傳，頁二一九八。

(147) 如居延漢簡甲乙編：「謹案自當毋官獄徵事當得取傳謁移肩水金關居延縣索關」（一五・一九）又如：「案張等更賦皆給當得取檢謁移居延如律令敢言之」（五〇五・三七A）可見徙者需毋官獄，完賦役。

(148) 儒家應付外族，或用綏靖論，或用主戰論，二者未必衝突，可以相輔相成。漢代學者的幾種綏邊見解，大致就是在這個範疇內做些彈性適應與修正。見：楊聯陞著，邢義田譯，「從歷史看中國的世界秩序」，收入：國史探微，頁七一－一三，一六－一八。

(149) 漢書卷七四，魏相傳，頁三一三六；卷九四下，匈奴傳，頁三八二四。

(150) 漢書卷九九下，王莽傳，頁四一八二。

⑮1 漢代人口增加率各期、各地的差異甚大，一般平均在千分之十左右（見本章註一二六的討論）。東漢光武帝至明、章二帝的人口增加率分別是千分之二七・三，千分之十九，均偏高，不太可能是自然增加率，其中應有不少是流亡、隱匿的人口。有關東漢早期人口增加率的問題，見：趙岡、陳鍾毅，中國土地制度史，頁一三三。

⑮2 有關兩漢國力的比較，兩漢對外政策的評議，可參考：錢穆，國史大綱，頁一三九—一五一；徐復觀，「鹽鐵論中之政治社會文化問題」，頁一五五—一七〇。

⑮3 後漢書卷四，和帝紀，頁一九五；司馬彪續漢書，（七家後漢書本），卷一，和帝紀，頁二八六。

⑮4 後漢書卷四三，何敞傳，頁一四八一。

⑮5 呂思勉，秦漢史，（台北，台灣開明書局，民國六二年），頁三一六—三一七。

⑮6 後漢書卷八七，西羌傳，頁二八九〇、二八八八；卷五一，龐參傳，頁一六八七。

⑮7 潛夫論實邊篇：「民既奪土失業，又遭蝗旱饑匱，逐道東走，流離分散，幽冀兗豫荆揚蜀漢，饑餓死亡，復失太半。」賀昌群則以爲，東漢民變大都活動於這幾個州郡。見：「東漢更役戍役制度的廢止」，收入：漢唐間封建土地所有制形式研究，頁二五七。

⑮8 春秋繁露，卷九，奉本篇，頁二四八。

⑮9 春秋繁露精華篇：「陰滅陽者，卑勝尊也；日食亦然，皆下犯上，以賤傷貴者，逆節也。」孔子的君臣關係是相對的，董仲舒則將尊卑貴賤與價值判斷連在一起，使君臣的相對關係有絕對化的趨勢。在中國歷史上，漢代是儒學法家化的關鍵時代，儒學經此變化後，皇帝的尊嚴至高無上，三綱之說於焉出現，犯上作亂終非人臣之節。有關漢代儒家的尊卑觀念與君臣關係，見：徐復觀，「先秦儒家思想的轉折及天的哲學的完成」，頁三四二—三四四；余英時，「反智論與中國政治傳統」，收入：歷史與思想，頁三一—四六。

⑯0 後漢書卷八六，南蠻傳，頁二八四三。蠻夷之反叛與漢代吏治的關係，可參考：蕭璠，春秋至兩漢時期中國向南方的發展，頁一四〇—一四三。

⑯ 除了別有政治企圖的謀逆者，漢代殺郡吏、掠鄉里之反亂者主要是一般百姓。刑徒反者以西漢成帝時申屠聖、蘇令等幾次最著。士卒作亂則以東漢募兵爲多，或因財賞不贍，倔直不予而起。

⑯ 後漢書卷二四，馬嚴傳，頁八六一；卷五，安帝紀，頁二○九。

⑯ 兩漢之際處處亂起，遺人往往保壁固守，以防掠奪。賊寇若是掠無所得，則隨道散去。王莽傳中田況已深論及此。東漢因羌患盜禍嚴重，塢堡更多，遍於內外，並隨時在各衝要處增置。見：文獻通考，卷一五○，兵考，兵制，頁二八a；金發根，永嘉亂後北方的豪族，頁一○—一三；又，「塢堡溯源及兩漢的塢堡」，史語所集刊，三七本上册，（民國五六年），頁二○六—二二○。

⑯ 漢代傅籍應役之年前後凡三變，自昭帝才以二十三歲至五十六歲爲役年，但漢簡中役者年齡有小至十三歲，大至六十九歲者，與法令不盡相合，這些人有可能是應募士或隊長、候官之類。東漢改革兵制，名爲召募，實際可能是以力廣求，未必純出自願，始徵之年也可能是二十三歲。有關漢代役齡及相關問題，見：王毓銓，「『民數』與漢代封建政權」，頁二二八—二二九；勞榦，「從漢簡所見之邊郡制度」，頁一九一—一九二；陳直，「西漢屯戍研究」，頁一五—一六；濱口重國，「漢の徵兵適齡に就いて」，收入：秦漢隋唐史の研究，（東京大學出版會，一九八○年），頁四九九—五一四。

⑯ 王毓銓，「『民數』與漢代封建政權」，頁二二七—二二八；勞榦，「漢代兵制及漢簡中的兵制」，收入：勞榦學術論文集甲編，頁二一○—二一一。

⑯ 鹽鐵論集釋，卷三，輕重篇，頁七三。

⑯ 漢書卷六四上，嚴助傳，頁二七七九；後漢書卷八六，南蠻傳，頁二八三八。

⑯ 漢書卷二四上，食貨志，頁一一三七。

⑯ 後漢書卷八六，南蠻傳，頁二八三八。

⑰ 有關漢簡中之戍卒郡邑，可參考：賀昌群，「秦漢間個體小農的形成和發展」，收入：漢唐間封建土地所有制形式研究，頁一二○；陳直，「西漢屯戍研究」，頁一五；勞榦，「漢簡中的河西經濟生活」，頁五

一三。

(171) 漢書卷九一，貨殖傳，頁三六九三；卷四八，賈誼傳，頁二二六一；鹽鐵論集釋，卷六，疾貪篇，頁一七七；後漢書卷一下，光武帝紀，頁七八；卷二，明帝紀，頁一〇九。

(172) 漢書賈誼傳，疏曰：「今西邊北邊之郡，雖有長爵不輕復除，五尺以上不輕得息。」高帝紀如淳注：「律，年二十三傅之疇官，各從其父疇學之，高不滿六尺二寸以下爲罷癃。」則以五尺者應役，猶較罷癃爲矮小。睡虎地秦墓竹簡倉律：「隸臣、城旦高不盈六尺五寸，隸妾、舂高不盈六尺二寸，皆爲小；高五尺二寸，皆作之。」秦之課役以身高爲基礎，漢則以年歲爲基礎。文帝之「五尺以上不輕得息」，蓋承前朝遺習，以應一時之急。周禮鄉大夫：「國中自七尺以及六十，野自六尺以及六十有五，皆征之。」賈公彥疏：「七尺謂年二十」，「六尺謂年十五」。準此，不滿六尺者應指十五歲以下者。漢簡將七至十四歲未成年之小男、小女，又稱爲使男、使女，或許即視爲役者的後備隊。故文帝令五尺以上不及六尺者應役，本文謂爲「五尺之童」，以非過甚之辭。有關課役標準及年齡區分，可參考，杜正勝，「『編戶齊民』的出現及其歷史意義」，頁八一—八二及註六一—一〇；池田溫，中國古代籍帳研究，頁七一。

(173) 鹽鐵論集釋，卷三，未通篇，頁八一；漢書卷九九下，王莽傳，頁四一七二。

(174) 有關東漢改革兵制的原因、影響，以及東漢的兵源，未廢止一般徭役，與不能全廢戰守等情況，見：勞榦，「漢代兵制與漢簡中的兵制」，頁二三四—二四一；嚴耕望，中國地方行政制度史，上編，卷上，秦漢地方行政制度，頁二〇四；賀昌群，「東漢更役戍役制度的廢止」，頁二三四—二六二；漆俠等，秦漢農民戰爭史，頁一二四—一二五。

(175) 後漢書卷三一，羊續傳，頁一一〇九—一一一〇。

(176) 漢書卷九九中，王莽傳，頁四一四〇；卷九四下，匈奴傳，頁三八二四。

(177) 後漢書卷六五，皇甫規傳，頁二一二九。

(178) 後漢書卷八六，南蠻傳，頁二八三八。

179 兩漢兵制沿革與軍士來源，見：勞榦，「漢代兵制與漢簡中的兵制」，頁二〇九—二四一；邢義田，「東漢的胡兵」，國立政治大學學報，二八期，（民國六二年），頁一四三—一六六；賀昌群，「東漢更役戍役制度的廢止」，頁二三四—二六五。

180 後漢書卷五一，龐參傳，頁一六八七。

181 漢書卷五七下，司馬相如傳，頁二五七九；後漢書卷一八，吳漢傳，頁六八一。

182 三國志卷二四，魏志高柔傳：「舊法，軍征士亡，考竟其妻子。」舊法即漢法也。

183 漢書卷六四上，嚴助傳，頁二七八三。

184 後漢書卷五四，楊賜傳，頁一七八四。

185 有關戰史研究應注意的問題，Herbert Franke有相當深入的提示。見：“Warfare in Medieval China: Some Research Problems,” 爲民國七五年十二月中央研究院第二屆國際漢學會議宣讀論文。

186 如鹽鐵論本議篇，文學曰：「暴兵露師以支久長，轉輸糧食無已，使邊境之士饑寒於外，百姓勞苦於內，立鹽鐵，始張利官以給之，非長策也，故以罷之爲便也。」擊之篇：「甲士死於軍旅，中士疲於轉漕，仍之以科謫，吏徵發極矣。夫勞而息之，極而反本，古之道也。」已表露相當深刻的反戰厭戰思想。

187 漢書卷九九中，王莽傳，頁四一二五；卷二四上，食貨志，頁一一四四—一一四五。

188 漢書卷九九中，王莽傳，頁四一二五。

189 後漢書卷一七，馮異傳，頁六四五；卷一八，陳俊傳，頁六九一。

190 後漢書度尙傳：「豫章艾縣人六百餘人，應募而不得賞直，怨恚，遂反。」同傳：「時荆州兵朱蓋等，征戍役久，財賞不贍，忿恚，復作亂。」西羌傳：「諸將多斷盜牢禀，私自潤入，皆以珍寶貨賂左右，上下放縱，不恤軍事，士卒不得其死者，白骨相望於野。」劉虞傳：「張溫討賊邊章等，發幽州、烏桓三千突騎，而牢禀逋懸，皆畔還本國。」均爲士卒因財廩不足而亂離的例證。軍中若自將吏至士卒皆以利合，爲利而戰，則行軍對陣必無犧牲犯難的精神與鬥志，亦無爲國爲民之使命感與責任感，故度尙需以賊帥之「

財寶足富數世」，激厲士卒，才能使其幷力攻之；而邊郡長吏不知守邊安民，只知彊埶驅掠人民，爭郡縣內遷（潛夫論實邊篇）。東漢戰既不利，邊亦不守，由此可知矣。

⑲ 全後漢文，卷四六，頁七二四—七二五。

⑲ 漢書卷二四下，食貨志，頁一一五八。

⑲ 後漢書鄧訓傳：「永平中理虖沱、石臼河，從都慮至羊腸倉，欲令通漕。太原吏人苦役，連年無成，轉運所經三百八十九隘，前後溺死者不可勝算。」西漢關東漕米需經黃河的底柱險灘才能運往關中，漢人多次提到這個問題，却一直束手無策。漢書溝洫志：「漕從山東西，歲百餘萬石，更底柱之艱，敗亡甚多而煩費。」又，有上書欲通褒斜道及漕者，曰：「如此，漢中穀可致，而山東從沔無限，便於底柱之漕。」治之結果，仍不可漕。又，成帝時楊焉曰：「從河上下，患底柱隘，可鐫廣之。」鐫之裁沒水中，不能去，而令水益湍怒，爲害甚於故。有關底柱之險對漕運的不利影響，及漢人爲解決該問題所做的種種努力，可參考：史念海，「三門峽與古代漕運」，收入：河山集，（北京，三聯書店，一九六三年），頁二三二—二五二。

⑲ 漢書西南夷傳：「（王莽）大發天水、隴西騎士，廣漢、巴蜀、犍爲吏民十萬人，轉輸者合二十萬人，擊之。」是軍士與轉輸者約各十萬。後漢書岑彭傳：「發南陽、武陵、南郡兵，又發桂陽、零陵、長沙委輸棹卒，……吳漢以三郡棹卒多費糧穀，欲罷之。彭以蜀兵盛，不可遣。」亦三郡兵需有三郡委輸者之糧運支援。轉輸人數雖然未必需與軍士數量相當，但轉輸時需計將吏戍卒及驢馬之衣食用物，轉輸者與負運牛馬又當自齎食，則所需之人數可能相當不少。九章算術均輸篇依道里遠近決定轉輸人數與穀數，應只是原則性的規定，若是軍情迫急或有所需要，則又另當別論。

⑲ 漢書卷二四上，食貨志，頁一一四三；後漢書卷二五，魯恭傳，頁八七七。

⑲ 漢書卷六六，劉屈氂傳，頁八七九。

⑲ 漢書卷九二，游俠郭解傳，頁三七〇二。

⑱ 漢書卷六四上，嚴助傳，頁二七八三；後漢書卷四三，何敞傳，頁一四八一。

⑲ 漢書卷七八，蕭望之傳，頁三二七五。

⑳ 漢代的陸運運輸工具以牛馬驢車爲主，如漢書匈奴傳，嚴尤曰：「計一人三百日食，用糒十八斛，非牛力不能勝。」西域傳：「尙時爲所侵盜，驢畜負糧，須諸國稟食，得以自贍。」後漢書鄧訓傳：「肅宗從之，遂罷其役，更用驢輦，歲省費億萬計。」虞詡傳：「先是運道艱險，舟車不通，驢馬負載，僦五致一。」牛馬驢車爲漢代最重要的陸運工具，應無問題。

(201) 牛爲農民重要耕作畜力，若妄取民牛或令物故，必會影響農業生產。後漢書章帝紀建初元年詔：「比年牛多疾疫，墾田減少，穀價頗貴，人以流亡。」即可反映耕牛在農業生產中的重要性，及其疫病或物故對民生的不利影響。此外，後漢書逸民韓康傳中，亭長妄發人牛修道橋的事，也會傷及農民的耕作。漢代馬價一般甚高，屬較貴重的畜力，但政府於征戰或轉輸時，常徵用民馬，使人民權益受到損失，如漢書汲黯傳：「匈奴渾邪王帥衆來降，漢發車二萬乘。縣官亡錢，從民貰馬，民或匿馬，馬不具，上怒，欲斬長安令。」即是一例。

(202) 漢書卷九，元帝紀，頁二九一。

(203) Karl A. Wittfogel, *Oriental Despotism, A Comparative Study of Total Power*, (New Haven and London: Yale University Press, 1957), Ch. 2, pp. 23-42.

(204) 漢書卷六，武帝紀，頁一六三。

(205) 漢書卷二九，溝洫志，頁一六八八、一六八九。

(206) 同上註，頁一六九〇。

(207) 漢書溝洫志，賈讓治河三策：「若乃繕完故堤，增卑倍薄，勞費無已，數逢其害，此最下策也。」又如河決瓠子而南潰，田蚡因奉邑在河北的鄃，反對塞河，望氣用數者亦以爲然。成帝時谷永、李尋、解光等以「修政以應之，災變自除」爲說，勸止塞河，而使百姓深受水患困擾。以上俱見漢書溝洫志。

208 管子、晏嬰都曾於饑荒時故事興造，並以庸賃的方法爲失本業的人民謀生機，此即「以工代賑」。這種概念在漢代並不顯著，成帝及光武、桓帝時可能用過，但似未悟出其效用。直到宋代以後才受到范仲淹等人的重視。有關「工賑」的問題，可參考：楊聯陞著，陳國棟譯，「侈靡論——傳統中國一種不尋常的思想」，收入：國史探微，頁一七九—一八四。漢代部分又見本書第四章第三節的討論。

209 如嚴熊請穿洛以溉重泉以東，武帝爲發卒萬人，作之十餘歲，渠頗通，猶未得其饒。又如河東守番係建議穿渠引汾溉皮氏、汾陰下，引河溉汾陰、蒲坂下，可得渠田，並使底柱以東毋復漕。武帝發卒數萬，作之不成。

210 武帝所修宮室苑囿極多，柏梁台、甘泉宮、建章宮等數十處皆爲其製作，又壞民田以廣上林苑，而諸郡國亦繕治宮館名山神祠以望幸，故所耗民力極鉅。成帝發徒起邑，營建昌陵，並治宮館，致流散冗食以百萬數。王莽亦事興作，起八風台於宮中，台成萬金；所爲九廟，窮極百工之巧，卒徒死者萬數，其勞民亦甚矣。

211 後漢書卷三〇下，郎顗傳，頁一〇五八；卷七八，宦者張讓傳，頁二五三五。

212 漢書卷九八，元后傳，頁四〇二八；後漢書卷三四，梁冀傳，頁一一八二；卷四三，何敞傳，頁一四八四；卷五四，楊震傳，頁一七六四。

213 此即以鼓勵奢侈來促進財富流通，創造就業機會。見：楊聯陞，「侈靡論——傳統中國一種不尋常的思想」，頁一七一—一八〇。魏禧救荒當事之策二十八項中，興作利民之務與勸富室興土木是其中兩項。即於地方大饑，窮民無生業時興之，其利有三，一則富室可成欲爲之事，二則借此振貧，三則貧民樂業，不至於爲盜。見：魏禧，救荒策，（叢書集成簡編本），頁六。

214 有關工程建設之材料及相關問題，見：楊聯陞，「從經濟角度看帝制中國的公共工程」，收入：國史探微，頁二二二—二六六。

215 後漢書卷四一，鍾離意傳，頁一四一一，註引東觀漢記；卷七一，朱儁傳，頁二三一〇。

216 漢書卷二四下，食貨志，頁一一七三；後漢書卷三，章帝紀，頁一四三、一四七；漢書卷六四上，朱買臣傳，頁二七九三；後漢書卷三一，陸康傳，頁一一一二—一一一三；卷八三，逸民韓康傳，頁二七七一。

⑰ 後漢書卷四六，陳忠傳，頁一五六三。

⑱ 漢書卷八七下，揚雄傳，頁三五五七；後漢書卷六六，陳蕃傳，頁二一六二；漢書卷五，景帝紀，頁一五二一一五三。

⑲ 後漢書卷六九，竇武傳，頁二二四五；卷一下，光武帝紀，頁六二。

⑳ 漢書卷八，宣帝紀，頁二五六，二七三及二七四註。遠行貢獻之郵傳如三輔黃圖卷三，武帝時交趾歲貢：「郵傳者疲斃於道，極爲生民之患，至後漢安帝時，交趾郡守極陳其弊，遂罷其貢。」後漢書光武帝紀、和帝紀亦有類似事例。

㉑ 如成帝治昌陵，卒徒工庸以鉅萬數（漢書陳湯傳）；王莽大事軍役與興造，隗囂告郡國檄有「徒隸殷積，數十萬人，工匠饑死，長安皆臭」之語（後漢書隗囂傳）；漢代的營建、轉輸及官府手工業中，用了不少雇傭，財政機構中的司農中丞，就專主錢穀雇庸等事（漢書成帝紀），可見刑徒工庸在漢代官府的勞動力中占有相當分量。而刑徒可能是這些人中數量較多，運用較廣泛者，他不需有工匠的專門技術，政府也不必付以雇値，又沒有役卒的自由民身分，應是漢政府最廉價的勞動力。漢代雖然有不少官奴婢，但很少用奴婢來從事軍役或興造等事。有關漢代的官府勞動力及其運用，以及徒的問題，可參考：楊聯陞，「從經濟角度看帝制中國的公共工程」，頁二〇五—二二二；陳直，「關於兩漢的手工業」，「關於兩漢的徒」，具收入：兩漢經濟史料論叢，頁一一五—一一八，二〇四—二〇五，二四九—二八〇；勞榦，「漢代的雇傭制度」，頁七四七—七四九；趙岡、陳鍾毅，中國歷史上的勞動力市場，頁七二—七三；C. Martin Wilbur, *Slavery in China During the Former Han Dynasty*, 206 B.C.-*A.D.*25, (Chicago: Field Museum Press, 1943), pp. 80-85, 226-227.

㉒ 陳直，「關於兩漢的徒」，頁二六〇—二六三；高敏，「略論西漢成帝時的『刑徒』起義」，收入：秦漢史論集，頁二六二—二六六；張政烺，「漢代的鐵官徒」，歷史教學，一卷一期，（一九五一年），頁二

〇—二二。

㉓ 有關「水利社會」、「水利政府」特質之討論，見：K. A. Wittfogel, *Oriental Despotism*, pp. 49 - 160. 及楊儒賓譯，「從歷史觀點論中國社會的特質」，史學評論，十二期，（台北，華世出版社，民國七五年），頁六四—六五。

㉔ 漢代有許多僤、單、彈、墠等組織，均為有特定目的的私人結合，正彈應為其中的一種，門更或許也有類似性質。有關基層社會的結合方式與意義，可參考：杜正勝，「古代聚落的傳統與變遷」，收入：第二屆中國社會經濟史研討會論文集，（漢學研究資料及服務中心出版，民國七二年），頁二二八—二三四；邢義田，「漢代的父老、僤與聚族里居」，收入：秦漢史論稿，頁二二二—二二七，特別是二二三及註九。

㉕ 後漢書卷六五，張奐傳，頁二一三九；卷七六，循吏劉寵傳，頁二四七八。

㉖ 漢書卷九〇，酷吏王溫舒傳，頁三六五八。

㉗ 後漢書卷四六，陳忠傳，頁一五五九。

㉘ 漢書卷五六，董仲舒傳，頁二五一二。

㉙ 漢書陳咸傳註引如淳曰：「律，主守而盜直十金，棄市。」主守盜列入盜律，情節較一般偷盜嚴重。見：沈家本，漢律摭遺，（台北，台灣商務印書館，民國六五年），卷二，盜律，頁五。

㉚ 漢書卷七二，鮑宣傳，頁三〇八八。

㉛ 漢書卷四六，石慶傳，頁二一九八。

㉜ 漢書卷八，宣帝紀，頁二五二。

㉝ 傅樂成，「西漢的幾個政治團體」，收入：漢唐史論集，（台北，聯經公司，民國六六年），頁三〇—三五。

㉞ 西漢外戚貲千萬者不多，見：漢書卷八六，王嘉傳，頁三四九四；大臣贓數千萬之例如：公孫賀之子、丙吉之子、田延年、翟方進等；佞幸傳中貲累鉅萬者如：石顯、淳于長、董賢等。

235 贓罪千萬以上至七千萬者如梁讓、汜宮、崔瑗（後漢書杜喬傳）、楊黨、左昌（蓋勳傳）、單匡賓客親吏（第五種傳）、衛訢（章帝八王傳）、王甫門生（楊彪傳）、曹鼎（黨錮蔡衍傳）、任嘉（儒林楊倫傳）、張恢（鍾離意傳）。贓賄掠奪巨萬或數億者如張忠（徐璆傳）、梁冀（本傳）、曹嵩、侯覽、侯參（宦者傳）、蓋升（橋玄傳）、韓昭（質帝紀）。循吏舉劾或連引人數多者如楊倫糾發任嘉，所牽染將相大臣百有餘人（儒林楊倫傳）；史弼條諸生聚斂姦吏亦百餘人（史弼傳引謝承書）；朱穆擢冀州刺史，聞風解印綬去者四十餘人，奏劾諸郡，至有自殺者（朱穆傳）；武都太守耿勳減省貪吏二百八十人以勸農（兩漢金石記「漢武都太守耿勳碑」）。

236 後漢書卷七，桓帝紀，頁二八九－二九〇。

237 後漢書卷五八，虞詡傳，頁一八七二。

238 漢書卷七二，貢禹傳，頁三〇七七；後漢書卷四六，陳忠傳，頁一五五六；卷三九，劉愷傳，頁一三〇八。

239 後漢書卷五四，楊震傳，頁一七六四。

240 後漢書卷七，桓帝紀，頁二八八。

241 有關漢末士人在亂世中的出處進退之道，以及黨人依循「行義以達其道」的路向，力抗邪孽的問題，請參考：拙著，「東漢黨人之士氣與義行——兼論黨錮之禍的起因」，中華文化復興月刊，二一卷一一期，（民國七七年），頁一七－二三。

242 後漢書卷五七，劉陶傳，頁一八五一。

243 漢書卷六，武帝紀，頁一八〇；卷五九，張湯傳，頁二六四一；卷八九，循吏黃霸傳，頁三六三一；卷九九下，王莽傳，頁四一五六；卷二四上，食貨志，頁一一四五；卷九九中，王莽傳，頁四一二五。

244 後漢書卷一下，光武帝紀，頁六六；卷四，和帝紀，頁一七五；卷六，質帝紀，頁二八〇；卷六五，皇甫規傳，頁二一二九。

245 鹽鐵論集釋，卷六，疾貪篇，頁一七七；應劭，漢官儀，（四部備要本），卷上，頁二四。

㉖246 漢書惠帝紀，詔曰：「吏所以治民也，能盡其治則民賴之，故重其祿，所以爲民也。」宣帝紀神爵三年詔：「今小吏皆勤事而奉祿薄，欲其毋侵漁百姓難矣。其益吏百石以下奉十五。」而應劭漢官儀則曰：「宣帝乃益天下吏俸什二。」成帝紀綏和元年，益大司馬大司空奉如丞相。

247 漢書卷九九下，王莽傳，頁四一五二。

248 後漢書卷一下，光武帝紀，頁七七。

249 後漢書卷二，明帝紀，頁一〇七；卷六一，左雄傳，頁二〇二〇。

250 安帝永初四年，順帝漢安二年，桓帝延熹四年、五年減俸；桓帝延熹三年無事官絕俸，豐年有之；順帝永和六年、漢安二年，桓帝延熹四年、五年貸王侯國租或半租，或假俸。

251 應劭，漢官儀，卷上，頁二四；全後漢文，卷四六，頁七二六；後漢書卷四九，仲長統傳，頁一六五四。

252 後漢書卷二六，韋彪傳，頁九一八；卷四一，宋均傳，頁一四一四。

253 漢書卷五六，董仲舒傳，頁二五一二。

254 後漢書卷四六，陳寵傳，頁一五四九；卷三，章帝紀，頁一四〇、一四六。

255 後漢書卷四，和帝紀，頁一八六；又，殤帝紀，頁一九八。

256 如後漢書卷五六，張綱傳，頁一八一八；卷八六，南蠻傳，頁二八四三。

257 魏禧，救荒策，頁一。

258 後漢書卷三，章帝紀，頁一三二—一三三；卷四，和帝紀，頁一七八。

259 漢書卷一〇，成帝紀，頁三一八；後漢書卷二五，魯恭傳，頁八七九；鹽鐵論集釋，卷一〇，申韓篇，頁二七一。

260 漢書平帝紀元始四年詔：「苛暴吏多拘繫犯法者親屬，婦女老弱，構怨傷化，百姓苦之。其明敕百寮，婦女非身犯法，及男子年八十以上，七歲以下，家非坐不道，詔所名捕，它皆無得繫，其當驗者，即驗問，定著令。」後漢書光武帝紀建武三年詔：「男子八十以上，十歲以下，及婦人從坐者，自非不道，詔所名捕，皆不得繫。當驗問者卽就驗。」二詔僅小男歲數及驗問方式略異，在禁止苛吏妄繫的用意上則無二致。有關二詔之驗問方式，周壽昌以爲元始年之「卽驗問」是指「不稽時」，建武年之「就驗」，「是就所居而問」。王先謙亦同意此說。見：漢書補注，卷一二，平帝紀，頁三五九。此外，景帝後三年（漢書刑法志）、宣帝元康四年（宣帝紀），也有類似詔書。

(261) 漢書卷七二，貢禹傳，頁三〇七五。此處是根據汪繼培之考證而修正。見：潛夫論，卷四，愛日篇，頁一二九。

(262) 漢書卷五一，路溫舒傳，頁二三六九；卷一一，哀帝紀，頁三四三。

(263) 後漢書卷四三，何敞傳，頁一四八七；卷六一，左雄傳，頁二〇一七；卷六三，李固傳，頁二〇七四。

(264) 漢書補注，卷四八，賈誼傳，頁三七一六。

(265) 潛夫論，卷五，實邊篇，頁一六三—一六四。

(266) 漢書卷七二，貢禹傳，頁三〇七七。

(267) 漢書卷七二，王吉傳，頁三〇六三；卷八一，匡衡傳，頁三三三四。

(268) 後漢書卷三，章帝紀，頁一三三。

(269) 後漢書卷四九，王符傳，頁一六三八。

(270) 漢書卷四，文帝紀，頁一二四；鹽鐵論集釋，卷七，備胡篇，頁一九九—二〇〇；漢書卷八九，循吏黃霸傳，頁三六二九；卷一〇，成帝紀，頁三一八。

(271) 如居延漢簡甲乙編：「☐史大夫廣明下丞相承書從事下當用者如詔書＝到言　☐□郡大守諸侯相承書從事下當用者如詔書到明白布告」（六五．一八）。明白布告之處實卽鄉亭市里也，如張掖太守發布的文書：「移書到肩水視亭市里顯見處令民盡知之」（一六．四A）；居延都尉發布的文書：「書到令長丞候尉明白大扁書鄉市里門亭顯見☐」（一三九．一三）。又，漢書司馬相如傳，告巴蜀民曰：「方今田時，重煩百姓，已親見近縣，恐遠所谿谷山澤之民不徧聞，檄到，亟下縣道。」

㉗² 漢書卷七二，貢禹傳，頁三〇七七；卷八，宣帝紀，頁二七三。

273 洪邁，容齋續筆，（四部叢刊續編本），卷一〇，「漢武留意郡守」條，頁三b。

274 漢書卷八九，循吏傳序，頁三六二四。

275 漢書卷六〇，杜周傳，頁二六五九。

276 漢書卷八九，循吏王成傳，頁三六二七；又，黃霸傳，頁三六三一—三六三三；又，循吏傳序，頁三六二四。

277 漢書卷九九下，王莽傳，頁四一七二。

278 後漢書卷五，安帝紀，頁二二七；卷四，殤帝紀，頁一九八；卷六〇下，蔡邕傳，頁一九九〇。

279 後漢書卷二四，馬嚴傳，頁八六〇；卷三〇下，郎顗傳，頁一〇五六。

280 後漢書卷四六，陳忠傳，頁一五五八—一五五九。

281 漢書卷九〇，酷吏寧成傳，頁三六四九；又，尹齊傳，頁三六五九；卷八三，薛宣傳，頁三三八七；又，朱博傳，頁三三九九、三四〇四。

282 有關兩漢官吏之籍貫限制，嚴耕望有精詳的探討，見：中國地方行政制度史，上編，卷上，秦漢地方行政制度，頁三四五—三五九。籍貫限制之用意，顧炎武在日知錄卷八「掾屬」條中已提及，嚴耕望又據以深論之，認爲可使選賢客觀，無親私之弊，並可借屬吏得諳地方之情，無掣肘之病，無割據之患，且於地方風尚之了解，亦有力焉。見：同前書，頁三五八。

283 後漢書卷六四，盧植傳，頁二一一七。

284 全後漢文，卷四六，頁七二五。

285 漢書卷八六，王嘉傳，頁三四九〇；後漢書卷五八，傅燮傳，頁一八七五—一八七六。

286 有關漢代鄉、亭、里之官屬、職責，及彼此之相互關係，可參考：嚴耕望，同前書，頁五七—六七，二三七—二四四；勞榦，「三老餘義」，大陸雜誌，二一卷九期，（民國四九年），頁一七。

287 形成聚落共同體之原因甚多，見杜正勝，「古代聚落的傳統與變遷」，頁二二八—二三四，二四九—二五一；邢義田，「漢代的父老、僤與聚族里居」，頁二四三—二四四；聞鈞天，中國保甲制度，（上海，商務印書館，民國二四年），頁九九—一〇〇。

(288) 王毓銓，「『民數』與漢代封建政權」，頁二四四。

(289) 三老、孝弟、力田並非郡縣屬吏，雖由政府擢任，但不食官祿，長吏以事相教，師而不臣，並委以教化之責。父老亦非官方領袖，代表地方百姓之利益，成爲父老之條件包括年齡、德行、富貲等。見：嚴耕望，同前書，頁二四五—二五一；杜正勝，前引文，頁二四二，二四六—二四七；邢義田，前引文，頁二二〇—二二二，二三四—二三五。

(290) 漢書循吏黃霸傳：「置父老師帥伍長，班行之於民間，勸以爲善防姦之意，及務耕桑。」韓延壽傳：「潁川多豪彊，難治，……延壽欲更改之，教以禮讓，恐百姓不從，乃歷召郡中長老爲鄉里所信向者數十人，……爲陳和睦親愛銷除怨咎之路。」又，「置正，五長，相率以孝弟，不得舍姦人。」尹翁歸傳：「姦邪罪名亦縣縣有名籍，盜賊發其比伍中，翁歸則召其縣長吏，曉告以姦黠主名。」張敞傳：「京師寖廢，長安市偷盜尤多，百賈苦之。……敞既視事，求問長安父老，偷盜酋長數人。」

(291) 漢書卷七二，貢禹傳，頁三〇七五。又，鮑宣傳，頁三〇八八。師古曰：「言聞桴鼓之聲，以爲有盜賊，皆當遮列而追捕。」里落居民有共捕盜賊的義務，如張敞爲京兆尹後，「枹鼓稀鳴，市無偷盜」（漢書張敞傳）；太平御覽卷五九八王褒僮約註：「漢時官不禁報怨，民家皆作高樓，鼓其上，有急，則上樓擊以告邑里，令救助也。」或許是因爲西漢晚期亡命、盜匪已多，男女分部逐捕，不勝其擾，故反而逃亡流移而去。

(292) 後漢書卷七九上，儒林劉昆傳，頁二五五〇；漢書卷二四下，食貨志，頁一一八四；卷九九下，王莽傳，頁四一六七。

(293) 漢書卷九九下，王莽傳，頁四一七〇—四一七一。傳中之三老、祭酒等未必是地方官吏，也有可能是民間特定團體之領袖的稱號。見：邢義田，「漢代的父老、僤與聚族里居」，頁二二二三。

㉔ 後漢書卷三二，樊儵傳，頁一一二四；卷五，安帝紀，頁二二七；卷六一，左雄傳，頁二〇一八；卷八六，南蠻傳，頁二八三三、二八四三。

㉕ 鄉吏中，嗇夫專責訴訟之事，主知民善惡，是官方性質的調人。三老、父老非正式官吏，但因其通達民情，地方官委以教化之任，亦可算是另一種形態的調人。周禮地官調人：「掌司萬民之難而諧和之」，「凡有鬥怒者成之」。鄭司農註云：「成之，謂和之也。」調人乃教民之官，以其民共聽而成之，是傳統中國解決紛爭，控制社會，達成和解的一種方法。有關調人的功能，帝制時代的調人，以及解決糾紛的方式，見：蕭公權著，陳國棟譯，「調爭解紛——帝制時代中國社會的和解」，收入：迹園文錄，（台北，聯經公司，民國七二年），頁九二—九六，一二〇—一四〇。

㉖ 後漢書卷四九，王符傳，頁一六四〇。自安帝時洛陽主諧和殺人者失調人之責後，京師刼質風行，至橋玄請靈帝詔天下不得以財寶贖人質，開姦路後，此風方止。洛陽主諧和殺人事見：潛夫論，卷一六，述赦篇，頁一〇七。橋玄事見：後漢書卷五一，橋玄傳，頁一六九九。此風起於失調人之職，見：薛允升，漢律輯存，收入：中國法制史料，第二輯第一冊，頁四〇八—四〇九。

㉗ 三老功能的演變，政府對其重視程度的差異，見：蘇瑩輝，「論我國三老制度」，大陸雜誌，二一卷九期，（民國四九年），頁一五—一六。兩漢賜鄉官爵帛始於文帝，元、成漸多，但尚無定制；東漢慶典時例賜凡民，但漢末已少有賜鄉官爵帛者，至三國始廢，鄉官之制亦衰。見：嚴耕望，同前書，頁二五〇—二五一。

㉘ 有關漢代民間的各種社及私人團體，可參考：陳槃，漢晉遺簡識小七種，「都吏、社錢」條，頁八七b—八八b；邢義田，「漢代的父老、僤與聚族里居」，頁二二二—二二六。

㉙ 漢書卷九〇，酷吏甯成傳，頁三六四九；卷八六，何武傳，頁三四八二；卷八三，朱博傳，頁三四〇一。

㉚ 東漢的三公出自二代以上的仕宦之族，平均占百分之五七・八，九卿占百分之五一・九。見：劉增貴，漢代豪族研究—豪族的士族化與官僚化，（台大博士論文，民國七四年），頁一七九。

㉛ 有關東漢地方掾史中，豪族所占之政治優勢，以及碑陰題名所顯示之地方大姓力量，見：劉增貴，漢代豪

族研究，頁一八四—一八九。

302 漢書卷九〇，酷吏王溫舒傳，頁三六五七；又，尹齊傳，頁三六五九；又，義縱傳，頁三六五四；卷七六，尹翁歸傳，頁三二〇七—八；卷六六，陳咸傳，頁二九〇一。

303 指竇憲賤直奪沁水公主園田，梁冀鴆殺宛令吳樹之事，各見後漢書本傳。宦官淆亂天下，猶不明其非，如竇武、陳蕃等被捕，黃門從官騶蹋之曰：「死老魅！復能損我曹員數，奪我曹禀假不？」（陳蕃傳）何進請誅宦官不成，反爲所制，張讓等詰之曰：「天下憒憒，而非獨我曹罪也。……卿言省內穢濁，公卿以下忠清者爲誰？」（何進傳）則爲推諉卸責之語。

304 漢書卷九〇，酷吏義縱傳，頁三六五三；又，酷吏嚴延年傳，頁三六六八。

305 有關漢政府壓抑豪強的辦法，以及西漢中葉以後豪族已構成政治勢力的社會基礎，使壓抑之法愈益顯得無效之討論，見：許倬雲，「西漢政權與社會勢力的交互作用」，收入：求古編，頁四六二—四八二；勞榦，「漢代的豪彊及其政治上的關係」，收入：慶祝李濟先生七十歲論文集，上册，（台北，清華學報社，民國五四年），頁三一—五一；Ch'ü T'ung-tsu, *Han Social Structure*,（台北，虹橋翻印本，民國六二年），pp. 196-202.

306 如後漢書酷吏李章傳：「時趙、魏豪右往往屯聚，清河大姓趙綱遂於縣界起塢壁，繕甲兵，爲在所害。」可見這些起兵的豪族中，確有爲地方禍患者。

307 宗室、外戚、官吏中當然有不少豪族力量，宦官成爲豪族，是東漢中晚期的事。可參考：楊聯陞，「東漢的豪族」，清華學報，一一卷四期，（民國二五年），頁一〇一八—一〇二〇。東漢豪族勢力的普遍性及其歷世長久，見：楊聯陞，前引文，頁一〇二〇—一〇二二；陶希聖，中國政治思想史，第三册，（台北，食貨出版社，民國六一年），頁六。

308 如樊宏、第五倫、馬援、劉植、耿純、虞延等皆是其例。或許這就是「鄉里共同體」分解，「豪族共同體」出現的一個契機。鄉里豪族化的過程是緩慢的，新關係的成立是漸次的，至東漢末季的大動亂，鄉邑秩序才崩解，三世紀以後才眞正出現「門閥豪族體制」。有關鄉里共同體的特色及其轉變，豪族勢力的形成與發展，見：宇都宮清吉，中國古代中世史研究，（東京，創文社，昭和五二年），頁一一—一九，第九章、漢代豪族研究。

309 漢書卷一一，哀帝紀，頁三三六。

310 後漢書卷一下，光武帝紀，頁六六—六七。

311 明帝下令禁民二業，又通使區種增耕，而吏下檢結，多失其實。劉般上言：「吏舉度田，欲令多前，至於不種之處，亦通爲租。」是東漢繼光武帝後又一次度田。章帝時，秦彭親度頃畝，分別肥塉，差爲三品，並上言宜令天下齊同其制。詔書乃以其所立條式，通令行之。此乃東漢第三次檢覈田產。

312 後漢書卷六七，黨錮苑康傳，頁二二一四；又，劉祐傳，頁二一九九。

313 後漢書卷四九，仲長統傳，頁一六四八。

314 漢書卷九一，貨殖傳，頁三六九四。

315 漢書卷八三，薛宣傳，頁三三八八。

316 漢書卷二四下，食貨志，頁一一八三。

317 後漢書卷三，章帝紀，頁一三二。

318 漢書卷七八，蕭望之傳，頁三二七八。

319 鹽鐵論集釋，卷三，復古篇，頁三一。

320 如文帝四年，河陽侯信坐不償人責過六月，免（漢書高惠高后文功臣表）；武帝及元、成二帝時，葛魅侯戚、藉陽侯顯、永鄉侯德天等皆坐恐猲受賕，而被處刑（漢書王子侯表）。

321 後漢書卷四九，王符傳，頁一六四一。

322 全後漢文，卷四六，頁七二四。

323 同上註。

(324) 潛夫論，卷五，斷訟篇，頁一三五。

(325) 後漢書卷四九，王符傳，頁一六四一。

(326) 楊聯陞認爲，「豪族並不是單純的同姓同宗的集團，是以一個大家族爲中心，而有許多家或許多單人以政治或經濟的關係依附著它」，而合成的單位。宗族、奴從、賓客就是最重要的依附者。楊氏對豪族的理解，見：「東漢的豪族」，頁一〇一七。

(327) 漢書卷五二，灌夫傳，頁二三八四、二三八六、二三九〇；卷六七，胡建傳，頁二九一一—二九一二；卷七六，尹翁歸傳，頁三二〇六；卷九八，元后傳，頁四〇二五；卷五九，張放傳，頁二六五五。

(328) 豪族的依附者品類甚雜，常以不同名義、不同目的來投靠，但都可助長豪族聲勢，也都可視爲豪族的依附力量。有關豪族依附者及其轉化形態，可參考：拙著，「兩漢客的演變」，頁四五九—四七六。

(329) 如崔寔政論：「下戶踦踵，無所跱足，乃父子低首，奴事富人，躬率妻孥，爲之服役。」這些下戶小民應該不會是趾高氣揚，欺侮百姓的豪族依附者。

(330) 後漢書卷二三，竇憲傳，頁八一九；卷三四，梁冀傳，頁一一八一；卷七八，宦者張讓傳，頁二五三五。

(331) 漢書卷七二，鮑宣傳，頁三〇八八。

(332) 火災有時也會造成人民生命財產的損失，但災區小，影響輕，不如本文所列七項災荒嚴重，如漢書汲黯傳，河內失火，燒千餘家，上使黯往視之，還報曰：「家人失火，比屋延燒，不足憂。臣過河內，河內貧人傷水旱萬餘家，或父子相食，臣謹以便宜，持節發河內倉粟以振貧民。」可見火災對民生的傷害不算太大。大寒、雷震、虎狼等害，或是偶然發生，災情不顯，或是針對少數個人，故皆不列入。

(333) 官方統計災荒資料所具之一般性缺點，見：Ho Ping-ti, *Studies on the Population of China*, 1368-1953, (Cambridge: Harvard University Press, 1959), pp. 227-228.

(334) 後漢書卷四，殤帝紀，頁一九八；卷五，安帝紀，頁二二三。

(335) 鄧雲特就史記秦始皇本紀，兩漢書紀、傳、五行志、古今注，製成秦漢災荒表（中國救荒史，台北，台灣商務印書館，民國五五年，頁五五）；方清河就史、漢紀傳志，製成西漢災荒統計表（「西漢的災荒」，史原，第七期，民國六五年，頁八一—一一三）；鄒紀萬就後漢書志，製成東漢災荒統計表（兩漢土地問題研究，頁二四三—二四四）；李劍農就兩漢書紀、傳及天文志、五行志中確有年歲可記者，製成兩漢天災年表。鄧表的時間範圍與本表略異。四表與本表之統計數字也不盡相同。本表雖然僅就兩漢書本紀、五行志及漢書王莽傳製成，但統計細密，所得數據有時比前四表更多。就各期、各災的發展趨勢上看，則與前四表相當吻合。此外，本表較方、鄒、李三表多列疾疫一項，疾疫雖然不是自然災害，但傳染性強，傷害力大，對民生的影響絕不下於自然災害，而且疾疫有時就是自然災害的後遺症，故亦在本文中討論。鄧表較本表多加歉饑一項，然歉饑實由其他天災或人禍引起，很難單獨視爲一項災荒，故本表不列入。

(336) 二表之統計方式說明如下：

(一)二表分別根據兩漢書本紀、五行志及漢書王莽傳中確有年代可記者製成。

(二)無論災情輕重或災區大小，所有災荒次數分別計算。但如同一災荒延長二年，以二次計。

(三)一災跨及兩區，則分別計入各區，如爲「天下旱蝗」等辭語，則各區各計一次。

(四)因地震、山崩而水泉湧出、壅水或水逆流者，分別計入水災與震災二項中。

(五)若前帝已崩，新帝初即而年號未改，仍歸入前帝次數計。

(六)王莽居攝期間立漢室子孫孺子嬰，此三年仍屬西漢時代，故附入平帝計，所發生之災荒亦併入計算。

(七)王莽立國十五年，亡後一年，光武帝才建國，故新莽時期共十六年，所發生之災荒皆計入之。

(337) 東漢各災均是西漢各災的數倍，如水災是西漢的二・一倍，霜雪雹之災是西漢的一・五倍，旱災爲二・〇倍，蝗災二・九倍，地震與山崩是四・〇倍，風災一・九倍，疾疫爲五・七倍。(此處暫不討論新莽時期)。

(338) 漢書卷六，武帝紀，頁一七八；卷二四下，食貨志，頁一一六二。

(339) 漢書卷六，武帝紀，頁一八二；卷二四下，食貨志，頁一一七二。

(340) 漢書卷八五，谷永傳，頁三四七一。

㉛ 區域分類依本書第二章第二節的標準，計關東、關中、北邊、南邊四區。西漢水災，關東有十五次，關中有五次，北邊〇次，南邊八次，不詳者六次，其中有四次是發生區域重疊。

㉜ 黃河的泥沙九成來自黃土高原，河南陝縣附近的年輸沙量高達一五·九公噸，獨占全國的百分之六十一，而黃河的平均含沙量可達每立方米三十七公斤，爲世界各大河流之冠。推之兩漢時期，大抵亦相去不遠。見：陳正祥，中國文化地理，（台北，木鐸出版社，民國七一年），頁一四二－一四四。

㉝ 中國歷史自然地理，（台北，明文書局，民國七四年），頁五四；中國科學院中國自然地理編輯委員會，中國自然地理——歷史自然地理，（北京，科學出版社，一九八二年），頁三九。

㉞ 漢書溝洫志，賈讓治河三策卽言築堤迫河之事，引水灌溉是張戎予王莽的建議。同書貢禹傳：「斬伐山林不以時禁，水旱之災未必不繇此也。」

㉟ 季節統計說明：㈠季節依原書所繫歸類；㈡若一災持續數季，可分別歸入各季，重覆計之。

㊱ 漢書卷六，武帝紀，頁一六三；後漢書卷七六，循吏王景傳註，頁二四六五。

㊲ 自成帝鴻嘉四年至明帝永平十三年，共八十七年。西漢水災的次數約只有東漢的二分之一，但其嚴重性遠非這寥寥數次所能盡意。就本表與方表所列，哀、平二帝均無水災記錄，然其實如哀帝策免師丹詔：「河決泉涌，流殺人民，百姓流連，無所歸心。」則哀帝時豈無泛溢之憂。賈讓的治河三策在此時提出，應可爲水患之深深困擾民生，下一註腳。後漢書循吏王景傳：「平帝時，河、汴決壞，未及得修。」如此日月侵毀，漂流數十縣，浸於兗豫之間，六十餘年後方才修復，則不僅平帝時百姓有陷溺之患，兩漢之際的人亦有涌溢流亡之苦。

㊳ Hans Bielenstein 認爲王莽敗亡的天災因素中，黃河的潰決、改道最爲重要。見：*The Restoration of the Han Dynasty*,（Stockholm, 1953）, pp. 145-162. 余英時對此看法深不以爲然，一則認爲天災不是王莽失敗的唯一原因，二則認爲久旱與蝗災才是王莽時代最主要的天災，並強調水、旱二災不能俱存於同一空間，其與 Bielenstein 觀點的歧異是沒有調和的餘地。見：「畢漢思(Hans Bielenstein)

『王莽亡於黃河改道說』質疑」，頁一九〇—二〇三及一九六註一。筆者在此不擬討論究竟是水災，還是旱蝗，對王莽政權的影響較大，只是略陳水、旱二災的相互關係，以便對王莽時代二種幾乎不可能同時存在的災害，勾畫出一個可能的面貌。漢書劉輔傳：「今天心未豫，災異屢降，水旱迭臻。」後漢書樊準傳：「連年水旱災異，郡國多被饑困。」兩漢書中類似這樣的記載極多，可見水旱二災交替出現的情形相當普遍。漢書溝洫志：「自河決瓠子後二十餘歲，……乾封少雨，上乃使汲仁、郭昌發卒數萬人塞瓠子決河。……於是卒塞瓠子。」續漢書五行志註：「（安帝永初）二年五月，旱，皇太后幸雒陽寺，錄囚徒，即日降雨。六月，京都及郡國四十大水。雖去旱得水，無救為災。」水災未已，旱象可能又至，大旱之後，也可能緊接著就是水災，二災雖然有相互抵銷的作用，但俱為禍於百姓，均以災變視之。同樣地，王莽時代的久旱很可能減輕黃河泛濫的程度，但並無礙於二災的交替出現或接續為害百姓，何況此期政情紛擾，王莽實無餘力修堤理渠，整治黃河，故河決之後任其漫溢，前災未了，後災又至，百姓因此而可能飽受水旱二災雙重之苦。前述劉輔傳、樊準傳所言之水旱迭臻，也有可能是這種情況下出現的。

(349) 陳正祥，中國文化地理，頁一四四。

(350) 三次大雨或大水分別在文帝後三年、昭帝始元元年、成帝建始三年。兩度崩壞涇岸、壅涇水在元帝建昭四年、成帝河平四年。

(351) 高后三年江水、漢水溢，流殺四千餘家；高后八年又溢，流萬餘家；文帝後三年漢水出，壞民屋八千所，死三百人；武帝元鼎二年秋，黃河水潦還由關東移至江南。另三次是在文帝元年、成帝河平三年、元延三年，皆因地震山崩而使江水潰出或壅塞；元帝永光五年的一次是因廬江大雨造成。

(352) 西漢南邊的人口密度甚低，除少數郡外，一般多在每平方公里十人以下，遠低於關中區人口密度最低的弘農郡。見附表二、甲。

(353) 東漢水災共六三次，確知在關東區者三七次，占百分之五九。但若除去區域完全不詳的二十次，則關東區水災比率高達百分之八六。就季節而論，關東區的三七次，季節不詳者有六次，發生在夏秋二季者二八次，占確知季節者的百分之九〇。

354 後漢書卷六，順帝紀，頁二五八；卷七，桓帝紀，頁二九八。

355 東漢關東區的物產、人口、政治、文化都非其他三區所能比擬，故可謂是唯一的核心區。南邊的發展雖然快速，依然與之相去甚遠。有關東漢各區的發展狀況及地位，請參考本書第二章第二節。

356 東漢關東區水災中發生在早期的有五次，中期十七次，晚期十五次，總計中晚期占東漢關東區水災的百分之八六。

357 漢書卷六，武帝紀，頁一八三。五行志作「雨雪」。卷九，元帝紀，頁二八七；卷二七中之下，五行志，頁一四二七。後漢書卷五，安帝紀，頁二〇五。

358 Hsu Cho-yun, *Han Agriculture*, P. 102.

359 Ibid., P. 102. 四民月令中種植，販賣的穀物也主要是豆與麥。

360 糧食作物水分利用效率的比較，可參考：何炳棣，黃土與中國農業的起源，（香港中文大學，一九六九年），頁一三一－一三二。

361 漢以前有資料可知者，722-480 B.C. 春秋時代的二四二年間共十七次旱災，平均每一四．二年發生一次。此記錄比兩漢各期之旱災平均發生年數都要高。另外，246-180B.C. 的六六年間共七次旱災，若扣除206-180 B.C. 間發生於惠帝的兩次旱災，則246-206B.C. 的四十年間只有五次旱災，平均每八年發生一次，已與西漢旱災的年發生率在伯仲之間，但均比不上東漢旱災的密集。有關漢代以前的旱災記錄，見：Hsu Cho-yun, *Han Agriculture*, P. 103.

362 余英時，「畢漢思（Hans Bielenstein）『王莽亡於黃河改道說』質疑」，頁一九〇－二〇三。

363 後漢書卷二九，鮑昱傳，頁一〇二二；卷四八，楊終傳，頁一五九七；卷四二，東平憲王蒼傳，頁一四三七；卷三，章帝紀，頁一三二。

364 後漢書卷四，和帝紀，頁一八六。

(365) 後漢書卷六，順帝紀，頁二六四。

(366) 西漢二八次旱災中，發生於夏秋二季者二五次；東漢五五次旱災中，除十次季節不詳外，三九次在夏秋二季。發生率都在八成五以上。

(367) 後漢書卷二，明帝紀，頁一二三；卷四二，東平憲王蒼傳，頁一四三七；卷六，質帝紀，頁二七八。

(368) 漢書卷八，宣帝紀，頁二四四。

(369) 漢書卷一二，平帝紀，頁三五三。

(370) 南方的開發需要大量勞力，也需講求水利，這給南方的土地利用帶來很大的困難。東漢南方人口大爲增加，有助南方的發展，但漢末黃河流域的大破壞，使許多中原人民逃到江南，才眞正有利於長江中下游的發展。見：萬國鼎等，中國農學史，（北京，科學出版社，一九八四年），頁二二四－二二五。

(371) 如後漢書五行志註引謝沈書：「（延熹）九年，揚州六郡連水、旱、蝗害。」袁術傳：「術兵弱，大將死，衆情離叛，加天旱歲荒，士民凍餒，江淮間相食殆盡。」

(372) 西漢十四次蝗災全部在夏秋之際發生。東漢四十次蝗災，除七次季節不詳外，二八次出現在夏秋之間。

(373) 漢書卷七五，夏侯勝傳，頁三一五六。

(374) 漢書卷一二，平帝紀，頁三五三。

(375) 漢書卷九九下，王莽傳，頁四一六〇、四一六七、四一七五。

(376) 漢書卷九九下，王莽傳，頁四一七六。

(377) 後漢書卷一上，光武帝紀，頁三二。

(378) 續漢書卷一五，五行志三，頁三三一七。

(379) 後漢書卷四，和帝紀，頁一七四、一八三；卷五，安帝紀，頁二二〇。

(380) 後漢書卷五，安帝紀，頁二二二－二二三。但由本紀及五行志搜集所得，至元初二年只連續六年蝗災。

(381) 後漢書卷七，桓帝紀，頁二九八、二九九。

382 漢書卷二四下，食貨志，頁一一八五。

383 兩漢金石記，卷一一，頁三〇b。有關此碑論述安帝元初四年事之考證見頁三二a。

384 後漢書公孫瓚傳：「是時旱蝗穀貴，民相食，瓚恃其才力，不恤百姓。」呂布傳：「是時旱蝗少穀，百姓相食，布移屯山陽。」

385 此概念由許倬雲先生提示，謹此致謝。

386 漢書卷七五，夏侯勝傳，頁三一五八；卷八，宣帝紀，頁二四五。

387 後漢書卷六，順帝紀，頁二六〇；卷四九，張衡傳，頁一九〇九。

388 除去地區不詳者，關東、關中及北邊各有四次，南邊有五次。

389 確知在關東區者有四五次，其中三一次在京師雒陽，發生率爲百分之六九。

390 漢書卷二七下之上，天文志，頁一四四四；卷一〇，成帝紀，頁三〇四—三〇五。

391 後漢書卷五，安帝紀，頁二三六。

392 大儺之儀見：續漢書卷五，禮儀志中，頁三一二七—三一二八。張衡「東京賦」亦云：「卒歲大儺，毆除群癘。」癘鬼作祟的說法見：陳勝崑，中國傳統醫學史，（台北，時報出版社，民國六八年），頁七二；又，中國疾病史，（台北，自然科學公司，民國七〇年），頁二二二。

393 漢書卷七二，鮑宣傳，頁三〇八八。時氣疾疫即是氣候不正，寒暑錯時而生的疾病。見：陳邦賢，中國醫學史，（台北，台灣商務印書館，民國五四年），頁三六二—三六三。

394 如西漢成帝河平四年，哀帝即位，東漢光武帝建武二十二年，安帝元初二年，質帝即位、本初元年，桓帝建和三年、永壽元年，以及獻帝建安二十二年的大疫，陳思王說疫氣：「家家有強尸之痛，室室有號泣之哀，或闔門而殪，或舉族而喪者。」

395 疾疫與貧窮易成惡性循環。貧者抵抗力弱，易致疾疫，又無力治病，若有不幸，其家屬或無力好好葬埋，以致威脅公共衛生，產生傳染病。見：H. D. Lamson, *Social Pathology in China*, pp. 263-

264.

(396) 漢書卷一下，高帝紀，頁六五；卷七八，蕭望之傳，頁三二七八。

(397) 表中所列七種災荒，若與志傳相核校，似乎疾疫一項缺略最多，故本文所論稍詳，以知其發生實況。

(398) 漢書卷四，文帝紀，頁一二八；卷二六，天文志，頁一三〇五；史記卷一一，景帝紀，頁四四八。

(399) 漢書卷八，宣帝紀，頁二五六。

(400) 漢書卷八三，薛宣傳，頁三三九三。

(401) 漢書卷一二，平帝紀，頁三五三。隔離治療的說法，見：陳勝崑，中國傳統醫學史，頁七二；又，中國疾病史，頁二二二。

(402) 後漢書卷一三，隗囂傳，頁五一八。

(403) 可知地區者，光武帝建武十三年徐、揚二州大疫，十四年會稽大疫。牛疫也主要在關東及南邊，明帝永平十八年京師及兗豫徐州牛疫，章帝建初四年冬京都牛大疫。

(404) 後漢書卷三九，劉般傳，頁一三〇五。區種法有救濟牛荒的意義，見：李劍農，先秦兩漢經濟史稿，頁一六八。後漢書卷三，章帝紀，頁一三二。

(405) 後漢書卷三五，曹褒傳，頁一二〇五；續漢書卷一七，五行志五，頁三三五〇。

(406) 後漢書方術廖扶傳：「扶逆知歲荒，乃聚穀數千斛，悉用給宗族姻親，又斂葬遭疫死亡不能自收者。」

(407) 張仲景著，王叔和撰次，成無巳注解，傷寒論，（叢書集成新編本），頁五〇六。

(408) 漢書卷九四下，匈奴傳，頁三八二五。

(409) 有關漢代戍卒的衣物及高價出售情形，見：陳直，「西漢屯戍研究」，頁六一—六二。

(410) 後漢書卷八六，南蠻傳，頁二八三八。

(411) 古人以爲瘴氣是由於吸入腐爛動植物所發生的毒氣而致病，但近代醫學則認爲是瘧疾。見：陳勝崑，中國疾病史，頁一四四—一五二。

(412) 如高后伐南粤，武帝建元六年討南越、元光五年征西南夷，王莽天鳳三年擊句町，光武帝時馬援伐交阯及武陵五溪蠻，皇甫規討先零羌等，皆於軍中發生大疫。

(413) 漢書卷六四上，嚴助傳，頁二七七九。

(414) 居攝三年與始建國元年連續發生災荒，但爲斷代之便，姑且各以一年一次計。

(415) 鹽鐵論集釋，卷一，力耕篇，頁一〇；漢書卷七，昭帝紀，頁二二〇；卷八五，谷永傳，頁三四六八。

# 第四章 預防與安輯流民的措施及其成效之探討

下述之各項措施，雖然未必直接針對流民問題而來，但實施後可有助於預防或消解該問題，故仍有必要詳細論述。預防流民發生之措施，有時沿用於流民已起之後，而安輯流民的辦法，亦具預防流民再起的作用。二者既相輔相成，難以截然分畫，筆者亦就實際狀況，各隨所宜，並論於本章中。

## 第一節 振興農業

漢代以農立國，若不能使農民各歸本業，將會形成政府的腹心之患。兩漢不僅勸農之詔屢下，並以帝后象徵性的籍田、親蠶之禮，示天下重農桑之意①，還依戶口率置「力田」常員②，制法律以重農賤商，令二千石行春勉農功③，倡入粟拜爵以貴粟務本④，皆已將勸農之意付諸實際行動，冀用各種措施發揮興農之效。此外，漢政府爲助墾田殖穀，還積極設置農官，如中央的水衡、少府、大農、太僕等皆有農官組織⑤；邊郡因廣開屯田，田官名目特多⑥；地方則除了長吏勸農，還有戶曹主農桑，田曹、勸農掾負督責之任⑦；若有特殊需要，中央亦可隨時遣使者至郡國，以助勸課⑧；都水、河堤使者、河堤謁者等治水之官，亦與農事有關⑨。單就這些政府制度與吏員權責來看，漢代對安定民生，防止百姓棄土失業所做的努力，確然可觀。

提高農業生產的有效方式之一，就是增加耕地面積。漢政府的賜田、弛山澤之禁，即此類措施。西漢初年雖然及於「民務稼穡」，「流民既歸」⑩，但仍有「野不加辟」，「郡國或磽陿，無所農桑毄畜」之苦⑪，故文帝弛宮室苑囿以利民，景帝也聽其徙於寬大地⑫，是皆寓廣闢草萊，勸民墾植之意，對於防止流民的發生，也應有一定的作用。

自西漢中期以來，國力大為耗損，武帝為安頓大批貧民流徙者，數度將之遷往西北邊郡，或任其留處江淮，這對舒緩內郡人口壓力，增加邊區墾地面積，應有相當成效。但武帝在假民公田苑囿方面，做得並不算多。自行告緡令後，武帝得民田大縣數百頃，小縣百餘頃，致商賈中家以上大抵皆破⑬。武帝之公田苑甚多，但僅於建元元年罷苑馬，使貧民芻牧其中，並在元鼎二年的詔書中有「山林池澤之饒與民共之」一語⑭，除此之外，別無賜民公田或弛山澤之舉。蓋武帝只知強奪民田，擴大上林苑，廣占齊楚囿居，或多置農官，即郡縣比沒入田田之，或以離宮卒田宮壖地，令命家田三輔公田⑮，卻不知將這些公田苑囿就近分予小民，以發揮土地的重分配效果，使地盡其利而藏富於民，並由此減輕賑贍之費及遠徙邊區的衣食仰給之費。武帝號稱「民不益賦而天下用饒」⑯，在多取商利之餘，相信也有不少財富是來自沒收而得的田苑。武帝既如此地與百姓爭田地，則縱然虛倉廩以贍貧民，出禁錢以振元元，也難以減輕流民壓力，使百姓地著安身。

自昭帝始元六年開鹽鐵之論，賢良文學等極力主張將苑囿池籞賦歸於民以來⑰，昭、宣以下已多次將池苑及郡國公田假予貧民，而且在宣帝地節三年，首次出現針對流民的賜田，詔曰：

流民還歸者，假公田，貸種食，且勿算事。（漢書宣帝紀）

將公田假予貧民，或可預防無田之人成爲流民。若不幸流民已然產生，最根本的解決之道，並不在一時之開倉振濟，而是使其復與土地結合，並在政府農貸、減免稅役的協助下，增強其復耕的能力。需靠政府賜田或假池苑才能生活者，多半是家無恒產的貧民，如元帝初元元年省田苑振業貧民，卽聲明「貲不滿千錢者，賦貸種食」⑱。正因爲務農亦需有資本，貧民可能因匱乏而不能自耕⑲，則政府的假貸就成爲對貧民最及時的救助，否則這些人就只有訴諸豪強的高利貸，甚或棄業流亡。王莽改制有賒貸一項，就是在擴展政府的助貸範圍，使小民不受豪強壓制。唯因王莽在其他改革方面失當，引起人民的強烈反抗，反而使這個深具意義的制度，無法發揮應有的功能，殊爲可惜。

東漢初期，政府亦以賜田來增加農地面積，明帝永平十三年還特別申告：「無令豪右得固其利」，章帝則聽無田者就肥饒處，並予貰貸、減免等優待⑳，而使得兩漢之際「父子流亡，夫妻離散，廬落丘墟，田疇蕪穢」的情況㉑，獲得相當改善。東漢自和、安起，社會不安狀態頻現，政府已有心餘力絀之感，除了勉力荒政，就只有聽民陂池漁採，連公田也不常假予㉒。孰料順、桓以下，賦民田地與池苑之事竟不一見，這未必表示公田陂池已假貸告罄，崔寔曾指明：「三輔左右及涼幽州內附近郡，皆土曠人稀。」但「小人之情，安土重遷，寧就飢餒，無適樂土之慮」，非有深具識見之主者善加牧養處置之，難以開草闢土，墾用棄地㉓。內郡土地的利用狀況也未可樂觀，劉陶曰：「地廣而不得耕，民衆而無所食。」㉔這應是人民逃荒、拋荒後的結果，而政府因處理意願低落，辦事能力衰退，遲遲未能善用這些棄地，或採取振興農業的措施，以協助流民下貧者歸於本業，度過難關。故此下田園日以荒無，墾地面積日益萎縮，仲長統的：「土廣民稀，中地未墾」㉕，應是當時的寫照。而也就在糧穀極度缺乏之下，曹操不得不於建安元年實行屯田政策㉖，以廣開耕地，去除東漢晚期造成農業不振的一大病根。

預防流民的產生或使其復著於土地，單靠中央政府偶一爲之的假民田苑是絕對不夠的，這些貰貸來的土地，有時可能還因豪強的「分田刼假」，使政府的一點微薄美意，又化爲百姓的怨聲載道。而王莽等富室大家雖然曾經獻地賦民㉗，但不過是杯水車薪，發揮不了安民實效，更何況王莽還別有其他的政治目的。事實上，與百姓接觸最多，關係最密切的應是地方官吏。若地方官吏能盡心勸農，就近督責，應比中央的賜田之後，缺乏進一步輔導，來得實在而易見成效。漢代良吏如黃霸、張禹、童恢、耿勳等，皆以勸農墾植，安輯孤弱貧民及流人而聞名㉘。甚至對盜匪，在曉諭勸降後，也務必使其歸於田里，孫寶、郭伋、李固、羊續等的賦田使安生業㉙，已可說明地著安身在穩定社會秩序上極爲重要。

提高農業生產的方法，除了增開墾田，務使力業相稱外，還應在廣開溝渠，改良農技等方面多做努力，以提高單位面積產量。漢書召信臣傳：

> 躬勸耕農，出入阡陌，…行視郡中水泉，開通溝瀆，起水門提閼凡數十處，以廣溉灌，…民得其利，畜積有餘，…其化大行，郡中莫不耕稼力田，百姓歸之，戶口增倍，盜賊獄訟衰止。

興水利的好處，不僅使地方蓄積大增，民得其利，而且還可使盜獄衰息，百姓歸之，在預防或安輯流民上，確有積極效果。水利是農業發展的重要條件，章帝時馬棱興復陂湖，溉田二萬餘頃，歲增租十餘萬斛㉚，若以三十稅一衡之，每畝稅收約增五升，則畝產量較未興水利時約增加一・五石；張禹開水門，通引灌溉，墾田千餘頃，得穀百餘萬斛㉛，折合每畝約得穀十石。灌溉之利如此溥博，民生應有所賴。故翟方進奏罷鴻隙陂，枯旱時居民就只有飯豆食，羹芋魁，直到鄧晨興復此陂，汝土才又有魚稻之饒㉜。兩漢既深知灌溉事業的重要，西漢爲通漕之便，灌溉之利，在三輔地區修起鄭國渠、白渠、六輔渠等水利工程，使涇渭潟鹵地得以充分利用㉝，班志謂：「民得其饒」，「衣食京師億萬之口」㉞，卽可見其安定民生的功能。東漢中央政府似沒有西漢那麼大的財力與魄力，三輔及西北地區頗多荒廢，水利事業也轉由地方自行興建，而且以規模較小的陂水事業爲主㉟，像王景、任延、杜詩、何敞、鮑昱等都以此聞名㊱。甚至從考古資料中的田池水井模型來看，有些農家也已注意到灌溉之利㊲。

漢代常有地狹人稠之苦，若要以提高單位面積產量來減輕人口壓力，興修水利確爲當務之急。然而，西漢的渠水事業工程浩大，事前計量又頗爲不易，常致徒耗人力，不得成功㊳，故武帝以後已少發展渠水事業，轉由地方官吏或豪族私門，在淮漢流域一帶發展陂水灌溉系統。再者，這些渠水工程雖然有助於拓展耕地面積，却可能因而引起農田的次生鹽碱化，以及因濫伐濫墾，致使上游水土流失，生態條件破壞，引起下游嚴重的河患㊴，造成更棘手的流民、盜匪等問題。故在關中一帶興渠，得失之間一時尚難遽斷。爲了治河，西漢已感力有未逮，杜欽曾曰：「如使不及今冬成，來春桃花水盛，必羨溢，有塡淤反壤之害，如此，數郡種不得下，民人流散，盜賊將生。」㊵西漢流民的數度大起，應與水利事業未能妥善規畫，河患未能有效整治有相當關連。東漢知與水利的良吏不算太少，然和帝永元十年詔：「隄防溝渠，所以順助地理，通利壅塞，今廢慢懈弛，不以爲負，刺史二千石其隨宜疏導。」安帝元初二年正月、二月及三年正月又三度特詔修理舊渠，可見舊渠廢壞情形相當嚴重㊶。正因爲一般長吏不能疏浚堙廢，才燭顯愛民惠政之難能可貴，而此數位知與水利的良吏，又何足說明廣土久祚的漢室已在水利建設方面有了可觀的成就。東漢中期以下的流民問題愈見嚴重，似可與和、安以來的吏治敗壞，灌溉事業益難推動，暗相呼應。

改進生產工具，亦有助提高產量，後漢書杜詩傳：

> 造作水排，鑄為農器，用力少，見功多，百姓便之。又修治陂池，廣拓土田，郡內比室殷足。

循吏王景傳：

> 先是百姓不知牛耕，致地力有餘而食常不足。郡界有楚相孫叔敖所起芍陂稻田，景乃驅率吏民，修起蕪廢，教用犂耕，由是墾闢倍多，境內豐給。

牛耕與鐵農具的使用，可因深耕、多耕而盡地力、增糧產、省人工。從考古資料上看，漢代已出現不少新式進步的農具，分別用於翻土、除草、收割等方面，各式鐵犂、鍤、鐮、鏵、钁、耰則自北而南，散布於兩漢各區，在漢墓壁畫、模型、畫像石上還有不少牛耕圖，都說明鐵具與牛耕運用的普遍㊷。漢人對生產工具的倚賴愈來愈深，器惡或牛乏就成為倍受矚目，引起爭議的課題。鹽鐵論水旱篇賢良曰：「今縣官作鐵器，多苦惡，……不給民用，民用鈍弊。」淮南子說山訓，告誡人民勿輕殺疲牛曰：「殺罷（疲）牛，可以贖良馬之死，莫之為也。」後漢書章帝紀建初元年正月詔：「比年牛多疾疫，墾田減少，穀價頗貴，人以流亡。」器惡、牛疫足以影響農業生產，進而引發流民問題，生產工具的重要已不言可喻。其他如耬車、水舂、翻車、渴烏、天祿蝦蟆等㊸，都是用功省少，節省人力的技術發展，但其推廣利用的程度，可能要遜於牛耕與鐵具。如果人口增殖是農技進步的原動力，而人口壓力會影響人民對生產工具的選擇的話㊹，那麼漢代部分的農技創作，似乎與直接從事農業生產的農民並無太大關連。以上述幾項發明來看，耬車與代田法是趙過的心血，區種法是氾勝之的創意，二人均非農民階層。翻車等以下三項更確定出自宮廷，而且原本與農業用途無關，這或許是統治階層中的游閒技藝之士，因沒有窮困農民那麼大的生活壓力，才有的表現吧！西漢成帝建始二年罷技巧官，宣帝紀贊曰：「至於技巧工匠器械，自元成間鮮能及之。」此語實未必正確。元、成間的溫室種植，太官似乎運用得技巧純熟㊺，而氾勝之的區種法更是成帝時的傑作，則成帝罷技巧官的影響，尚待研究。然宮中的技巧官在推動農具或農技的改革與創作上，可能占有頗為重要的地位，這是一個值得注意的現象。

生產技術的改進，可使單位面積產量大為提高，趙過的代田法與氾勝之的區種法就是最引人注目的兩種。代田法一歲之收，常過縵田畝一斛以上，善者倍之。武帝曾大力協助推廣代田法，並透過地方基層做專業訓練，即使在少牛之區，亦可以「相與庸輓犂」來墾闢田地㊻。但兩漢眞正實施代田法的地區，可能只局限於三輔或西北邊郡，東漢時崔寔曾曰：「至今三輔猶賴其利」，而遼東則全然不知其術[47]；關東因人口已經過剩，這種甽隴相代的間作輪耕法並不實用[48]；江南則至西漢末，不少地區仍是火耕水耨，甚至到東漢，許多郡仍不知牛耕[49]，像代田法這種進步的農技，施行的可能性應甚微小。至於氾勝之的區種法，是利用小土地進行集約式的精耕，但因所需工力煩費，人不樂爲[50]，直到明帝永平間，因郡國牛疫，墾田減少，才勅令區種增耕。不過，區種法可能始終未能推廣，明帝初下令時已有「吏下檢核，多失其實」的問題[51]，至東漢末仲長統通計肥饒之率，仍以畝收三斛爲準[52]，與區種法的產量相去甚遠。可知代田法與區種法對漢代民生的實際影響相當有限，蓋其繁複的耕作方式，高度的生產技術，特定的地區限制，反而使它的效用沒有良吏興開水渠，教民用犂耕與農具來得顯著。漢代能興農業的良吏仍不夠多，一般農民的生產能力可能也無從大幅提升。百姓既經常在飢餓邊緣掙扎，流民問題便可能一觸卽發。

漢代的種植技術朝多方面發展，擧凡整地、選種、育苗、施肥、改良土壤條件、土地利用方式、選取作物種類、選擇耕耘時機等[53]，都已投注心力，注意改進。漢書藝文志中還收錄趙過、氾勝之、尹都尉、蔡癸等人所著農書，以及敎田相土耕種等數種農藝書籍[54]，都足可說明漢人確實致力於振興農業。然而，農民生活並非純然決定於農技水準，許多外在因素常會抵銷政府的勸農之意，致使生產技術無從發揮，如河水流經之處常因桃花水盛，時雨暴至，多有潰決[55]，而「縣官重責吏賦租稅」，「苛吏繇役，失農桑時」，有司「覆案不急，以妨民事」[56]，豪強分田刼假，蠶食無厭，以及各種突發狀況，都會使只靠微薄土地生活的小農，無力應付，走上流亡等途徑。西漢武、成之際是政府勸農最力，農業改良最著成效的時期，却也是流民最多，最無力使民歸於本業的時刻，可見振興農業在預防與安輯流民上，也只有部份作用，需待其他因素配合，才能竟其全功。東漢生產技術的突破性可能不如西漢，但和帝以前，政府的勸農之意未必遜於西漢，如數次給予流人欲歸本者及就賤還歸者各種優待㊼，使其能安生業。却不料安帝以後問題漸趨嚴重，「百姓飢窮，流冗道路」、「猶有棄業，流亡不絕」㊽的情形，觸目皆是。縱然東漢循吏頗知興農，但一時一地的小成就，並不足以挽回整體形勢的惡化，而陳蕃觀照全局後的立論，反而更引人深思，其諫桓帝曰：

> 當今之世，有三空之戹哉！田野空，朝廷空，倉庫空，是謂三空。加兵戎未戢，四方離散，是陛下焦心毀顏，坐以待旦之時也。（後漢書陳蕃傳）

三空之戹實源於田野空，田野空正是振興農業的絕大諷刺。中晚期日益嚴重的「三空之戹」與「四方離散」的事實，似已說明農業欲振乏力，百姓難於固著在土地上，而這個社會正處於風雨飄搖中，任何不利的衝擊，都可能使它有崩潰之虞。

## 第二節　減免賦稅徭役

輕繇薄賦，與民休息，一直是傳統社會對統治者的最高期望。漢代稅目駁雜，役事繁多，百姓受困而爲流民者頗不少，但政府也不時有減免之擧，示民以恩惠寬大之意。

漢代賜民租賦以租、槀、算賦、口錢、更賦等幾個基礎稅目爲主，減免的原因很多，但以文帝勸農務本的三個詔書最引人注目，如十三年的除田租稅詔：

**農，天下之本，務莫大焉。今廑身從事而有租稅之賦，是謂本末者無以異也，其勸農之道未備，其除田之租稅。**（漢書文帝紀）

田租是漢代的主要稅項，文帝因能令邊備守，募民入粟，才能創下十一年間不收田租，又能足用的記錄⑲。減免賦稅，意味著農民可多事蓄藏，增加個人支出，並進而促進整體經濟的發展。儘管文帝對末業的看法有些偏頗，但對大多數農民而言，這樣大規模的擧措，確是百姓的福音。兩漢自文帝以後，從未因「勸農之道未備」而減免田租。卽或有所恩賜，較常見的情形是因帝鄉、巡幸、祠祀、瑞應而詔民毋出租賦，或予部分減除⑳。也有幾次是在匈奴降附、兵凶之後，對苦役的士卒、囚徒及堅守不降者復除稅收㉑。此外，昭帝元鳳四年、五年毋收口賦，宣帝五鳳三年減天下口錢，是針對三至十四歲的未成年人而發，並不眞是全國性普免。還有一些狀況也很特殊，如爲禮高年而復其子算賦；撫慰死邊者而復其妻母口算；爲鼓勵生產，執行胎養令，勿算產子者及其夫㉒，皆是對特定的少數人施予減免，像文帝那樣長期性的全面賜除某一基礎稅項，還眞是絕無僅有。

災荒是漢代很重要的減免原因。但在武帝以前，統治者似未想到以這類權宜性的減免措施，暫舒災民之急，只以移徙、振貸等方式來濟助百姓。自昭帝起，政府才開始對被災郡國施予免徵之詔[63]，迨及成帝，或許是因政府財用匱乏，災荒又接連不斷，於是漸漸發展出一套依被災程度與貲產標準來減免租賦的辦法：

（成帝建始元年）郡國被災什四以上，毋收田租。（漢書成帝紀）

（鴻嘉四年）被災害什四以上，民貲不滿三萬，勿出租賦。（成帝紀）

（哀帝卽位）令水所傷縣邑及他郡國災害什四以上，民貲不滿十萬，皆無出今年租賦。（哀帝紀）

（平帝元始二年）天下民貲不滿二萬，及被災之郡不滿十萬，勿租稅。（平帝紀）

被災十四是相當嚴重的災情，這個標準的訂出必經過縝密考慮與精細推算[64]，成帝兩太守因其郡被災十四而坐免[65]，卽見漢政府視此標準爲大事。災荒賜民租賦，可能要到東漢和帝以後才有更務實的作法，永元四年十二月詔：

今年郡國秋稼為旱蝗所傷，其什四以上勿收田租、芻稾，有不滿者，以實除之。（後漢書和帝紀）。

九年六月詔則曰：「若有所損失，以實除之，餘當收租者亦半入。」[66]這與周禮地官司稼注引漢法：「十傷二三，實除減半」[67]，所言相同。而十三年九月詔所謂的「如故事」[68]，蓋之於此。東漢中期甚爲頻繁的災荒減免，大致卽依永元規制，按災情輕重，就不同稅項，適度調整減免的幅度，擬出各種賜民租賦的辦法[69]。多一種救助人民的措施，就少一分引發流民的危機。漢政府能夠在困中求變，也算是盡了一分安輯百姓，遏止流亡的心意。這類措施雖然不是政府安頓民生的最佳方式，但卻是一種較簡便的惠民之政，而且也多少可以反映出政府的財政能力及其關懷民生的程度。這種辦法在東漢中期甚爲普遍，但桓、靈以後就用得很少，漢帝僅於延熹九年及靈帝熹平四年各有一次災荒減免，其興致遠不如對減官俸、畝稅錢、貸王侯的大，這固然與東漢末之財窮力竭有關，也未始不是政府漠視民生的表徵。

就賜民租賦的原因來看，災荒減免是與百姓關係最密切的一項，但這辦法能有多大效用，仍待質疑。如果十金爲中產之家[70]，則西漢晚期民貲不滿十萬的下戶，甚或只有二、三萬的赤貧戶，平日已困於生計，若遇災荒，更有成爲流民的危險。東漢貧富差距更大，「下戶踦嶇，無所跱足」[71]者可能較西漢更多。漢書貢禹傳：「中農食七人。」中農有可能卽十金的中產人戶。故五口之家的中產農戶，其餘糧率不應低於百分之三十[72]。古人所謂「民三年耕，則餘一年之蓄」[73]，已近乎此。但漢代的公賦私斂相當多，災荒損失及一切轉稼也都需由百姓承擔，中農即便平居可食七人，在諸多無謂耗減下，也未必眞能足用。司馬遷以爲，「貪賈三之，廉賈五之」[74]，一般商人追逐的是什二之利[75]。若中農餘糧果眞多於商賈獲利，則背本趨末之風豈會掀起，社會又豈會有「用貧求富，農不如工，工不如商」的看法[76]？中農日常已有不足之患，冀望儲積亦甚渺茫，一旦被災什四以上，糊口尚且不能，餘糧何能侈言？至於赤貧下戶的遭遇當更悽慘了，逃租逋賦可能是其不免之命運，在漢代諸多逋稅勿收的詔令背後[77]，相信隱藏有不少困苦農民的血淚史。

災民生計既如此艱困，就算政府不予減免，他們也照樣繳納不出租稅，若是強行逼繳，只會迫其脫籍流亡，甚或成爲不軌之徒。故漢帝之賜，只不過多一個仁澤虛名，少幾個欠稅逃稅者而已。這種情形就如同宣帝地節三年、和帝永元六年賜已一無所有的流民還歸者租賦，以及桓帝延熹九年勿收遇盜賊郡租一樣的不具實效。何況兩漢流民及被盜匪刼掠者多矣，只有這三次極少數人能得到政府的眷顧，其影響自是微不足道。

漢代減免以租、槀及口、算、更賦爲主，其他稅目甚少寬省。就次數稍多的假稅而言，西漢僅元帝初元元年有一次，其原因是關東大水，郡國飢疫[78]；東漢僅和帝永元年間有數次[79]，可能與出塞遠征及災荒時作有關。百姓陂池漁採之所得不會太多，政府又只在特殊狀況下才減免，雖不能說全無補益，也不過是杯水車薪，聊勝於無而已。至於鹽鐵、榷酤、車船、六畜、馬口錢等雜稅，多在政府財政困窘時提出，就算事後欲以減稅或免徵示惠於民，也只是將原本不合理的部分加以調整。有時政府明知徵收不當，百姓已不堪負荷，但礙於經用，不能輕言廢止，或竟廢而再續。這類賦稅的課徵，只會造成更嚴重的逋稅、流亡、盜賊等問題，而消解之法，主要在「潤其租賦」，漢書王莽傳，問荊州牧費興安輯方略，興曰：

> 間者，國張六筦，稅山澤，妨奪民之利，連年久旱，百姓飢窮，故為盜賊。興到部，欲

> 令明曉告盜賊歸田里，假貸犂牛種食，闊其租賦，幾可以解釋安集。（漢書王莽傳）

「闊其租賦」可能不止租、算、更賦，還應包括六筦、假稅在內，若此法可以解釋安集飢民、盜賊，當亦可以撫循流亡。只可惜王莽不喻其意，濫徵的結果，至於百姓離散，身死國亡。

漢代獻費有程，而歲貢無定數，再加上服官、工官等用物的徵自民間，歲費鉅萬，則百姓苦矣。兩漢僅有文帝令「諸侯毋入貢」、「不受獻」，景帝「不受獻，減太官」[80]，可能是全面性的罷貢獻，此外就是鄧太后一度令郡國所貢，減其過半[81]，較具意義。其餘多只是局部性的小施為，在減少百姓負擔上，作用應很有限。如元帝應貢禹之請，罷齊三服官；明帝從樊儵奏，止野王歲獻；章帝順鄭弘之議，省交阯七郡貢獻；和帝因唐羌陳情，勑太官勿受南海珍羞[82]。然而，章、和二帝連續詔止南邊獻御，適可反映君令如同具文，官吏依舊強索於民；安、順二帝的重申前令，封還原物，益可見罷貢獻的虛浮不實[83]。事實上，官吏以貢獻邀寵，或許與皇帝的貪戀方物有關，以光武帝之睿智，明勑郡國不得勞擾百姓，獻異味，但自己猶不能忘情於越布，令地方多獻[84]，也就難怪官吏會上窺君意，下歛百姓，使偶有的幾次罷貢獻，難以發揮實效。

調度是本損多益寡的原則，隨所需而發取，原非固定賦稅。但東漢調度的運用日廣，自中期起已有濫徵迹象。除了明帝初即位時曾詔勿收隴西郡租調外[85]，中期以下徵求雖多，僅桓帝延熹九年有一次勿收調度的詔令。但從詔中「前年所調未畢者，勿復收責」一語來看[86]，百姓似已無力應付調度的需索，而有逋調情形。靈帝時劉陶更因百姓不堪重壓，各自奔散，上書曰：

「臣前驛馬上便宜，急絕諸郡賦調，冀尙可安。」[87]卽指出調度不節對社會安定性的傷害。可惜靈帝未能採行，而流民問題亦無從消解。

漢代各類稅項的減免，多集於西漢中晚期及東漢中期。西漢中晚期不幸也是新增稅目最多，黎民負擔最重的時刻，些許賦稅減免實不足以抵銷政府的苛索，此期流民潮的迭起，已可爲減免無效的證明。東漢中期雖然少有特殊名目的新稅，局部減免也有不少次，但人民在惡吏欺凌，天災頻仍，軍事勞擾等因素的侵逼下，流亡情況反而較光武、明、章時代嚴重。

漢代賦稅的弊病，不僅在稅目太多，減免太少，律外需索無度，還在於稅基太過狹窄。自惠帝起，吏六百石以上及將兵者，其家唯給軍賦，他無所與[88]；而豪惡勢力能像何武那樣正直自守，耻「租賦繇役不爲衆先」[89]的，恐怕不多。漢代上層階級的財力實極充裕，如文帝從晁錯議，募民入粟，賜以爵賞，卽省下全國十一年的田租；武帝急時令民入粟，賞各有差，便可使倉滿穀餘，民不益賦而天下用饒；梁冀被收，縣官斥賣其財貨，合三十餘萬萬，因而減省天下租稅之半[90]。唯富貴人家才有餘力入粟求賞，而梁冀家財竟足以當天下半租。但這些旣得利益者並未想到在日常賦稅上多爲百姓分擔一些，以致政府常竭澤而漁，求諸窮困百姓，卽有權宜性的減免措施，也只是小補而已，終無大益。

漢代財政分爲帝室財政與國家財政兩個系統，前者支出帝室的一切衣食器用戲樂賞賜等費，對百姓而言是極無謂的消耗；後者包括官俸、軍費、祭祀、土木與官廳事務費等[91]，但除土木一項外，甚少直接與社會發展有關，而土木用費中，宮殿苑囿陵園相信又占了不輕的分量[92]，則漢代賦稅中眞正用於改善人民生活環境的金額相當低。反之，政府一旦財政困窘，就忘記藏富於民的理念，往往毫不考慮的增加稅目，提高稅費，甚或律外而取，尤其是看到元帝時少府、水衡的總餘額凌駕在大司農之上，以及桓譚謂少府財務幾乎爲大司農的一倍時[93]，就更顯得民脂民膏多被虛擲浪費了。

人民爲公賦私斂所迫，不是些許減免就能舒解流亡壓力。漢人雖知輕繇薄賦，但未能領略「薄賦」的精義，只欲以減免賦稅來達到薄賦的目的，以恩賜勿收來表現愛民的德意。昭帝元鳳三年，民被水災，遣使者振貸，詔曰：

> 三年以前所振貸，非丞相御史所請，邊郡受牛者勿收責。

應劭注曰：

> 今敕自上所賜與勿收責，丞相所請乃令其顧稅耳。（漢書昭帝紀）

將減免賦稅視爲對百姓的恩惠，而不顧百姓是否有此需要，如此觀念豈是眞能體察民生疾苦，予民薄賦？故兩漢縱然致力減免賦稅，依舊是黎民重困，流移不斷，防之無力，安之無方。

事實上，重增賦斂常由大興繇役而來，政府之發取錢穀、征課什物，往往是爲了支應軍事、工程或統治者的特殊需要。故輕省不必要的繇務，不但可寬減用費，止徵煩賦，而且可安定生民，使其盡力於農事。西漢復除範圍甚廣，宗室、帝鄉、酬庸功勳，是相當重要的一類；興教化、禮高年、崇儒術，也是賜復重點；此外多是對特殊身分，因特殊目的而頒下的特典[94]。西漢復除的條件雖然不少，社會上仍只有極少數的人才能享受免役特權，一般百姓是無此資格的。另一種可以復除的方式是取得五大夫、千夫以上的高爵[95]。千夫是武功爵，爲寵戰士而設，即或有人能得此高爵，已不知有多少百姓勞瘁於戰事。五大夫是民爵，西漢不時有賜民爵之舉，但要在一生中連續累積九級，仍然很不容易，漢簡中所見之爵位多在公乘以下，即可見賜民爵並非尋求復除的捷徑。

漢代徭役甚多，軍役及相關的轉輸、屯田等可能是百姓最感苦重者，也是引致流民的重要原因之一。自高后五年初令戍卒歲更以來[96]，文帝曾減外徭衞卒，並在十三年因北邊外患威脅減輕，下達西漢唯一的一次除戍卒令[97]。西漢中期以後，軍征甚盛，用兵甚多，減省戍卒徭役的詔令則只有寥寥數次，漢書各本紀：

（武帝元狩三年）減隴西、北地、上郡戍卒半。

（昭帝元平元年）日者省用，罷不急官，減外繇。[98]

（宣帝五鳳四年）匈奴單于稱臣，……以邊塞亡寇，減戍卒什二。

依漢兵制，一人一生只戍邊一年，這在承平時期還不算太重，若有戰事發生，則政府很可能會擴大軍隊編制，增加軍士數量，於是遠屯、久戍、濫徵等情形不免發生。這三次減役都是在數破反虜，胡寇敗降之後，漢帝的稍稍減省外繇，比起中期用兵，發徵無限來，相去實有天壤之別。

重役已然苦民，百姓傷之已甚，事後的點滴恩澤又豈足以療傷止痛，輕易撫平瘡痍？故除非軍役不興，否則黎民難逃戰爭的摧殘。西漢二百年間烽火頻傳，僅有的這幾次減外繇詔令，就顯得無足輕重了。

由於漢人甚懼外繇，因此若能因事抵減，免其戍邊之苦，亦算政府的一件德澤。成帝河平元年、三年兩度爲治河卒著外繇六月[99]，相信就有這種想法在內。此外，政府又開買復一途，利用人們的懼役之心來廣開財源，如文帝從鼂錯建議，入粟四千石，受爵至五大夫以上者，復一人；武帝開武功爵，級十七萬，千夫比五大夫，亦可復一人[100]。但竟因此使武、元二帝感到役源不足：

> 武帝兵革數動，民多買復及五大夫、千夫，徵發之士益鮮。（漢書食貨志）
>
> （元帝永光三年）用度不足，民多復除，無以給中外繇役（元帝紀）

政府賜復者，多是社會上身分較特殊的人。依民爵累進，又是一段漫長而緩不濟急的路。一般人除了出更錢代役，可能就只有入錢穀買復，才得免役。武帝期徵發之士益鮮，司馬遷、班固皆以爲主要是因「民多買復」所致[101]，則永光三年的「民多復除」，時人可能也認爲買復占了一定的比例。但是能出得起四千石粟或百萬錢買復者必爲豪大家[102]，中等以下人戶絕對無此能力。而月出三百錢代役，占李悝估算農戶年收入的百分之八十[103]，也是一筆很可觀的費用。何況兵革數動，政府未必僅守一生一歲的戍邊規制，則人民將難以支付此一龐大的額外開銷，多只好親身服役了。故武、元二帝的徵發之士益鮮，無以給中外徭役，並不能說明買復或出更賦者眞的爲數甚多，反而顯示百姓實已無力再承擔役事，而政府猶發取無限，遂有役源不足之感。原則上，漢代戍卒一歲而罷，有急則留守六月[104]。但若軍役已興而役源仍不足，統治者很可能會用久役濫徵的方式來補其不足，不太可能就此息役止徵。以文帝的仁惠愛民，在與匈奴周旋時，竟致「長爵不輕得復，五尺以上不輕得息」[105]，卽知統治者在戰事吃緊時，很少會任令役源短缺的。政府旣常以徭役擾民，何能指望經由復除、賜爵、代役或買復來達成安民的目的？

東漢雖然廢都試，罷騎士材官，但編戶的軍籍還在，有事仍要徵發郡兵，必要時則遠調他郡應戰。邊郡的都尉也尚在，緣邊諸郡需負起戍邊的重任[106]，和帝永元十三年詔：「幽、幷、涼州戶口率少，邊役衆劇。」[107]就顯示邊民的負擔尤重。東漢徭役不見得比西漢輕，但東漢復除的條件卻較西漢嚴苛得多。東漢無買復之說，復除的範圍又僅限於帝鄉數邑，專爲天子私恩[108]，而爵過公乘者需移與子及同產子，永遠不可能享有免役權[109]。故東漢能復除者遠較西漢爲少，復除對一般百姓幾乎全無實質意義。

減免徭役的最佳方法就是根本不動干戈，後漢書明帝紀十二年：「是歲，天下安平，人無徭役，歲比登稔，百姓殷富，粟斛三十，牛羊被野。」這番安富樂業的景象，「人無徭役」應是重要原因之一。但不幸東漢無論邊郡、內郡皆多戰事，而且只要戰端一啓，後果就不堪設想，應劭於此有痛切的指陳：

> 自郡國罷材官騎士之後，官無警備，實啓寇心。一方有難，三面救之，……一切取辦，黔

> 首罵然。不及講其射御，用其戒誓，一旦驅之以卽强敵，猶鳩鵲捕鷹鸇，豚羊弋豺虎，是以每戰常負，王旅不振。（續漢書百官志）

名義上軍隊多來自召募、刑徒或胡兵，但由應劭之言看，主要還是徵於民間。郡役既爲因事特召，豈有無端復除之理，故縱然一切取辨黔首，以不教之民應戰，也不輕言減免徭役。只有當社會已因盜寇侵擾弄得民窮力竭時，統治者才偶而會發善心，休止力役。後漢書鄧騭傳：

> 時遭元二之災，人士荒飢，死者相望，盜賊群起，四夷侵畔。騭等崇節儉，罷力役，推進天下賢士，……故天下復安。

百姓搖盪未必盡因重役而起，但省減繇事確可輕減百姓負擔，使其有較多餘裕以致力生計，對消除社會病象，應有相當幫助。

在吏民以事怨叛時，東漢政府多採取以力征伐的方式，興兵討擊。殊不知此法適得其反，黎民常因此更受禍害。若似賈琮之能弘大體，知本源，方爲百姓安生之道。後漢書賈琮傳，交阯民多怨叛，琮到部：

> 卽書告示，各使安其資業，招撫荒散，蠲復傜役，誅斬渠帥為大害者，簡選良吏，試守諸縣，歲閒蕩定，百姓以安。

社會愈不安，役事必愈多。賈琮能夠正本清源，故百姓安輯，荒散就業，怨叛不興，傜役不起。傜役雖然不是百姓叛離的主因，但蠲復傜役的效果還是很引人注目。是以長吏能平均傜役，或省無正繇，則能率厲散敗，得百姓歡心[110]。只是這類良吏在東漢遠沒有貪暴者多，百姓爲重役所逼，自是苦不堪言。

漢代宮室宗廟甚多，衞士之役是另一種人力的浪費。據韋玄成估計，京師郡國各廟祠祭所用衞士，一歲需四萬五千一百二十九人[111]。若再加上宮室觀殿之衞士，其數應遠超過玄成所言。武帝建元元年詔：「衞士轉置送迎二萬人，其省萬人。」此處當指人數，而非人工[112]。詔書下於武帝初卽位時，宮中已有這麼多衞士，若再計入自武帝起所興之諸多宮室，衞士數目必然有增無減。西漢另一次省減衞士是元帝從貢禹之請，罷甘泉、建章宮衞，減諸侯王廟衞卒之半[113]。元帝明知衞士「遠離父母妻子，勞於非業之作，衞於不居之宮」[114]，仍只是象徵性的罷二宮衞士，做些表面工夫而已。至於省王國廟衞半數，對當地百姓或許稍有補益。衞士歲盡交代，皇帝臨饗罷遣，此一殊榮並非其他更卒所能享有[115]，但爲了滿足統治者的窮侈之欲，要那麼多百姓長途跋涉，充當宮衞，於理實難讓人愜意。東漢都雒，關西諸陵的祠祭頗有減省[116]，宮衞也不比從前，而且雒京的宮室較少，關東人番上之路程較近，故一般來說，東漢衞士的負擔與人數應不會比西漢更重，或許也因此東漢政府竟從未罷減過衞士之役。然而讓百姓離田業，去農桑，以爲無益之事，終究是統治者該三思而行的。

漢代雜傜繁多，凡修起宮城、繕治道橋、漕運轉輸、文書調役、興築堤渠等，除了使用工庸囚徒，還需調取更卒。月爲更卒的繇役並不算太重，但地方官吏能否嚴守一月一更的規定，不隨意濫用民力，則大成問題。漢書功臣表中雖然有不少諸侯因坐事國人過律、過員而被免[117]，但郭解以其豪勢，依然可以隨意更動直更次序[118]，而更多的情形則是地方官吏在任意取用民力，如斥令人民奔騰險阻，貢獻珍奇；擅發百姓修城郭道橋，逢迎新到長吏；以及千里傳役居民，往來吏事等，皆使人疲苦於徭役。至於像酸棗令劉熊之「爲作正彈，造設門更」，以平均勞苦，是很特殊的例子。「校官碑」中溧陽長潘乾以「旣來安之，復役三年」的方式，撫輯遠人景附者，更屬罕見[119]。「復役三年」應指縣長權限範圍內，連續復除其月更三年，而不是指爲郡兵或衞士。更卒是爲地方服役，地方官吏對更卒的運用似有相當大的自主權，中央政令只是原則性的指示，地方官吏可視實際需要加以調整。兩漢從無賜民繇役，復除月更的詔令，其理或在於此。但也由於漢世吏治的漸趨惡化，寬省力役可能只是個奢求。

兩漢直接針對流民的減免徭役，只在宣帝時有兩次：

（本始三年）三輔民就賤者，且毋收事，盡四年。（漢書宣帝紀）

（地節三年）流民還歸者，假公田，貸種食，且勿算事。（同上）

政府若能對流移就食者以「工賑」方式照顧之，或許比消極的「且毋收事」來得更有效。而流民還歸者在假公田、貸種食後，若仍爲役事所苦，必無法盡力田業，故「且勿算事」至少可對流民產生暫時性的安輯作用。但以兩漢流民潮的起伏不斷來看，僅有的兩次復除實無濟於大局，卽以宣帝之勅令毋收觀之，其效果亦不甚理想。地節三年十月才安頓了流民還歸者，四年九月又遣使循行，振貸「失職不贍」的百姓[120]，而這些人就很可能是不得耕種的流民。欲安定社會，固然不是這般蜻蜓點水式的復除可以奏效，但若已重役傷民，再想要恢復元氣，那就更爲不易，宣帝黃龍元年詔：

> 方今天下少事，繇役省減，兵革不動，而民多貧，盜賊不止，其咎安在？（漢書宣帝紀）

宣帝以爲民貧盜多的主因是吏不寬卹，但却特別提出繇役省減一事，可知武帝以來之大役對社會的傷害，不僅令人心有餘悸，而且似猶波盪未息。以宣帝之能安民，不欲勞擾，僅獲致此種成效，更見「輕繇」方爲安民之本源，偶一復除或事後寬減，並無多大防制流民的功效。

## 第三節　稟貸與救荒措施

稟給、振貸是漢政府最常施用，也是最直接的濟民之道。稟給與振貸不同。說文：「稟，賜穀也。」漢書元帝紀初元元年註：「貸，假也。」原則上，稟給是政府賜予，不必償還，以糧穀爲主，有時是錢帛；振貸以種糧爲多，可使倉穀出陳易新，並協助解決青黃不接的問題，但受貸者須負償還之責[121]。和帝永光十三年詔象林民失農桑業者：「賑貸種糧，稟賜下貧穀食。」

[122]即將二者分別開來。兩漢屢有「所振貸勿收」、「逋貸未入者勿收」、「所振貸種食勿收責」、「貧民假種食皆勿收責」等辭語[123]，皆可證假貸出借的種糧必須償還政府。漢有放貸取息的觀念，王莽的賒貸亦需出息[124]，但災荒振貸是否要取息，則不太確定。漢書王子侯表，陵鄉侯：「貸穀息過律，免。」而後漢書竇憲傳，瓌：「坐稟假貧人。」註：「假貸貧人，非侯家之法，故坐焉。」假貸貧人既非侯家法，陵鄉侯假貸所觸犯的刑責又與竇瓌完全不同，顯然陵鄉侯的貸穀只是私人性質，並不代表官方。則政府假貸貧人是否取息，尚待進一步研究。振貸與稟賜顯然不同，但漢人有時將二者合稱並用，如東漢荒政中，「稟貸」、「稟假」等詞的經常出現，就是證明。既然二者皆所以贍助流冗下貧，本文亦並論如後。

漢代養老之制自文帝起已「具爲令」，稟鬻八十、九十以上者[125]；武帝建元元年明詔「受鬻法」[126]，此後諸帝皆奉行之。西漢晚期以來受鬻年齡漸降至七十歲，甚或不足七十歲[127]。東漢則受月令影響，秋月養老成爲定制，且終東漢之世皆行之[128]。此外，漢室頗存念孤獨廢疾者，唯西漢賜恤多爲帛，時亦有錢穀，東漢以稟穀爲主，偶然賜帛。對於幼小者的照顧，漢人亦未忽略，章帝元和三年春正月詔：「其嬰兒無父母親屬，及有子不能養食者，稟給如律。」既云「稟給如律」，顯然行之有年。安帝元初六年詔引月令仲春：「養幼小，存諸孤」，以自惕厲[129]，可見政府仍念茲在茲，無時或忘其責。然而，對於老弱孤疾者的一般稟給，其象徵性的體恤之意應大於實質上的養生之意。如政府賜穀以三或五斛爲多，只能支應二至三月餘[130]。而文帝稟鬻時，名不副實的現象已然出現：「今聞吏稟當受鬻者，或以陳粟，豈稱養老之意哉！」類似情形在吏治不良時將難以避免，安帝詔：「方今案比之時，郡縣多不奉行。雖有糜粥，糠秕相半，長吏怠事，莫有躬親，甚違詔書養老之意。」[131]漢政府的美意，似乎因稟給不足，執行不當而大為失色，若欲其發揮預防流民的效果，可能仍待努力。

在災荒稟貸方面，自文帝後六年因旱蝗而發倉庾，振困乏以來，西漢每遇重大災荒，無不施此故技。以武帝的好大喜功，勞民傷財，在救民飢上却頗獲好評。他不僅衣食振業貧民，還在元狩三年、四年，鼓勵吏民富豪相假貸，以助縣官之不足；又因元鼎二年的水災，轉調巴蜀等旁郡穀應急[132]，期能通融有無，得濟蒼生。故王夫之謂：「武帝之勞民甚矣，而其救民飢也為得。」董熠亦以為：「憂民之心，其切如此，此武帝所以異于秦皇也。」[133]姑不論武帝一生的功過，自其開助貸、轉調之端緒後，宣帝本始四年、元帝初元元年、成帝永始二年，都陸續有類似行動，以配合政府的振貸，無令百姓重困。至於被瞻救之人，多為身罹飢寒，或在死亡線上掙扎，或將不免於流移就食者，漢書成帝紀河平四年：

> 遣光祿大夫博士嘉等十一人行舉瀕河之郡，水所毀傷困乏不能自存者，財振貸。
> 師古註：「財與裁同，謂量其等差而振貸之。」

政府依災情輕重，視困乏程度，酌予振貸不能自存者。但若尚不能相救，又無力大規模移徙貧民，則政府能做的可能就是：「令郡國給槥櫝葬埋」，或「避水它郡國，在所冗食之」[134]。根據西漢屢次稟貸災荒的經驗，其方式至東漢或已著為定律。後漢書光武帝紀建武六年辛西詔：

> 往歲水旱蝗蟲為災，穀價騰躍，人用困乏。……其令郡國有穀者給稟高年、鰥、寡、孤獨及篤癃，無家屬貧不能自存者，如律。

老弱孤疾者平日已需政府救助，災荒時自然更應給予特別照顧。值得注意的是，「無家屬貧不能自存者」，以及是後所見更多的「貧不能自存者」，其中可能有不少人就是社會的青壯之士[135]。而一個社會經常有這樣一批瀕於凍餓與流亡邊緣的人，卽是穩定結構中的一大隱憂。政府若不能善加安撫，這些人難保不爲動搖政權的根源。東漢因特殊恩澤而賜貧不能自存者，早期有七次，中期有十二次，晚期只有一次。而在災荒稟貸中，早期僅三次，中期高達四十次，晚期有八次[136]。雖然，東漢中期天災頻傳，戰禍時啓，吏治也愈見腐敗，但從賜貧者粟及災荒稟貸二項並居首位來看，政府未曾忘記救濟斯民的責任，也有此能力提供必要的援助，甚至在情勢緊迫時，還轉調比郡穀急圖相救[137]。中期政府的努力振作，未嘗不使其政權於流、盜紛起時，得以苟延殘喘，而此類措施的可能效果，似乎也不宜全然漠視。只是這些措施並無正本清源的作用，除非有更積極的作法，無以遏止持續惡化的趨勢。至於兵飢最甚的東漢晚期，流民理應最多，桓帝建和三年詔：「民有不能自振及流移者，稟穀如科。」[138]但由流人貧者不稍減少的情形觀之，豪惡吏能否按科律行事，實成問題。而特詔之災荒稟貸，竟只有中期的五分之一，恩賜貧者粟也聊勝於無，這不僅反映政府的財用虛匱，無力賑贍百姓，也顯示政府對民生問題的關切程度減退，與人民漸離漸遠。這樣的政權當然是無法再繼續下去的。

東漢政府在稟給百姓上常力有未逮，民間救給乏絕反而漸成風氣，自宗族觀念發展以來，許多有錢有力者便責無旁貸的贍卹宗人及邑里。馬援嘗歎曰：「凡殖貨財產，貴其能施賑也，否則守錢虜耳。」乃盡散以班昆弟故舊[139]。他如廉范積財粟，悉以賑宗族朋友；朱暉盡家資，分宗里故舊之貧羸者；廖扶聚穀數千斛，用給宗族姻親；馮緄之父賑赴窮急，爲州里所愛；种暠散財三千萬，悉與宗族及邑里貧者[140]。甚至有些大豪族，在感受這股風習之餘，也開始振施百姓，如馬防歲時賑給鄉閭，故人莫不周洽；梁商施租穀於貧餧，不宣己惠[141]。東漢尤其於桓、靈間，政府財用顯然不足，多次向王侯假貸，減百官俸祿，但另一方面，竟無視民生危殆，向人民歛財，以爲無益之修造。在朝廷不能扶持困乏之時，末季的許多百姓只有靠家世豐產者的傾資賑贍，才得苟全性命，如劉翊素以能周施著稱，黃巾賊起，更給數百人食；童恢之父遭世凶荒，九族鄉里賴其全者以百數；曹全知卹民之要，以家錢糴米粟，安郃陽黎庶；趙溫散家糧以賑窮餓，所活萬餘人；張儉、鄭太俱於獻帝飢亂時，贍救里民甚衆[142]。民間自發性的周濟行動，適切發揮人溺己溺，人飢己飢的博愛精神，足令忝爲民之父母，却未善盡育民之責的東漢政府，汗顏無地。

漢人很有倉儲備用的觀念，鹽鐵論大夫曰：「豐年歲登，則儲積以備乏絕。」仲長統曰：「蓄積誠多，則兵寇水旱之災不足苦也。」[143]倉儲的目的，在改善糧食的時間效用，預防週期性波動與季節性波動所導致的糧食缺乏或糧價過高[144]。漢有平糴法，視歲之豐欠，以爲輕重歛散[145]。但問題則在漢政府常知歛而不知散，使備用救濟之意，難以眞正達成。漢代爲了使倉儲制度發揮穩定社會的功能，對開倉稟貸一事極其愼重，一般都是遣使者案行受災郡國，或特令長吏開府藏，才得賑貸。使者皆因事奉派，不專其職，以光祿大夫、博士、謁者等爲多，三公、將軍、太師、侍御史等也偶有所見，東漢末還有遣三府掾、四府掾的。卽使特置養贍官稟食流民，也需使者監領[146]。但也由於政府的過於謹愼，使官吏未經詔書核准，便不敢應權變，視實際需要而給贍飢民。漢書汲黯傳，黯因事使河內，還報曰：

> 臣過河內，河內貧人傷水旱萬餘家，或父子相食，臣謹以便宜，持節發河內倉粟以振貧民。請歸節，伏矯制罪。

雖然武帝賢而釋之，但汲黯以便宜發粟，仍難脫矯制之嫌。東漢王望爲青州刺史行部，亦以便宜出所在布粟，而公卿競以望爲專命，法有常條，欲治其罪[147]。君臣忽略百姓窮荒之情，遲不救助，聽其死徙流離，已有虧愛民之意，若還斤斤於小節，苛責慼然哀之者，無乃太甚乎！鍾離意曰：「望懷義忘罪，當仁不讓」[148]，爲政者實該引以戒勵。然一般官吏仍多所顧忌，不敢輒行賑給，後漢書循吏第五訪傳：

> 遷張掖太守。歲飢，粟石數千，訪乃開倉賑給以救其敝。吏懼譴，爭欲上言。訪曰：「若上須報，是棄民也。太守樂以一身救百姓！」遂出穀賦人。……由是一郡得全。歲餘，官民並豐，界無姦盜。

開倉稟給，必須上報，左雄曰：「青州飢荒，盜賊未息，民有乏絕，上求稟貸。」[149]亦是其例。但人命垂危之際，事機當迅速決斷，何能遷延不決，或等待公文往返？只要出穀賦人，便可度過難關，否則道殣相望，姦盜並起，社會益亂矣。韓韶為贏長，流民入縣求索衣糧者甚衆，主者爭謂不可開倉，韶曰：「長活溝壑之人，而以此伏罪，含笑入地矣。遂稟贍萬餘戶。」[150]小小縣倉若能善加運用，亦能救急於一時。只怕兩漢官吏中有韓韶等人之仁心與勇氣者，少之又少。而稟假貧人稍有不慎，便可能如賫瓌之被坐罪[151]，則還有多少人敢冒觸禁之險，適時開倉給貸飢民？若倉穀有餘而路有餓殍，為政者豈能委卸責任！

斂而不散的情形在吏治不佳時更為嚴重，不肖官吏只知豪取於民，以儲峙為能事，曾無恤惕百姓之意，如王莽使者日且十輩，倉無見穀以給，便取辦於民[152]。但民已空乏，將從何求？隸釋卷七「竹邑侯相張壽碑」：

> 遭江揚劇賊，上下（缺）征役賦彌年，萌于（缺）戈，杼軸罄殫，君下車崇尚儉節，躬自菲薄，儲峙非法，悉無所留，幷官相領省倉（缺）……。

這些非法積具當是斂自人民，不肖官吏却在「杼軸罄殫」時，不散與百姓，則倉儲縱然豐積，於民又有何益？崔寔為五原民作紡績之具，使其免於寒苦，也是來自「斥賣儲峙」所得[153]。漢政府重視倉儲，惡吏竟借此因緣為姦，馬端臨曰：「農人服田力穡之贏餘，上之人為制其輕重，時其斂散，使不以甚貴甚賤為患，乃仁者之用心。若諉曰國家不取，必為兼幷者所取，遂斂而不復散，而貲以富國，誤矣。」[154]漢代開倉稟貸的良法美意，顯然時被扭曲。

散而不實是稟貸的另一難題。漢書王莽傳：

> 流民入關者數十萬人，乃置養贍官稟食之，使者監領，與小吏共盜其稟，飢死者十七八人。

王莽敗亡前，平準帑藏錢帛等財物甚衆，地皇元年，還令吏民以義入錢穀助作宗廟，入米六百斛者爲郎[155]，則三輔倉儲未必不多。王莽欲因稟食流民而挽既倒之狂瀾，或許不太可能，但應急於一時，使流民暫免立即死亡，並非難事。東觀漢記安帝紀永初七年：「調濱水縣彭城、廣陽、廬江、九江穀九十萬斛，送敖倉。」三輔諸倉的容量不應比敖倉少，若依日常食量每人月一石半計之，九十萬斛可供六十萬人食用一月。則王莽不必傾倉賑贍，便可暫穩形勢，絕不至於飢死十七八的地步。而小吏盜其稟的猖狂作爲，相信也發生在其他稟給措施中，只是官官相護，或不曾像獻帝那樣細心發覺而已。後漢書董卓傳：

> （獻）帝使侍御史侯汶，出太倉米豆為飢人作糜，經日而死者無降。帝疑賦卹有虛，乃親於御前自加臨檢。既知不實，使侍中劉艾出讓有司。……自是後多得全濟。

開倉賦卹，經日而死者無降，則問題顯然與倉穀多少的關係不大。若王莽也能似獻帝之體察民情，數十萬流民或可暫得全濟。漢代屢次稟賜貧不能自存者粟，然詳論究竟，亦頗有疑處，後漢書和帝紀永元五年二月詔：

> 去年秋麥入少，恐民食不足。其上尤貧不能自給者戶口人數。往者郡國上貧民，以衣履釜鬵為貲，而豪右得其饒利。

類似情況在建初元年詔中已見端倪：「流人欲歸本者，郡縣其實稟，……長吏親躬，無使貧弱遺脫，小吏豪右得容姦妄。」[156]若受稟者不眞是郡國貧民，或故意遺脫，則漢政府的一點微薄心意，便要因惡吏豪右的上下其手而大打折扣，或竟付諸東流。章、和之際的吏治尚未極度敗壞，在稟賜上已流弊叢生，實難想像吏治更不如此的其他時期，流民下貧者能得到多少實利。有時，賑給名爲發放給貧人，惡吏卻暗中刁難之，如章帝詔：「方春東作，恐人稍受稟，往來煩劇，或妨耕農。其各實竅尤貧者，計所貸幷與之。」註曰：「稍謂少少給之，不頓與。」[157]惡吏不一次幷與稟貸，其居心頗令人費解，或欲以愁擾百姓耕作，借機侵奪之也。

斂而不散，散而不實之外，漢室賑贍的另一問題是倉儲不足。樊準上疏曰：「伏見被災之郡，百姓凋殘，恐非賑給所能勝贍，雖有其名，終無其實。」[158]可能卽因儲積不豐而抑減稟貸效果。若不幸政府的帑藏空竭，則一切稟貸皆爲泡影，百姓的命運將未可逆料。武帝元封四年石慶自罪曰：「城郭倉廩空虛，民多流亡。」成帝時數以百萬計的流散冗食，竟在谷永所述的情形下度過殘生：「公家無一年之畜，百姓無旬日之儲，上下俱匱，無以相救。」[159]稟貸尚且未必勝贍，何況是倉穀爲虛呢？抑有甚者，若一政權已至於陳蕃所言之「田野空，朝廷空，倉庫空」的境地⑯，而政府猶貪殘自逞，無恤民之意，則離散飢民必棄之如敝屣，視之如寇讎，其不土崩瓦解，亦甚難矣。

漢宣依耿壽昌之議設常平倉，依穀價貴賤，隨時糶糴，並借以省關東漕運⑯。此法本有調節物價的功能，唯常平以邊儲爲主，非爲救災而設，飢民鮮有蒙其利者⑯，元帝更因其與民爭利而罷廢之。應撝謙曰：「穀石三百，人至相食，常平倉何在？不過吏以爲市，壟斷漁利耳，此其所以可罷也。」⑯平糶與稟貸兩失之，常平倉的價值就可想而知了。王莽與明帝都作常滿倉，除了制度甚盛，府稟環積外⑯，不詳其如何安撫兩漢間衆多的流人貧者。但當公卿再議常平倉時，劉般以「常平倉外有利民之名，而內實侵刻百姓，豪右因緣爲姦，小民不能得其平」，力止其事⑯。且終東漢之世皆無人再提及，則常平倉在運作中之敝多於利，已是無庸煩言的了。

漢世荒政中甚被忽略，但可能頗具安民作用的，是政府以見錢穀雇直。漢書成帝紀河平四年關東大水，詔：

避水它郡國，在所冗食之。

文穎註曰：

冗，散也。散稟食使生活，不占著戶給役使也。

役使給食，有工賑的意味，卽政府於稟給之外，又可得人使與工事。但文穎註釋是否有所依據，尚難論斷，唯此法在桓譚的構想中得到確證，其諫王莽以浮食流民治河，曰：「空居與行役，同當衣食；衣食縣官，而爲之作，乃兩便。」[166]可見其好處不僅在恤飢，還可成就民利，實爲惠而不費之良政。只可惜漢人對工賑的認識似乎不深，王莽也未採行桓譚的建議，故災荒時極少用這種方法來救濟流民貧者。東漢所見的兩次，也很難確估其效果，後漢書光武帝紀建武二十二年地震裂，制詔：

> 吏人死亡，或在壞垣毀屋之下，而家羸弱不能收拾者，其以見錢穀取傭，為尋求之。

官府雇傭的目的只在整理善後，不在賑助生計，故尚難說是以工代賑。桓帝永壽元年的災荒，詔：「其百姓吏民者，以見錢雇直。」[167]不無可能卽是工賑。但因語焉不詳，是後又不再見其例，影響層面應極有限。

漢代經常遣使循行天下，觀覽風俗。於災荒發生，流民以起後，更令其存問困乏者，收歛被害者，以周急濟困，使蒙更生。西漢自武帝起已使行災區，成、哀之時且賜死者棺錢，令郡國給槥櫝葬埋，平帝則進而爲疾者置醫藥，起宅里以居貧民[168]。這些救荒措施在安輯流民上，或許缺乏積極效果，但可使刼後餘生的百姓，得到些許慰籍，並暫免流離之苦。東漢在災後救濟上，並未跨越前代範疇，甚至還不曾置居所來安頓流民。但在歛瘞、賜棺錢方面，則自安帝以下顯著增多，至桓帝末而戢止[169]。這與東漢中期以來天災人禍俱烈，適相應和。只是這種辦法太過消極，除了可以防止疫病流行，使死者家屬稍得安慰外，對安定社會，百姓生計，並無實際助益。然此法至靈、獻之際廢而不行，這應是政府財力不足與哀民之意衰減的表徵，其所帶來的負面影響，則不僅於大疫奪人性命，也是災民流冗者對政權的更加失望。

文帝後元年問食之甚不足，其咎安在：「爲酒醪以靡穀者多，六畜之食焉者衆與？」[170]爲了撙節不必要的耗費，漢政府嘗於災荒時，令百姓禁酤酒、不得食馬粟。禁酤酒至少在景帝中三年有一次，東漢和、順、桓帝時各有一次[171]，但因所行之時間短，次數少，漢代又本有三人以上不得無故群飲的法令[172]，故影響程度很小，對紓解民食不足的問題可能無甚幫助。至於不得食馬粟，更是極少見的特殊案例[173]，其作用恐怕還不如禁酤酒。

賞賜老弱廢疾，或依科律稟給，似乎未能預防流民問題，一旦災荒荐臻，歲比不登，則又要靠稟貸等措施來安輯之。在上述各措施中，工賑的作用難以估量，而稟給與賑貸是最直接，也較具功效的辦法，餘者更不如之。兩漢的荒政看似不少，然若與比州連郡，不時大起的飢民流人相較，就顯然不足，如鮑宣曰：「貧民菜食不厭，衣又穿空，父子夫婦不能相保，誠可爲酸鼻。陛下不救，將安所歸命乎？」郎顗亦爲百姓請命：「未見朝廷賞錄有功，表顯有德，存問孤寡，賑恤貧弱，而但見洛陽都官奔車東西，收繫纖介。」[174]政府既不能收恤溫視流冗下貧，爲安立生業，則流民問題波波相連，與時俱烈，終將搖盪國基，沖決漢室。

## 第四節　強化吏治

漢宣嘗言：「庶民所以安其田里而亡歎息愁恨之心者，政平訟理也。」[175]吏治不良，豪強欺壓，既使民不得安其田里，則強化吏治，爲民興利，勸善禁姦，肅清政風，應可收安輯生民之效。

兩漢循吏頗知爲民興利，西漢的黃霸、龔遂、文齊等，東漢的王景、崔寔、孟嘗、周憬等，或以勸課農桑而被稱頌，或以流通商貨而得聲譽，皆使郡縣殷富，百姓蒙其利[176]。然循吏興化，澤惠有時甚廣，聞訊而來願意占著附業者，可能爲數不少，其治下常見：「百姓歸之，戶口增倍」，「流民占著」，「鄰郡貧者歸之」，或「戶口增多，國寧民殷」等景象[177]，即是最佳證明。勸民農桑本是守令的責任，正因不肖官吏怠忽職責，不能增開墾田，而循吏治下所居民富，才會有那麼多的貧民、流人奔赴循吏治所，以求生機。兩相對照下，循吏撫慰黎民的作用，自然就凸顯出來。

爲了杜絕惡吏豪強欺侮小民，勸善禁姦是各級官吏必須全力以赴，而又最難達成的工作。自西漢中期儒家思想取得大傳統的主流地位後，文帝黃老無爲式的治安之道已不能滿足儒家循吏[178]，唯有「富而後教」，「必也使無訟乎」，方可使「所居民富，所去見思」[179]，眞正達到勸善禁姦的目的。蓋官吏如能以德惠化下，則必事無寃濫，刑罰省減，流人既曾爲災禍苦毒所害，必欲擇善地居之，若聞有能以化治稱者，豈不群趨歸附，受其招懷？這在東漢豪惡勢力紛起時，看得尤其眞切，如汝郁以德教化，流人歸者八九千戶；第五訪政平化行，鄰縣歸之，戶口十倍；童恢勸善勵俗，牢獄連年無囚，流人歸化二萬餘戶；溧陽長潘乾爲政愛民，令儀令色，於是遠人聆聲景附[180]。循吏的德化寬惠，省刑勸善，與豪惡吏的殘酷暴虐相比，自然讓百姓有如沐春風之感而嚮慕不已。故欲防禁黎民流散，使脫籍者重登戶版，爲吏之道，至關重要。

兩漢惡吏豪強甚多，這些人實未易以德教化之，以禮法約束。不少守身持正的官吏在面對這類問題時，寧可以威嚴御之，以權術治之，而不專任德教。像西漢的趙廣漢、尹翁歸、張敞、王尊等皆是廉明謙退，間行儒雅，能知愛民之人，但其處事態度務實，又不脫機謀[181]，終與儒家「導之以德，齊之以禮」的化育方式不盡相同。東漢的張堪、杜詩、朱暉、王渙、應奉、仇覽等爲政清平，懷仁惠下，但也威能討姦，嚴設科罰，力求事功，以得治效[182]。漢代對官吏的期許，並不特別要求個人道德的提升，而守令的職責中，「舉善黜惡」、「顯善勸義」，遠沒有「決訟斷辟」、「誅討暴殘」、「禁姦罰惡」、「理訟平賊」的分量大[183]，漢宣帝曾曰：「漢家自有制度，本以霸王道雜之，奈何純任德教，用周政乎！」[184]章帝時馬嚴誡爲政者宜加防檢，引左傳鄭子產言曰：「上德以寬服民，其次莫如猛。故火烈則人望而畏之，水懦則人狎而翫之。爲政者寬以濟猛，猛以濟寬。」[185]可見漢人於循吏善誘之外，仍深信以威止奸可使小民免於豪惡欺壓，適時適度的以猛濟寬，有時反而更見治民之效。

漢官行事雖然校論功實，但在不少良吏身上，也可發現一種擴大恢宏的氣度與理念在指引著他們。賈誼曾曰：「俗吏之所務，在於刀筆筐篋，而不知大體。」[186]則能知大體者，必不務於科條徵斂，亦不能苟同豪惡俗吏所爲。若其危及民生與吏道，這類良吏的處事之法是：「緩於小弱，急於豪彊」，「拊循貧弱，鉏耘豪彊」，「示誅彊橫而鎭撫其餘」，「挫抑彊豪，其小民有罪，多所容貸」[187]。黃霸云：「凡治道去其泰甚者耳」[188]，此之謂也。長吏能去泰甚，知弘大體，不斤斤於小者，不事事求全備，其爲政將寬而不苛，其治行則甚見功效，百姓居所部必樂以安生，流人知其情亦傾心從化。這種理念若用之於邊民、罪犯等較特殊的人，亦極恰當。後漢書馬援傳，援在邊，「務開恩信，寬以待下，任吏以職，但總大體而已」，所注意者，唯「大姓侵小民，黠羌欲旅距」二事。馬援之所以如此行事，或許可由班超的體悟中探知。超被徵，任尚與之交代，超曰：「塞外吏士，本非孝子順孫，皆以罪過徙補邊屯，…宜蕩佚簡易，寬小過，總大綱而已。」[189]無論在邊或內郡，良吏能本著弘大體的理念，不務苛察，以寬待下，則可為漢世治道樹立另一種典範。

漢代酷吏甚多，其治少溫藉，好殺戮，惡吏畏之若寒蟬，豪強避之恐不及，是以治內亦能清正，吏民莫敢犯禁。然法家式酷吏的行徑終非為吏正道，任情妄殺勢必造成過於冤濫，因此而破家散亡者恐怕不在少數，如義縱之報殺探獄者二百餘人；王溫舒以連坐法捕擊千餘家；嚴延年羅織罪名，中傷所欲誅者；周紆數因坐殺無辜或慘苛失中而左遷；王吉屠戮慘毒無算，郡中惴恐，莫敢自保[190]。百姓若不幸居於酷吏所部，自是動輒得咎，惶懼不安，其甚者可能亡逃於他郡國，而遠方流民聞之，豈有敢來此安居者？是以為政者如何把持分寸，使治道嚴而不酷，威而不虐，猛而不暴，是極重要的。洪邁、顧炎武、趙翼等曾比較漢武及光武二帝之治盜寬嚴，三人幾乎一致認為法愈嚴而盜愈多，法愈疏而盜易散[191]。雖然二帝所處之客觀環境不同，但至少說明了以殺止殺，嚴法箝制，並非安民良策。官吏若能惠愛化下，抑強扶弱，反而使民愛之親之，永誌感懷：

（劉）寵簡除煩苛，禁察非法，郡中大化。徵為將作大匠。山陰縣有五六老叟，尨眉皓髮，自若邪山谷間出，人齎百錢以送寵。……對曰：「自明府下車以來，狗不夜吠，民不見吏。年老遭值聖明，今聞當見棄去，故自扶奉送。」（後漢書循吏劉寵傳）

（王）渙喪西歸，道經弘農，民庶皆設槃案於路。吏問其故，咸言平常持米到洛，為卒司所抄，恒亡其半。自王君在事，不見侵枉，故來報恩。（後漢書循吏王渙傳）

循吏之溫煦德意，百姓自是點滴在心頭，故當其去職或歸喪時，人民不畏遠，不憚煩，心誠意敬的表達懷念之意，此情此景，適與酷吏的苛薄寡恩，讓人畏懼，形成強烈對比。他如百姓親愛召信臣、杜詩，以「召父」、「杜母」稱之；感慨張堪之仁明，頌曰：「桑無附枝，麥穗兩歧，張君爲政，樂不可支。」追思劉陶，歌曰：「邑然不樂，思我劉君。何時復來，安此下民。」信服賈琮之爲政，巷路皆曰：「賈父來晚，使我先反，今見清平，吏不敢飯。」[192]而爲文翁、朱邑、文齊、王渙、童恢等奉祠立碑[193]，以及數量頗不算少，以歌頌功德爲主的漢碑，在在顯示治道不必以酷虐，寬平亦可使民翕然反善，而其治效之影響深遠，感動力強，不僅循吏治下的百姓樂業安生，還有不少遠人附就之例，這些豈是酷吏所部能夠出現的？

漢政府極重視吏治，爲了防制俗惡酷吏的囂張跋扈，欺凌百姓，早在惠帝時就有九條監郡的辦法，至武帝元封五年，才定制爲六條問事。總六條所問，不外乎抑豪右，杜姦利，省刑罰，防請託[194]。非條所問，卽不省察，所察過詔條，亦被奏劾[195]。漢代「政」、「教」之間存在著內在緊張[196]，從刺史的六條問事來看，朝廷只要求官吏奉行律令，循守職權，却全未提及化民成俗，以德教化等事。亦卽漢政府只消極的監督長吏，使其不得越軌，不能借著積極的獎勸撫慰，使其油然興起仁民愛物的責任感與使命感[197]。若依前文所論，儒家式的循吏秉持著「富而後教」的觀點治事，對於預防流民產生，安輯百姓生活，確有莫大的作用。但這些決不是僅靠著奉法循理，六條巡察，就能克竟全功，還必須對儒家仁愛教化的吏道觀有深刻的了解與認同，才能做這樣的自我提升[198]。事實上，六條問事的最大弊端，並不在制度設計上缺乏德化思想，而在部刺史行事常不能奉承科條，薛宣上疏成帝曰：

> 殆吏多苛政，政教煩碎，大率咎在部刺史，或不循守條職，舉錯各以其意，多與郡縣事。…郡縣相迫促，亦內相刻，流至衆庶。是故鄉黨闕於嘉賓之懽，九族忘其親親之恩，飲食周急之厚彌衰，送往勞來之禮不行。（漢書薛宣傳）

部刺史舉錯煩苛，所察過詔條，既失監督長吏之責，又毒流衆庶，壞九族鄉黨親親之義。如是則漢家政令不能達成，儒家循吏所發揮的安輯效果亦無法想望。

漢代官吏有各爲私教的習慣[199]，循吏所下之教令，可以補朝廷政令之不足，也可以體現儒家教訓，如文翁使學官諸生傳教令，吏民見而榮之，爭嚮化；馮立好爲條教，百姓頌其聰明賢智，比之周公、康叔；薛宣所居皆有條教可紀，多仁恕愛利；張湛在郡修典禮，設條教，政化大行；仇覽勸人生業，爲制科令，並賑恤窮寡，稱大化；童恢耕織種收，皆有條章，故牢獄無囚，流人歸化[200]。這些條教既有勸善顯義，安定生民的作用，當亦可撫輯流亡，招來遠人。不幸，惡吏所爲之私教常違善良禮俗，妄意出入法令，使百姓蒙其害，如宣帝五鳳二年詔：「今郡國二千石或擅為苛禁，禁民嫁娶不得具酒食相賀召，由是廢鄉黨之禮。」質帝本初元年詔：「頃者，州郡輕慢憲防，競逞殘暴，造設科條，陷入無罪。」[201]私教之利弊得失全繫於施教者一人之身，若官吏本寬和之意，化以恩禮，百姓自然感懷；若其貪淫酷虐，阿枉所私，人民自是怨聲載道。而唯有官吏提升其自覺意識，體現儒家吏道觀，才有可能使吏治臻於善境。

漢代官吏的考績黜陟一以考課為準，守令於秋冬歲盡遣吏上計，凡戶口墾田，錢穀入出，盜賊多少等，皆為課校事項[202]。考課法中雖未注入儒家「富而後教」的觀念，但若能切實做好養民、裕民、衞民的工作，亦差堪稱是「盡美矣，未盡善也」。然而，兩漢頗多貪暴吏，考課又常不以實，所謂「上計簿，具文而已」，「傾側巧文，要取便身利己」，「不揣流亡，競增戶口，…姦惡無懲，署用非次」[203]，都顯示漢代的吏道不盡理想，考課徒具虛名，使百姓無辜受害，甚至出現流民問題。有時，過度拘泥考課中的漢家政令，反而成為循吏施惠政的束縛。如兒寬寧捨法令而假民租稅[204]，若以法論法，自不免於課殿，但若深究武帝時之賦稅奇重，則亦會感慨兒寬之所為。此外，韓延壽的好古教化，卻引起宣帝疑忌，他的假貸官錢供吏民徭使，反被指為假公濟私，收買人心[205]；而以殘酷著稱的義縱，竟因吏民不敢逃亡逋欠，被舉為第一[206]。可見漢家政令中若不注入仁德惠愛的概念，縱有再多自動自發，善心善意的循吏，也是枉然。建武初，任延為武威太守，帝戒之曰：「善事上官，無失名譽。」[207]官吏戒慎恐懼的應付上官，視考課為大事，可能不是光武帝突如其來的想法，而是社會普遍流行的做法。像任延那樣義正辭嚴地駁正光武帝，並履正奉公地行其所是，恐怕還是官場中少見的異數。西漢時京房曾另制考功課吏法，奏請行之，時朝臣刺史等多以為煩碎不可許。京房的考課法今已不傳，唯晉灼注中可略窺其意：

> 令丞尉治一縣，崇教化亡犯法者輒遷。（漢書京房傳）

漢代守令無教化之責，唯鄉官中的「三老」才是眞正掌教化的人，但三老只是「衆民之師」，其性質與郡縣屬吏殊絕[208]。京房是儒者，他似欲將儒家「崇教化」的概念注入考課法中，使漢室政令在注意戶口墾田，禁姦罰惡之餘，也注意仁德禮讓。可惜京房此法未能施行，而循吏的以德化下也只限於個人的自覺行動。宣帝時王吉上疏言得失曰：「其務在於期會簿書，斷獄聽訟而已，此非太平之基也。」[209]斷獄聽訟是守令的重要職責，而期會簿書正爲考課做準備。漢代的考課制度既如此僵化，官吏行事又多虛僞不實，則有多少守令眞能善盡其職，以民爲念，實在令人懷疑。也就難怪兩漢經常爲吏治不良與流民問題所苦了。

漢代良吏並不算少，安輯生民的成就也有目共睹，但此數十人不過是兩漢四百年間各官司群吏中的極小部分，以他們的特殊案例來代表整個吏政風紀，實在有所不足，如昭、宣二帝選任賢良，積極整頓吏治，黃龍元年詔仍曰：

> 今吏或以不禁姦邪為寬大，縱釋有罪為不苛，或以酷惡為賢，皆失其中，奉詔宣化如此，豈不謬哉！（漢書宣帝紀）

昭、宣歷經四十年的努力，猶不能盡除武帝弊政，數十良吏儘管身爲表則，又曷足導引散布全國各地的官吏，使其具能盡心平治？哀帝策免孔光語：「父子分散，流離道路，以十萬數，而百官群職曠廢，姦軌放縱，……君無怵惕憂懼之意，對無能爲。」[210]君臣於吏治深感無能爲力，無異宣告考課制度已失去作用。東漢自中葉以後，外戚宦官勢力大起，吏治益趨惡化，考課制度也已至清濁不分，以黑爲白之境，後漢書左雄傳：

> 監司項背相望，與同疾疢，見非不舉，聞惡不察，……言善不稱德，論功不據實，虛誕者獲譽，拘檢者離毀。

在位者任非其人，歪風瀰漫朝中，循吏縱有濟世之志，亦感孤掌難鳴，欲其挽末季之頹勢，已不可能矣！

考課與察舉是強化吏治的兩柄利器，考課用以監督非法，獎勸良吏，察舉用以提高素質，維持吏治水準。二者密切相關，互爲影響。若察舉偏阿，郡縣考課不實，則當塗者爲貪叨凶暴之人，依託求媚者遂有機可乘，如此惡性循環，吏治將無澄清之日。兩漢的考課績效不彰，已具論如前，欲由此而得良選，實大爲不易。漢代選制自武帝以後才眞正建立，其薦舉之路廣，同坐之法嚴，不少廉謹賢士得以被拔擢，而選舉不實者亦遭貶黜[211]。但兩漢察舉之弊依然嚴重，漢書貢禹傳：

故亡義而有財者顯於世，欺謾而善書者尊於朝，誖逆而勇猛者貴於官。……察其所以然者，皆以犯法得贖罪，求士不得真賢，相守崇財利，誅不行之所致也。……相守選舉不以實，及有臧者，輒行其誅，亡但免官，則爭盡力為善。

從貢禹要求對失職舉主從重量刑，以遏止選舉不實的風氣來看，濫選問題顯然已至相當嚴重的地步。東漢自章、和以後，察舉便趨腐化[212]，韋彪曰：「是時陳事者，多言郡國貢舉率非功次，故守職益懈而吏事寖荒。」[213]此後「以族舉德，以位命賢」，「名實不相副，求貢不相稱」的情況愈演愈烈[214]，於是牧守鮮用德選，舉朝率多浮僞。事實上，漢代察舉制度中含有相當成分的儒家賢能觀念，各科目中最與儒家德行有關的「孝廉」一科能脫穎而出，卽見儒家任官標準已爲入仕之重要條件[215]。在此任官標準下，卽便考課制度缺乏崇儒興化的誘因，每個官吏所承自儒家的薰陶，也不應使東漢中葉以後的吏治腐化到無可救藥的地步。後漢書循吏傳序：「自章、和以後，其有善績者，往往不絕。」東漢浸淫儒術日久，循吏並不算少，爲民興利，富而後敎的使命感也相當強烈，理應是大有可爲的時代。不幸因外戚宦官當權，儒家賢能觀念的任官標準被漠視，循吏典選也常受到無謂的阻碍，如陳蕃、黃琬、張奐等皆以選舉不偏權富，爲勢家所譖；河南尹田歆當舉六孝廉，因多得貴戚書命，不宜相違，而感歎爲國舉才之不易[216]。維持官吏素質的察舉制度若失去把關作用，強化吏治將是一紙空談，一切撫輯流亡，安頓人民的想法，也都顯得不切實際。

政治區畫的大小亦影響吏治功能。兩漢關東區是孕育流民的溫床，流民四處竄亡，經常移向江南一帶。因其土廣人稀，無饑饉之患，政府又素來忽略，控制力較弱，是失籍、脫籍者之理想居處，但也因此給南邊的社會秩序帶來獨特的問題。兩漢之際，侯霸爲隨宰，「縣界曠遠，濱帶江湖，而亡命者多爲寇盜。霸到，卽案誅豪猾，分捕山賊，縣中清靜」[217]。隨屬南陽郡，臨界南邊，但縣境廣大，易致盜匪的問題，却已暴露出來。東漢南邊每縣的平均人口約爲關東區的百分之九一，但南邊縣境平均約爲關東區的六·一八倍[218]，在政府員額不太可能相對增加下，南邊百姓所受到的照顧就比關東區少得多，而他們所承擔的責任並不比別區輕，後漢書循吏衞颯傳：

> 去郡遠者，或且千里。吏事往來，輒發民乘船，名曰「傳役」。每一吏出，傜及數家，百姓苦之。颯乃鑿山通道五百餘里，列亭傳，置郵驛。於是役省勞息，姦吏杜絕。流民稍還，漸成聚邑。

百姓苦役所引出的流民問題，實與行政區劃不合理有關。東漢中晚期，盜匪日益猖獗，南邊所占比例尤高，其原因之一是郡縣遐遠，賊踪飄忽，追案不易，於是姦宄公行[219]。故欲強化吏治，解決百姓遠役的問題，並迅速弭平賊寇，使黎民不爲所困，漢政府勢需合理調整南邊的行政區畫。然而除了馬援奏請將西于縣分置封溪、望海二縣外[220]，漢人於此甚少著力。直至末季，仲長統復建言：「今遠州之縣，或相去數百千里，……當更制其境界，使遠者不過二百里。明版籍以相數閱，審什伍以相連持。……」[221]但已爲時晚矣！北邊雖然也境界廣遠，但人口相對稀少

㉒，管理壓力沒有南邊大，故問題也不若南邊明顯。南邊雖然有不少循吏，但在此不利之特殊環境下，其吏治水平當然不會太高，流民亡命者之奔赴此處，盜匪比例之偏高，應可說明此一事實。

## 第五節　移徙政策

大規模的移徙政策，是漢政府解決流民問題之一方法。漢代有多種移徙措施，但未必皆與流民有關，其中，三選七遷，徙吏二千石、高訾富人及豪傑并兼之家於關中陵邑，是最出名的一種。然自元、成以後，因豪強勢力已大，遷之不易，三輔又理多煩劇，治安不佳，政府在財力有限，糧產不繼等因素困擾下，終於廢止此一政策㉓。此外，漢初置新豐，城黽池，所徙雖然不限三選之人，似亦不是流民㉔。

流民移徙有個別的、小集團的流遷，也有集體的大規模群移。前者可能發生在任何時候，靠的是自求多福，與政府關係不大。後者通常在災荒嚴重，戰亂大起，或有防邊需要時出現。由於流民的個別行動對社會的影響甚微，除非累積到相當程度，難以察覺其演變趨勢。而大規模的群移多能引動政府關注，或得其協助，故較易做直接觀察，本節就以這類移徙爲主要討論範圍，並借此了解政府的行政效率與應變能力。

流民移徙始自高帝二年，關中大飢㉕。其時關中亂甚，高帝的勢力範圍在號爲天府的蜀漢，故令民就食於此。一般而言，流民多自地狹人稠的關東地區，徙至空曠肥饒的寬大地。漢書景帝紀元年詔：

> 間者歲比不登，民多乏食，…郡國或磽陿，無所農桑繫畜；或地饒廣，薦草莽，水泉利，而不得徙。其議民徙寬大地者，聽之。

磽陿郡國應指關東區，寬大地者或指北邊。但景帝只聽民自徙，並未以政府之力助之。武帝則不然，元朔二年夏募民徙朔方十萬口㉖，是西漢第一次大規模的徙邊行動。自晁錯提出徙民塞下，相募而勸往的辦法後，漢代政策性的移民開邊，就以這類屯田爲據點㉗。至於以移民來解決災荒問題，始自元狩四年：

> 天子遣使虛郡國倉廩以振貧，猶不足，又募豪富人相假貸，尚不能相救，乃徙貧民於關以西，及充朔方以南新秦中七十餘萬口，衣食皆仰給於縣官。數歲，貸與產業，使者分部護，冠蓋相望，費以億計，縣官大空。（漢書食貨志）

這次移徙是在匈奴敗降，新闢疆土之後㉘，而徙民塞下不單可舒緩內郡災荒壓力，減低動亂危險，也有助邊區發展，以強化國防，免於外患威脅。元狩四年的被徙者毫無疑問的是關東下貧，亦即公卿所言之「貧民無產業者，募徙廣饒之地」的那批人㉙。在整個移徙過程中及其後的數年，漢政府本照顧之義務，賑予衣食，貸予產業，雖然弄得縣官大空，不得不別開財源，但在安輯生民上，確已盡了最大的努力與心意。

類似的大規模移徙又發生在元鼎二年，武帝依然令使者護之，下穀粟振之，並令「飢民得流就食江淮間，欲留，留處」[230]。這次行動是飢民自行向江淮間流移，漢政府只居輔導地位，而不是一個強制者。南邊除了巴蜀地區，仍是一個尚待開拓的處女地，漢代多次將南蠻夷越內遷至江淮一帶[231]，但卻不曾有計畫的協助流民移墾該區[232]，就連元鼎二年的一次，也不過是隨順災民所至，沿途加以照顧而已。這不能不說是漢代移徙政策的一大缺憾。武帝或許是得到元狩四年長途移徙，爲民置產，使縣官大空，幾至於亂的慘痛教訓，對流向江淮的飢民，僅振護其食，不再迫令移居，或貸與產業。武帝的這種認知，也可能影響其對元封四年流民的處置。當公卿請徙流民於邊以謫之時，武帝切責丞相石慶曰：

> 今流民愈多，計文不改，君不繩責長吏，而請以與徙四十萬口，搖蕩百姓，孤兒幼年未滿十歲，無罪而坐率，朕失望焉。（漢書石慶傳）

移徙四十萬口，將是漢室很大的財政負擔，武帝雖未明言，相信這層應是重要考慮。另從「搖蕩百姓」一語來看，徙者也未必眞願離開家鄉。元狩元年淮南王欲謀反，苦無形勢可資利用，伍被遂獻上徙民朔方之計，以鼓動民怨[233]。可見百姓視徙邊如畏途，如非政令逼迫，萬分無奈，很少人會情願徙至荒寒之域，危亡之境的。許多徙民美其名曰「募」，政府以利誘之，並尊重其意願，但實際上威迫也是重要推動力量[234]。如果武帝有意徙之，這些流民恐怕是無置喙餘地。

一般而言，徙邊者除了關東下貧，主要就是抱怨過當，或誖逆亡道者[235]。元封四年的流民只是生計困難的貧者，畢竟與謫戍之刑徒或姦猾吏民不同。武帝公卿竟然以謫爲名，將其視同罪人，流放邊區，則這些人的移徙縱可暫時減輕關東地區的壓力，若欲其保塞實邊，樂於其處，恐怕猶待提振士氣，或給予更多實質利益。故這次計劃性移徙，就連武帝本人也持懷疑態度，未予施行。董熠救荒活民書亦批評曰：「流民移徙，誠當安集勞來，乃欲徙之於邊，固非良策。」[236]是以漢代此後雖仍時有流民，政府已極少再用這類大規模移徙的辦法，有之，則已如平帝之改採務實作風，漢書平帝紀：

> 郡國大旱蝗，青州尤甚，民流亡。……罷安定呼池苑，以為安民縣，起官寺市里，募徙貧民，縣次給食。至徙所，賜田宅什器，假與犂、牛、種、食，又起五里於長安城中，宅二百區，以居貧民。

流民除了被募徙於邊區，多數時候還自行群移，隨處向各方流竄，如昭帝始元四年的「流庸」，宣帝地節三年的「流民還歸者」，已算是得到特別關注的幸運兒了[237]。而元、成年間四度欲入關的流冗貧人[238]，如果不是進向京畿重地，恐怕尚難卜其命運，但已使政府疲於應付，手忙脚亂了。平帝將流民就近遷於所置新縣，並予治生之具，可謂是一項善用地利之便，又節省財力的創舉。另將部分人徙於長安城中，設宅居之，則是自三選七遷以來僅見的一次將貧民置於京畿。此法已較武帝的遠徙邊區變通許多，而且還減省不少長途振護之費。不過，這次移徙可能是王莽為籠絡人心而開的空頭支票，因為兩漢書志中具不見安民縣蹤跡，則這些流民的境遇及其對社會的影響，就很堪玩味了。

東漢也有流民移徙的問題，但在很多方面與西漢不盡相同。如章帝元和元年詔：

> 其令郡國募人無田欲徙它界就肥饒者，恣聽之。到在所，賜給公田，為雇耕傭，賃種餉，貰與田器，勿收租五歲，除筭三年。其後欲還本鄉者，勿禁。（後漢書章帝紀）

武帝期的幾次移徙，至多言「貸與產業」，餘則語焉不詳。元始二年的辦法，仍欲置邑以安流民，這是東漢從未採行的方式。元和元年的移徙雖云是「募」，實則「恣聽之」，並准予其日後返鄉，這是一般計畫性移民難得開出的條件。另從賜公田、貸種食、減租算等東漢荒政最常用的措施來看，輔導人民取得生活憑籍，解決地狹人稠的問題，並支助其墾荒所需，應是這次流徙的主要目的。東漢早期已多次出現流民，章帝此舉或許在撫輯無田貧民，防止形勢惡化上，有較積極的意義。至於流民徙至的地區，可能以肥饒待墾的關東、江淮一帶為主，而不再是北邊。元和三年章帝告常山、清河等關東六郡守相：「今肥田尚多，未有墾闢，其悉以賦貧民。」[239]則元和元年的無田欲徙者，恐怕就以關東地區為其流徙目標。在歷史上，移民未必皆遷至遼遠地區[240]，若能於家鄉附近找到理想耕地，自可免除跋涉之苦，又可不必面對陌生環境，實為流徙者之最佳選擇。此外，東漢江淮的發展，也使其成為流民歸趨之所。如安帝永初間被災之郡百姓凋殘，樊準建議：「尤困乏者，徙置荊、揚孰郡，既省轉運之費，且令百姓各安其所。」[241]

安帝只開倉振貸，似未主動移徙，但樊準之語足可證明荆、揚一帶已成爲王莽之亂以來最被人看中的廣饒地，東漢人口的驟增，其地的開發，自徙者居功厥偉。

照顧人民生活本是政府的義務，流民群移，政府自應負協助、安頓之責。東觀漢記杜林傳：「其被災害民輕薄無累重者，兩府遣吏護送饒穀之郡。」後漢書梁慬傳：「安定、北地、上郡皆被羌寇，穀貴人流，不能自立。詔慬發邊兵迎三郡太守，使將吏人徙扶風界。」由前文觀之，所謂「無田欲徙」者，「尤困乏者」，「輕薄無累重者」，大概都是不徙則流的貧民，無論政府是聽其自往，或助其移徙，這些流冗下貧多少都得到政府照顧。而梁慬傳中被徙的吏人，應有相當成分是「不能自立」的流人，政府若不將護扶持之，只有隨道散亡了。不過東漢政府甚少以移徙政策安輯流民，而偏向以稟貸、實除、減免等法贍恤窮匱，或減輕其負擔，這可能是較實際而又不過分增加財政負荷的辦法。

西漢流人大致皆起於關東區，北邊則是流冗下貧的重要匯集處之一。東漢關東區依然流民四起，北邊則非但不是徙居佳所，反而產生不少流民問題。由於東漢邊防稍弛，羌患胡寇常乘隙入侵，早在光武帝時，已因匈奴寇掠，中國米穀荒貴，民或流散，將代郡、上谷等郡民徙置常山關、居庸關以東，以避其禍[242]。建武、永平年間還兩度發遣邊人在中國者，布還諸縣，又一度令邊人於赦前在內郡遭亂者，一切遣還邊[243]，皆可見北邊空虛的情況相當嚴重。但是，東漢習於將刑徒及其家屬徙邊，占著在所，委以防務重責[244]，却未更積極地鼓勵內郡人移居，或將內郡流民大規模的遷往北邊。章帝時，賈宗以擢用「內郡徙人在邊者」聞名[245]，但這些「內郡徙人」是否卽流民，或在東漢被徙，尙不能確定。後漢書桓帝紀建和二年詔：

> 昔孝章帝愍前世禁徙，故建初之元，並蒙恩澤，流徙者使還故郡，沒入者免為庶民。

西漢邊民移徙，需有官府核准的符傳，雖嚴而似未禁徙，則詔中的「前世禁徙」，可能始自中興之後，因應北邊日益蕭索的情勢而發。又從該詔後文刑徒「徙邊者，悉歸本郡」一語來看，禁徙之區主要應指北邊，而與張奐傳的「舊制邊人不得內移」[246]，適相應和。建初年間還故郡的流徙者，可能以王莽亂起逃入邊區避難的流人為多，自東漢禁徙後至建初之元，方蒙還鄉恩澤，此後皆不再見類似詔令，也無內郡流民大量移入北邊的記載，至多是邊人在北邊各郡間流轉，或有時棄涼州而內徙三輔[247]。直到黃巾亂起，中國大擾，青、徐士庶才有百餘萬口流至幽州，並接受劉虞綏撫，忘其遷徙[248]。

北邊長期暴露在外患威脅下，生活條件又不比其他地區為佳，且有禁內徙之令，故若無政府刻意募徙，並照顧其生活，一般貧民鮮會自動流向北邊，尤其是戰禍甚多的幷、涼一帶。唯有在內郡亂事極甚，北邊處於相對安全下，流民的動向才可能有較大幅度的轉變。為了均衡發展全國各區，不使北邊過度受到「反吸作用」（backwash effects）的影響[249]，移徙政策雖然耗費較大，有時仍有其價值，崔寔政論：

> 今青徐兗冀，人稠土狹，不足相供，而三輔左右及涼幽州內附近郡，皆土曠人稀，厥田宜稼，悉不肯墾發。小人之情，安土重遷，寧就飢餒，無適樂土之慮。……今宜復遵故事，徙貧人不能自業者于寬地，此亦開草闢土振人之術也。（全後漢文卷四六）

所謂「遵故事」，主要指元狩四年徙關東貧民七十餘萬口於北邊的事。移民的主要動力在經濟原因，人稠地狹，已多不能自業者，顯然具備了外移的強大「推力」（push）。政府若能在晁錯屯田的構想下，於徙居地做好各種準備，並因勢利導，以優厚條件鼓勵前往，則該地自然會有吸引人民移至的「拉力」（pull）[250]。元狩四年移徙的慘痛經驗，並不代表該種政策全不可行，只是武帝於大批流民產生後，方才想到護送其至邊區重建家園，既已失安民先機，又需在極短期內支應龐大的移徙、置產費用，當然會有心餘力絀之感。今崔寔重提武帝故事，是已意識到關東流民問題的嚴重性，東漢政府如能及時綢繆，妥善規畫，則不僅可闢土振人，一舉兩得，還可強化邊防，減少內郡危機。然而，東漢吏治極其腐敗，政府又無此財力與魄力，因循的結果，終於把百姓逼上絕路，也給政府帶來更大的災難。末季流民群的北入幽州，南走江淮，投歸徐方，奔向益州、漢中，或竄入山中避難[251]，正是政權將傾，政府全然無力安輯時的一種自救行動。

## 第六節　其　他

### 一、撙節用度

人民生活無以爲繼，群起流移就食，這已不是單純的個人問題，政府應負主要責任。如何量入制出，合理運用民財，方能避免落入濫徵、濫支的惡性循環中，是當政者之要務。蓋濫徵源於濫支，濫支因於不能節用，而節用正所以妥善支出節藏，以免無謂耗損民脂民膏。是以政府愈能節用，就愈易安頓民生，撫輯流亡。

漢代支出之大宗以供御、賞賜、俸祿、祭祀、軍費、營造等六項爲主，第一項由帝室財政負擔，後四項由國家財政開銷，賞賜則視情況分別出自少府、水衡或大司農[252]。然各項支出最終皆源於百姓，故無論帝室財政或國家財政，節用之理一也。

就帝室供御而言，最能節用的莫過於文帝，如減服御、損食膳、不聽樂、省廏馬、少嗜欲等，極爲人所稱頌，亦因此「海內殷富」[253]。此外如景帝的減太官，武帝的損膳省用、罷苑馬，昭帝的省乘輿苑馬，宣帝的損膳省宰、減樂人，元帝的損大官膳、減樂府員、省乘輿秣馬，罷角抵及齊三服官、減宮館兵弩什器、止太官園種，成帝的廢六廏與技巧官、減乘輿廏馬，以及哀帝初卽時的躬行儉約、省減諸用[254]，皆各行所宜，頗見撙節，並因此傳達愛民心意，示範節儉生活。

帝室財政以供養宮廷生活爲主，其收入包括山海池澤苑囿、口賦、市井、獻物等[255]，皆來自民間。王嘉上哀帝疏曰：

> 孝元皇帝奉承大業，溫恭少欲，都內錢四十萬萬，水衡錢二十五萬萬，少府錢十八萬萬，……賞賜節約，……故少府、水衡見錢多也。（漢書王嘉傳）

都內錢卽大司農的錢，供國家財用，其餘額尚不及供帝室之少府、水衡錢的剩餘總數，可見西漢宮廷用費可以省減的幅度相當大。雖然，王嘉稱元帝「溫恭少欲」、「賞賜節約」，但在貢禹眼中並不盡然：

> 故時齊三服官輸物不過十笥，方今齊三服官作工各數千人，一歲費數鉅萬。蜀廣漢主金銀器，歲各用五百萬。三工官官費五千萬，東西織室亦然。廄馬食粟將萬匹。……東宮之費亦不可勝計。天下之民所為大飢餓死者是也。（漢書貢禹傳）

上述用費皆屬於帝室財政。元帝應貢禹之請，約節御用，但可能不久又恢復舊狀[256]。此外，從貢禹重點式的指陳中，已可體會宮廷生活的奢華與浪費，則帝室財政可以撙節的部分應較所知者更多。馬廖論漢末諸帝之節用曰：「元帝罷服官，成帝御浣衣，哀帝去樂府，然而侈費不息，至於衰亂者，百姓從行不從言也。」[257]漢帝節用的項目看似不算少，但侈費之處更多，眞能奉節用思想爲行事準則，一以貫之者，實不多見，反而常將撙節用度視爲施予民衆的恩惠，每於百姓未贍，歲比不登，或飢寒疾疫時，才詔省所用，以振困乏[258]。西漢在文、景以前尚能循古節儉，武帝以後則撙節用度只是象徵性的點綴，缺乏實效，故貢禹對「人至相食，而廄馬食粟，苦其大肥」，提出強烈質疑；翼奉對「宮室苑囿，奢泰難供，以故民困國虛，亡累年之畜」，至感痛切；谷永則以爲「黎庶窮困如此，宜損常稅，小自潤」，並建議將少府餘財轉交大司農，以助振贍[259]。足見節用思想難被切實體現，帝室財政仍是百姓的沈重負擔，而其與流民問題的關連，也被這些卓有識見的大臣指出。

東漢帝室收入原則上已較西漢裁減甚多，山澤陂池之稅不僅移於大司農掌管，少府、水衡之職也或罷或併，大爲縮小[260]，顯見光武帝已洞徹西漢供御弊端，刻意改革之。此外，東漢御用亦不時省減，如建武至永建間數度令太官勿受獻，徹膳損服，或不御珍玩，省三服官，裁黃門鼓吹，減廏馬及秣食等[261]，皆有撙節用度的寓意。其中規模最大的，莫過於鄧太后的節用措施，如：「舊太官、湯官經用歲且二萬萬，太后勅止，日殺省珍費，自是裁數千萬。」[262]僅此一項，已見其魄力，其餘省服御、玩物、器用等，大抵亦類此。雖然，光武帝有改革深心，鄧太后也大規模的儉節供御，但從大臣何敞、樊準、黃瓊等的一再籲請息除煩費來看[263]，諸帝實未能準此奉行。尤其是桓帝在「三空之戹」時，猶「甘肥飲美，單天下之味」；靈帝才在中平元年黃巾亂起下詔減太官珍羞，出廏馬以給軍，次年，已造萬金堂於西園，引司農金錢繒帛於其中[264]。如此心態豈是眞能以民爲念，又如何能節御用？

宮女與奴婢是帝室財政中儘可撙節的項目。文景以前，「宮女不過十餘」，還數度放免[265]。武帝時「多取好女至數千人，以塡後宮」[266]，自此掖庭充滿，少有簡出。元帝雖然嘉納貢禹遣歸之議，却未從行；成帝也只出杜陵未御者；平帝崩，所出媵妾僅是數千人中之極少數[267]。唯哀帝令掖庭宮人三十以下出嫁，可能人數較多[268]，至於是否確實執行，尙難知悉。東漢光武帝省減宮人采女等稱號爵秩，歲時充給而已[269]，但「宮人歲增，房御彌廣」的問題仍日以嚴重，延平年鄧太后稱制時免遣的一批宗室同族沒入爲宮人者，也只有五、六百人[270]，不夠徹底，故順帝起大臣郎顗、周擧、陳蕃、荀爽等交相諫請出宮人，恣姻嫁，省國用[271]，可知東漢中期以來帝室財政中必含有極高的後宮費。而宮女的生活及對社會的影響，宦者呂強言曰：

> 後宮綵女數千餘人，衣食之費，日數百金。……宮女無用，填積後庭，天下雖復盡力耕桑，猶不能供。（後漢書宦者呂強傳）

宮女一人日用近千錢，數十倍於一般農民的生活費[272]，是以天下雖然盡力耕桑，仍然戶有飢色，野有餓殍，流民不絕。此外，兩漢宮中及諸苑還有不少奴婢[273]，據貢禹的推測，十萬餘人歲費五六鉅萬，則戲遊少事的奴婢，其生活費竟與勤苦終身的良民相差無給[274]，良民的辛勞似乎也太不値得了。

賞賜是漢代財政的要項，對高年孤寡三老孝悌或戰士等的賞賜，雖然可能「用帛百餘萬匹，錢金以鉅萬計」，而致「虛御府之藏」，「大司農陳藏錢經用」[275]，但畢竟還是用之於民。若對王侯大臣從官佞幸的賞賜，率然至黃金數千斤，錢千萬數[276]，則可撙節的餘地就相當大了。張綱曾上書曰：「及中興之世，文、明二帝，德化尤盛。……中官常侍不過兩人，近倖賞賜裁滿數金，惜費重人，故家給人足。」[277]不輕賞賜的好處，於此可見。然張綱所言不無過譽之處，據傳文帝賜鄧通鉅萬以十數，明帝賜館陶公主子錢千萬，卽非「惜費重人」[278]。其他重奢華享樂，寵遇近習的諸帝，在賞賜方面更缺乏限度，最過分的莫如哀帝之於董賢，「旬月間賞賜累鉅萬」，及其敗，縣官斥賣家財，凡四十三萬萬，與元帝時的都內錢不相上下，約合東漢租稅之半[279]。東漢光武帝尚以儉節爲名，對外戚郭況的賞賜竟極豐盛，京師號況家爲「金穴」[280]。此後，諸帝對外戚大臣的賞賜更無節度，所謂：「賞賜過制，倉帑爲虛」，「國恩覆載，賞賚過度」，「費用賞賜，已不可筭」[281]。當百姓無所依怙，在爲生活困苦掙扎時，這樣鉅額的賞賜，無寧是節用愛民思想的一大諷刺。

國家財政中，俸祿的支出也是一筆可觀的費用。兩漢官吏已多言俸祿太薄，難以養廉，故屢議加俸，在一般情況下，自無減損此項開支之理。節用精義，在能用所當用，不爲無益之耗損。若增加俸祿能使官吏潔身自好，不苛歛百姓，亦算有代價，否則不只徒然增加百姓負擔，貪吏還要刻削於民，則吏員愈多，爲害愈甚。兩漢官吏數額可能因時擴增，西漢末共計十二萬二百八十五人㉘²，王莽之亂後，世祖幷官省職，十置其一，費減億計㉘³。雖然這是因應戰後人口大減而調整官吏數額，但光武帝的幷官省職，未始不因武帝以來的「多所改作，然而奢廣，民用匱乏」而發㉘⁴。東漢自明、章以後，縣官吏職又已稍復增置㉘⁵，至於末季，吏員竟遠邁西漢之數，達於十五萬二千九百八十六人㉘⁶，其膨脹情況極爲嚴重，而其原因，恐怕主要在於選舉過濫，浮食冗員過多。則兩漢俸祿可省而未省者，應不在少數。

祭祀是漢代大典，天地山川宗廟之祠的各項費用主由大司農支出㉘⁷。雖然，各祠奉祀的方式不盡相同，或復或罷，依時議而定，不甚一致㉘⁸，但祭祀之費應是國家財政中爲數極鉅，可以大量撙節的項目。漢書韋玄成傳，僅記祖宗廟及寢園的奉祀情形是：「一歲祠，上食二萬四千四百五十五，用衞士四萬五千一百二十九人，祝宰樂人萬二千一百四十七人，養犧牲卒不在數中。」其他各祠用物與人工的耗費，或可由此約略體會得出。又據郊祀志，哀帝寢疾，盡復前世常興諸祠七百餘所，一歲三萬七千祠㉘⁹，則其規模又遠非玄成傳所言可比。東漢以雒陽諸祠爲主，關中陵寢以轉久遠，除了帝幸長安謁諸陵外，但四時特牲而已㉙⁰，其祭祀狀況應與西京相去不遠。翼奉曾諫曰：「祭天地於雲陽汾陰，及諸寢廟不以親疏迭毀，皆煩費，違古制，⋯⋯

以故民困國虛，無累年之畜。」[291]兩漢祠祀之可以省減，已無庸贅言，而煩費之後果必須由百姓來承擔，也是無可否認的事實。

軍費與營造之費的運用彈性極大，妄事興發或省愛民力，將予人民截然不同的生活與感受。以軍費而言，除了必要的防備或反擊，一切好大喜功的軍事行動，儒弱膽怯的苟安棄守，都會耗竭財費，得不償失。軍事行動不發則已，一旦大起，雖有節制，戰費之外，兵甲轉漕、軍馬飼養、降人給養、以及賞賜之費，都由大農支出，即或有時少府以禁錢續大農之不足[292]，也仍是源自黎庶，故深有節用自覺的漢帝，絕不輕易用兵，如漢書文帝紀贊：「與匈奴結和親，後而背約入盜，令邊備守，不發兵深入，恐煩百姓。」此種心態迥異於武帝的大肆用兵。雖然武帝的主動出擊亦未可厚非，但弄得「多殺士衆，竭民財力」，「天下虛耗，百姓流離」[293]，就未免過誤民生，縱意所爲，殊非節用之道了。反之，若當政者過於軟弱，一味退卻，不能予侵略者有力的還擊，則已用之戰費，不能得到立竿見影的成效，未平之戰禍，又轉將滋大，於是軍費不斷挹注，撙節用度亦遙遙無期，東漢情形正是如此。如不計零星役事及與諸族的戰費、歲費[294]，僅安、順間羌叛就用了三百二十億[295]，而時人猶對如此龐大的軍事支出與處事方式頗感不滿，如虞詡曰：「今憚小費，舉而棄之。涼州既棄，即以三輔爲塞；三輔爲塞，則園林單外，此不可之甚者也。」段熲曰：「費耗若此，猶不誅盡，餘孽復起，于茲作害。」[296]畏葸苟安所招致的更多兵費，實不下於好大喜功者的妄動興兵。兩漢軍費在這兩方面的鉅大折耗，皆可大幅刪節[297]，若能轉用以振興農業，救濟民生，必可減少許多流民問題。

營造費用若花在興修水利或城市道橋等方面，自是百姓之福，但不幸其中有相當大的分量是用在宮室及其相關建設上。宮殿宗廟陵園等工程由將作大匠擔任，其費用歸大司農負責[298]。漢代最著名的節用事例就是文帝不欲費百金而作露台。此外，元、成間數度令宮館希御幸者勿繕治，東漢中期也因軍費加倍，賦發非一，有詔減約殤帝、沖帝陵，安帝也曾停止非供宗廟園陵之造作[299]，而負責這類工事的將作大匠應順、翟酺，損省經用至數千萬、億萬，並在土木用費之外，摘發出許多工程弊端[300]。但少數事例不足以掩蔽宮室營建靡敝天下的實情，翼奉對武帝以來的奢縱極感不滿，諫元帝曰：「亡復繕治宮館，不急之費，歲可餘一年之畜。」[301]這筆龐大支出若能節省下來，自不會使帑藏虛盡，百姓無旬日之儲[302]。而「天下亡兵革之事，號爲安樂」的成帝時代之所以會「物故流離以十萬數」[303]，正是因爲營昌陵之故。東漢仍未能記取前世教訓，明、章之時宮室台榭漸爲壯麗，梁鴻五噫之歌曰：「宮室崔嵬兮，噫！人之劬勞兮，噫！」[304]蓋即感歎營建無已，民生日蹙。而和帝爲中山王治冢塋，搖動六州十八郡；順帝在災荒頻起時，爲禽畜設西苑，修不常居之觀舍；靈帝更壞沃衍，驅居人，造靈琨苑等[305]，皆所費不貲，專以統治者的享樂爲主。有些貴倖及宦者興造，還調取司農錢穀，大匠見徒材木[306]。這些無益之耗費若能適度撙節，相信對日以嚴重的流民問題會有幫助[307]。

漢代良吏頗知省息經用，歲至數億萬，或以億計[308]。但從前述之六項主要支出來看，虛擲之處仍遠多於可減省者，則若謂節用思想已然確立，百姓負擔已經減輕，流民危機已可消弭，是又令人難以置信。

## 二、赦贖亡命

亡命是流民的另一種形態，他除了失籍、脫籍，還觸犯法律。社會上亡命之徒愈多，其安定性就愈面臨考驗。漢代七科讁與秦顯然不同的，就是秦有閭左而漢多亡命[309]，可見漢代已視亡命問題爲大患。這類人尤其在謀反者意圖不軌或大亂將起之際，最是推波助瀾的危險分子。吳王濞、淮南王長之反逆，郎誘聚亡命姦人；呂母報子之仇，新市、綠林等之反王莽，都招合諸亡命；漢末最大規模的黃巾之亂，「亡命逋逃，因爲窟藪」，應是重要關鍵之一[310]。亡命小而盜賊，大而叛逆，輕則隱匿不臣，重則亡塞擾邊，漢政府深悉這類人對政權的威脅性，故嚴制法網，緝捕亡者，除了於邊郡置天田、候蘭防逃，令吏民相牽證任，移書邊地名捕未得者外，更設首匿、沒官、沈命、見知故縱、通行飲食、監臨部主等法，以逐捕亡命，赫阻包庇[311]。

捕亡之外，漢代頗知恤刑，在諸多平獄愼刑的詔令與舉措中，最與亡命有關的，莫過於贖刑與大赦。二者雖然不盡爲亡命而發，亡命已頗得寬減益處。其實，亡命非必大姦巨惡，有些是因逃避徭役苛斂，甚或政治誣陷而被迫流亡，也有些是因斷獄執憲者之典刑用法深刻不平，而聞風隱匿[312]。這類亡命者之觸罪，實爲咎在政府，故政府恤刑，可以救濟法律之窮，矯正司法錯誤，使誤蹈法網，情實可憫，以及含冤莫白者，得以更始，並重登版籍。

漢代贖刑多以官爵或財物易科，如民有罪，得買爵免死，亦可入贖錢五十萬減死；此外還有輸粟縣官拜爵除罪，入穀贖等辦法[313]。西漢贖刑始見於惠帝，但在文、景以前可能用得較謹愼，至武帝才漸趨僞濫，貢禹上元帝書有：「孝文皇帝時，…亡贖罪之法，故令行禁止，海內大化。…武帝始臨天下，…乃行壹切之變，使犯法者贖罪，入穀者補吏，是以天下奢侈，官亂民貧。」[314]輕用贖法之弊，武帝以後依然存在，蕭望之曰：「今欲令民量粟以贖罪，如此則富者得生，貧者獨死，是貧富異刑而法不壹也。」[315]元、成之後黥劓髡鉗者攘臂為政，議者以為是「犯法得贖罪」之故[316]，贖法未能得其平，已甚顯然。

西漢尚無與亡命直接有關的贖刑，至東漢明帝時才出現亡命聽贖之法：

> 天下亡命殊死以下，聽得贖論：死罪入縑二十匹，右趾至髡鉗城旦舂十匹，完城旦舂至司寇作三匹。其未發覺，詔書到先自告者，半入贖。（後漢書明帝紀）

亡命贖以縑為多，依罪刑輕重，各有差。以後詔書大抵皆準此，只是在縑數上有些變動。漢代縑價差別甚大，一匹通常在五、六百錢左右[317]。完城旦以下的輕刑若要贖罪，以平歲穀價石八十錢計之，至少約十八石穀，相當於成人一年的食量[318]。但這或許只是一歲刑司寇的縑贖，二至四歲刑者不應據此聽贖，則所需之負擔自然更重。漢代一般百姓的生活困苦，僅能勉強糊口，若不幸犯禁而亡命，可能極少人有此能力贖罪。輕刑論贖的前景已不甚樂觀，中罪以上的亡命贖刑可能更不看好。東漢治安尚不太差的章帝時代，已是「死罪亡命無慮萬人」[319]，則政教陵遲，犯法者衆的中晚期，亡命者必然更多，但能期望有多少人願意，或能夠投下鉅資以解脫罪刑呢？東漢亡命聽贖計早期七次，中期八次，晚期一次，非常巧合地與流民無名數賜爵早、中期各八次，晚期全無的趨勢吻合[320]，這不但反應亡命是流民的另一種形態，二者間的關係極其密切，也從東漢政府賜爵、聽贖，亟欲使其安頓下來的心態來看，東漢的流民、亡命不在少數，而且一直是一個棘手的難題。這兩項措施在晚期幾乎不再實行，並不表示流民壓力已除，社會漸趨安定，相反地，可能是聽贖如同具文，賜爵全無實利，既不能招來亡命、流民，朝廷又何須空自勞擾，多此一舉？亡命聽贖的主要用意，並不在政府求取財利，然而，靈帝不僅漠視此法的安輯作用，還七次「令天下繫囚罪未決入縑贖」[321]，以大肆歛財，如此則歷來諸帝恤刑之美意盡失，還使「罪未決」者可能蒙受無辜之冤，以及財物損失。亡命贖是東漢仁政的表現，西漢尙無此一名目，但由亡命贖的行之既久，却在流民問題更見嚴重時全面廢止觀之，其成效應極有限。

兩漢經常大赦，不少亡命之徒皆因此免罪而出，如枚皋、原涉、翟酺、馬援、黨人張儉、岑晊、何顒等，或擺脫讒惡之罪，或重入仕途爲官，或復爲閭里豪雄，或因以生產蓄財[322]。故大赦亡命，對於減少不可測的反亂危機，增加社會安定力量，健全戶籍制度，重拾對政府的信心，將有莫大的幫助。漢代大赦多在國有大典或災異時行之，雖然有示民自新之意，究屬例外而非常制，若是行之過於頻繁，則不免有助長作惡，損傷善類的弊端[323]。西漢大赦平均不到二·五年就有一次[324]，除了高帝因兵凶之後，恩免頻率較高外，自武帝起，大赦的間隔時間愈短，次數愈多，而效果亦被質疑，漢書匡衡傳：「臣竊見大赦之後，姦邪不爲衰止，今日大赦，明日犯法，相隨入獄，此殆導之未得其務也。」這與甚少大赦，却有刑措之風的文帝時代相比[325]，實在是個有趣而發人深省的對照。

東漢大赦次數猶較西漢略多，殤、安至於桓、靈間平均不到一年半就大赦一次[326]，可謂極度頻繁。但赦令應變濟時，矜恕百姓的用意，與事實有相當的出入。凡不當得赦及其罪非赦例，皆不在赦中[327]，而人事的好惡取捨，影響尤大，如寇榮見害於權寵，亡命中遇三赦再贖，皆不得蠲除；王允爲宦官中傷，是冬大赦，允獨不在宥；蔡邕爲內臣所惡，亡命吳會，積十二年，數遇赦而不敢出[328]。政令執行偏差，無辜的亡命者難有更始之日，使恤刑之意被扭曲。到東漢末季，赦除亡命已幾乎不能說是政府憐憫百姓，與同憂懼所施予的恩惠，而成爲一種迫於無奈，不得不然的沉重包袱，崔寔曰：

> 頃間以來，歲且壹赦。百姓忸忕，輕為奸非。……以赦為常俗，初期望之，過期不至，亡命蓄積，群輩屯聚，為朝廷憂。如是則刼不得不赦，赦以趣姦，姦以趣赦，轉相驅蹵，兩不得息，雖日赦之，亂甫繁耳。（全後漢文卷四六）

冀存僥倖之心者輕犯公法，亡命數赦非但不能使其改悔，反而放縱姦軌，遺害小民，故漢代學者對這項適足以勸姦的措施，以及竭民財力，無惠民之實的贖刑，多不存好感，王符曰：「今日賊良民之甚者，莫大於數赦贖。赦贖數，則惡人昌而善人傷矣。」[329]亡命者禁既不勝禁，捕又不勝捕，只好以赦贖之法一切解放之，實不能視爲正本清源之道，則對亡命之徒的寬減刑罰，顯然未爲得計，欲其復爲編戶之民，也可能只是個奢望，而所期待之安輯效果，自亦無從發揮。

# 注釋

① 文帝二年始開籍田之禮，十三年始詔皇后親蠶，自此以爲常制。有關兩漢的親耕、親蠶，可參考兩漢會要。

② 高后置力田二千石者一人，尊其秩（漢書高后紀）。文帝十二年以戶口率置力田常員，令其以意導民（文帝紀）。兩漢並多次以復身、賞賜等方式勸勵力田。

③ 續漢書百官志：「凡郡國皆掌治民，進賢勸功，決訟檢姦，常以春行所主縣，勸民農桑，振救乏絕。」漢書成帝紀河平四年春正月詔：「其令二千石勉勸農桑，出入阡陌，致勞來之。」應卽指行春勸農之事。此外在後漢書崔寔傳、方術謝夷吾傳，司馬彪續漢書鄭宏傳中，也都有行春之事。

④ 鼂錯倡貴粟之議，主張入粟拜爵，通考田賦考引致堂胡氏語：「蓋當時務末者多，農賤穀貴，一以爵誘之，則盡驅而之南畝，所謂爲之者衆則財常足。」入粟拜爵正有勸農之意。

⑤ 史記平準書：「水衡、少府、大農、太僕各置農官，往往卽郡縣比沒入田田之。」就中以大司農的農官組織最詳備，可參考：陳文豪，漢代大司農研究，（文化大學碩士論文，民國七五年），頁四二－四九。

⑥ 漢書食貨志：「初置張掖、酒泉郡，而上郡、西河、河西開田官，斥塞卒六十萬人戍田之。」邊郡田官如農都尉、屯田都尉、宜禾都尉、田禾將軍、屯田校尉、北假田官、渠犁田官等。

⑦ 兩漢郡國屬吏諸曹職掌中，戶曹、田曹、勸農掾皆爲田官，見：嚴耕望，中國地方行政制度史，上編，卷上，秦漢地方行政制度，頁一三〇－一三一。

⑧ 如武帝遣謁者勸有水災郡種宿麥（漢書武帝紀）；宣帝以蔡癸爲好農使，勸郡國（食貨志）；王莽攝政，置大司農部丞勸課農桑（後漢書卓茂傳），後又遣十一公士分布勸農桑，班時令（漢書王莽傳）。依劉攽漢官儀卷下「遷資」條所列，凡能勸種者，皆遷一資，是亦爲考課項目之一。

⑨ 漢書公卿表中奉常、少府、水衡都尉等政府組織都有都水之官，主治渠堤水門。三輔亦有都水，如哀帝時

遺息夫躬領護三輔都水。河堤使者見於漢書溝洫志。續漢書五行志中載陳宣爲河堤謁者。

⑩ 漢書卷三，高后紀，頁一〇四，卷一六，高惠高后文功臣表，頁五二八。

⑪ 漢書卷四，文帝紀，頁一二四，卷五，景帝紀，頁一三九。

⑫ 漢書卷四，文帝紀贊，頁一三四，卷五，景帝紀，頁一三九。

⑬ 漢書卷二四下，食貨志，頁一一七〇。

⑭ 漢書卷六，武帝紀，頁一五七、一八二。

⑮ 漢書卷六五，東方朔傳，頁二八四七，卷五七上，司馬相如傳，頁二五七五，卷二四下，食貨志，頁一一七一；卷二四上，食貨志，頁一一三九。

⑯ 漢書卷二四下，食貨志，頁一一七五。

⑰ 如鹽鐵論園池篇，文學曰：「先帝之開苑囿池籞，可賦歸之於民，縣官租稅而已。」

⑱ 漢書卷九，元帝紀，頁二七九。

⑲ 如後漢書和帝紀永元十六年：「詔貧民有田業而以匱乏不能自農者，貸種糧。」

⑳ 後漢書卷二，明帝紀，頁一一六，卷三，章帝紀，頁一四五。

㉑ 後漢書卷二八上，馮衍傳，頁九六六。

㉒ 和、安二帝多次將離宮果園及山林池澤假予百姓，恣其採捕。安帝於永初元年二月將公田假予被災郡國貧民，這次假田可能是出自樊準的請求。見：後漢書卷三二，樊準傳，頁一一二八。

㉓ 全後漢文，卷四六，頁七二七。

㉔ 後漢書卷五七，劉陶傳，頁一八四七。

㉕ 後漢書卷四九，仲長統傳，頁一六五六。

㉖ 曹操行屯田政策的原因，見：韓復智，「三國時代的經濟思想與政策」，收入：漢史論集，（台北，文史哲出版社，民國六九年），頁一七五－一八二。

㉗ 漢書卷一二，平帝紀，頁三五三。

㉘ 漢書卷八九，循吏黃霸傳，頁三六二九—三六三一；後漢書卷四四，張禹傳，頁一四九七—一四九八；卷七六，循吏童恢傳，頁二四八二；兩漢金石記，卷一三，「漢武都太守耿勳碑」，頁一○a。

㉙ 後漢書卷七七，孫寶傳，頁三二五八；卷三一，郭伋傳，頁一○九二；卷六三，李固傳，頁二○八○；卷三一，羊續傳，頁一一一○。

㉚ 後漢書卷二四，馬棱傳，頁八六二。

㉛ 後漢書卷四四，張禹傳，頁一四九七—一四九八。

㉜ 漢書卷八四，翟方進傳，頁三四四○；後漢書卷一五，鄧晨傳，頁五八四。

㉝ 由於西漢政府著意繁榮關中，關中的水利工程多而且規模大，特別是集中在取水不易的渭北一帶。見：甘芳蘭，漢隋之間關中區域的發展與變遷，（東海大學碩士論文，民國七四年），頁三九—四八。

㉞ 漢書卷二九，溝洫志，頁一六八五。

㉟ 因西漢末以來渠水事業的發展中止，兩漢之際的戰亂，以及和帝以後的荒廢，東漢水利以江淮流域的陂水灌溉事業為主。見：黃耀能，中國古代農業水利史研究，（台北，六國出版社，民國六七年），頁一五四—一六六，二○一—二二七，二三一—二四八；鄒紀萬，兩漢土地問題研究，頁八○—八五。

㊱ 後漢書卷七六，循吏王景傳，頁二四六七；又，任延傳，頁二四六三；卷三一，杜詩傳，頁一○九四；卷四三，何敞傳，頁一四八七；卷二九，鮑昱傳，頁一○二二。

㊲ 中國社會科學院考古研究所編著，新中國的考古發現和研究，（北京，文物出版社，一九八四年），頁四六二—四六三。

㊳ 如河東守番係請穿渠溉河壖棄地，嚴熊議穿洛溉重泉以東惡地，皆耗人工甚鉅，但未能得其饒。

㉙ 關中農田水利對生態環境的影響，以及黃河上游興建水利與濫墾濫伐，是導致西漢黃河無法安流的重要原因。見：趙岡，「中國歷史上的墾荒與農田水利」，幼獅學誌，一八卷一期，（民國七三年），頁一七—

一八，二二一—二五。及第二章註四九。

㊵ 漢書卷二九，溝洫志，頁一六八九。

㊶ 後漢書卷四，和帝紀，頁一八四；卷五，安帝紀，頁二二二、二二四。疏理溝瀆原是地方例行公事，本不需皇帝特詔，故吾人反可由和、安二帝的數下詔修濬，知悉舊渠廢壞的情形嚴重，以及地方官吏的疏於職責，見：拙著，「東漢的關中區」，頁二三。

㊷ 有關漢代的生產工具，見：新中國的考古發現和研究，頁四五九—四六一；中國科學考古研究所編著，考古學基礎，（北京，科學出版社，一九五八年），頁一二二；又，新中國的考古收獲，（北京，文物出版社，一九六二年），頁七五—七九；李文信，「古代的鐵農具」，文物參考資料，一九五四年九期，頁八○—八六；張傳璽，「漢代大鐵犁研究」，收入：秦漢問題研究，（北京，北京大學出版，一九八五年），頁二六一—二七四。

㊸ 耬車大約是播種用的，在漢墓畫像石上可見（山西省文物管理委員會，「山西平陸棗園村壁畫漢墓」，考古，一九五九年九期，頁四六三）。水舂即水碓，在後漢書西羌傳中提及，此外，全後漢文卷一五桓譚新論離事篇：「宓犧之制杵臼，…後世加巧，因延力借身，重以踐碓，而利十倍，杵舂又復設機關，用驢贏牛馬，及役水而舂，其利乃且百倍。」所指應即水舂。翻車、渴烏，天祿蝦蟇見於後漢書宦者張讓傳，實即汲水器、轉水器之類的發明，李劍農謂是水車的發端，見：先秦兩漢經濟史稿，頁一七八—一七九。

㊹ Ester Boserup以為人口增殖是農業技術進展的主要因素，此說轉引自：許倬雲，「漢代的精耕農作與市場經濟」，頁五四九—五五○；相關論點見：劉克智、劉翠溶，中國人口問題研究，（台北，中央文物供應社，民國七二年），頁三七。漢代人口雖然有漸增之勢，但就兩千年來的發展趨勢看，遠沒有宋代以後人口增加的快，故宋代以前的農具大體以節省人力為主，宋代以後的農具則以使用人力為主。見：趙岡，「中國歷史上人口壓力的問題」，頁五○—五二；又，「中國歷史上的人與地」，中研院經濟所經濟論文，一一卷二期，（民國七二年），頁四—五。

㊺ 漢書卷八九，循吏召信臣傳，頁三六四二－三六四三。

㊻ 漢書卷二四上，食貨志，頁一一三九。代田法的耕作方式及相關問題，可參考：鄒紀萬，兩漢土地問題，頁七〇－七一；又，秦漢史，頁一六一；李劍農，先秦兩漢經濟史稿，頁一六四－一六九；許倬雲，「漢代的精耕農作與市場經濟」，頁五五一，五五三－五五四；Hsu Cho-yun, *Han Agriculture*, PP. 112-117. 西嶋定生，中國古代の社會と經濟，（東京大學出版會，一九八一年），頁九五－一〇〇。

㊼ 全後漢文，卷四六，頁七二七。

㊽ 葛劍雄認爲代田法是一種局部輪作制，用以代替原來大面積的輪作，使休耕地得以減少。但關東已經地少人多，不可能再有大量土地休耕，故關東區反而未見推行代田法。見：西漢人口地理，頁五五。

㊾ 班固寫漢書地理志仍謂：「江南地廣，或火耕水耨。」東漢時廬江郡是：「百姓不知牛耕，致地力有餘而食常不足。」（後漢書循吏王景傳）會稽郡是：「民常以牛祭神，百姓財產以之困乏。」（第五倫傳）九眞郡是：「俗以射獵爲業，不知牛耕。」（循吏任延傳）

㊿ 有關氾勝之區種法耕作方式、特色及可能未推廣之因，見：鄒紀萬，兩漢土地問題研究，頁七二－七三；李劍農，先秦兩漢經濟史稿，頁一六七－一六八；許倬雲，「漢代的精耕農作與市場經濟」，頁五五二－五五四；Hsu Cho-yun, *Han Agriculture*, PP. 117-119. 西嶋定生，中國古代の社會と經濟，頁一〇一－一〇八。

(51) 後漢書卷三九，劉般傳，頁一三〇五。

(52) 後漢書卷四九，仲長統傳，頁一六五六。

(53) 有關漢代各項農業技術，可參考：萬國鼎等，中國農學史，五－八章；閔宗殿、董凱忱、陳文華編著，中國農業技術發展簡史，（北京，農業出版社，一九八三年），頁四一－六七；李長年，中國農業史話，（台北，明文書局，民國七一年），頁五七－一〇六；石聲漢，氾勝之書今釋；Hsu Cho-yun, *Han Agriculture*, ch. 4-5.

(54) 趙過等農書見：漢書補注，卷三〇，藝文志，頁三一六六—三一六七。此外還有雜占類的神農教田相土耕種十四卷，昭明子釣種生魚鼈八卷，種樹臧果相蠶十三卷，皆爲與農藝有關的書籍。

(55) 漢書卷二九，溝洫志，頁一六八九、一六九七；全後漢文卷一五，桓譚新論離事篇，頁五四八。

(56) 漢書卷七二，鮑宣傳，頁三〇八八；後漢書卷四，和帝紀，頁一七八。

(57) 如章帝建初元年詔：「流人欲歸本者，郡縣其實稟，令足還到，聽過止官亭，無雇舍宿。」和帝永元六年詔：「欲就賤還歸者，復一歲田租、更賦。」永元十五年詔：「流民欲還歸本而無糧食者，過所實稟之。」皆是其例。

(58) 後漢書卷六，順帝紀，頁二五八；卷七，桓帝紀，頁二九八。

(59) 文帝嚴邊防而不發兵深入，並從晁錯之言，令民入粟北邊，錯曰：「邊食足以支五歲，可令入粟郡縣矣；足支一歲以上，可時赦，勿收農民租。」上從其言，乃下詔賜民十二年租稅之半，明年遂除田租（漢書食貨志）。馬端臨以爲此法能奏效，「蓋當時務末者多，農賤賈貴，一以爵誘之，則盡驅而之南畝，所謂爲之者衆則財常足，雖帝恭儉所致，亦勸勵之有方也。」（通考田賦考）

(60) 帝鄉如光武帝建武十九年復南頓田租二歲，明帝永平五年復元氏縣田租更賦六歲。巡幸如武帝天漢三年詔行所過毋出田租，章帝元和三年詔所過縣邑聽半入今年田租。祠祀如武帝元封四年祭見光，賜四縣無出今年租賦，元帝卽位，祠幸所過無出田租。瑞應如宣帝甘露二年，鳳凰甘露黃龍興集，詔減民算三十；章帝元和二年，鳳凰黃龍所見亭部，無出二年租賦。以上除元帝條見漢書郊祀志外，俱見兩漢書各本紀。

(61) 如漢書高帝紀二年：「蜀漢民給軍事勞苦，復勿租稅二歲。」十一年，陳豨反，「諸縣堅守不降反寇者，復租賦三歲。」後漢書明帝紀，初卽，「赦隴西囚徒，減罪一等，勿收今年租調。又所發天水三千人，亦復是歲更賦。」

(62) 漢書卷六，武帝紀，頁一五六；卷五一，賈山傳，頁二三三五；後漢書卷二，明帝紀，頁一一二；卷三，章帝紀，頁一四八。

㊈ 如昭帝始元二年，宣帝本始三年、四年，元康二年，元帝初元元年、二年。

㊉ 一九三一年江淮大水災，南京大學調查結果顯示，農村穀物損失占全部的百分之四七・一，適與漢代所訂的減免標準有暗合之處。可見漢代的什四減免辦法也可能是在詳細調查後做的決定。一九三一年事見：H. D. Lamson, *Social Pathology in China*, P.95.

㊁ 漢書卷八二，王商傳，頁三三七一；卷八六，何武傳，頁三四八四。

㊂ 後漢書卷四，和帝紀，頁一八三。

㊃ 周禮地官司稼疏曰：「十傷二三者，謂漢時十分之內，傷二分三分，餘有七分八分在。實除減半者，謂就七分八分中爲實在，仍減去半不稅，於半內稅之。」

㊄ 後漢書和帝紀永元十三年九月壬子詔：「其令天下半入今年田租、芻稾，有宜以實除者，如故事。」

㊅ 平中苓次稱成帝以來的制度爲「什四免租制」，和帝永元以來的制度爲「實除減半制」，二者亦有時同時行之。見：中國古代の田制と稅法─秦漢經濟史研究─，（京都大學，東洋史研究叢刊十六，昭和四二年），頁一六七─一七四。

㊆ 有關漢代大家、中家、小家之戶等畫分及其貲產標準，可參考：朱紹侯，秦漢土地制度與階級關係，（河南，中州古籍出版社，一九八五年），頁一九八─二〇一。

㊇ 全後漢文，卷四六，頁七二六。

㊈ 若中農食七人，除去五口之家食用所需，僅餘二人之糧，則餘糧率爲百分之二八・五七。如將大、小口之別考慮進去，餘糧率可能還略高些。趙岡根據李悝估計的農產量來計算，百五十石中，自我消費九十石，餘糧率爲百分之四十，而同樣認爲五口之家的農戶產量可食七人，也應有百分之四十的餘糧率。故保守估計，五口之中產農戶的餘糧率不應低於百分之三十。趙氏說法見：「中國歷史上的糧食單位面積產量」，漢學研究，五卷二期，（民國七六年），頁四八三。

㊉ 漢書卷二四上，食貨志，頁一一二三。

⑭ 史記卷一二九，貨殖列傳，頁三二七四。楊聯陞釋「三之」爲一年利潤是本錢的三分之一，「五之」爲五分之一，即十二之利。見：「原商賈」，收入：余英時，中國近世宗教倫理與商人精神，（台北，聯經公司，民國七六年），頁(八)。裴駰集解引漢書音義：「貪賈未當賣而賣，未可買而買，故得少，而十得三。廉賈貴而賣，賤乃買，故十得五。」解釋過爲迂曲，又不盡當，故不用。

⑮ 史記貨殖列傳中民間富者歲萬息二千，爲什二之利，司馬遷並謂：「佗雜業不中什二，則非吾財也。」漢書貢禹傳亦云商賈「歲有十二之利」，可見一般商賈追求的是什二之利。至於楊惲傳中：「方糴賤販貴，逐什一之利」，可能是其自鄙謙詞，也可能是「以財自娛」的隨興之舉。

⑯ 史記卷一二九，貨殖列傳，頁三二七四。

⑰ 如漢書昭帝紀元鳳四年：「三年以前逋更賦未入者，皆勿收」；成帝紀建始三年、河平四年：「諸逋租賦所振貸勿收」；後漢書光武帝紀建武二十二年：「地震、壓死者其口賦逋稅勿收」；安帝紀永初四年：「三輔比遭寇亂，人庶流冗，除三年逋租、過更、口算、芻稾」。

⑱ 漢書卷九，元帝紀，頁二七九；卷七五，翼奉傳，頁三一七一。

⑲ 和帝永元五年二月、九月，九年，十一年，十五年共五次。

⑳ 漢書卷四，文帝紀，頁一三一；卷五，景帝紀，頁一三七、一五一；卷五一，賈山傳，頁二三三五。

㉑ 後漢書卷一〇上，皇后紀，頁四二二。

㉒ 漢書卷七二，貢禹傳，頁三〇七三；後漢書卷三二，樊儵傳，頁一一二四；卷三三，鄭弘傳，頁一一五六；卷四，和帝紀，頁一九四。

㉓ 分別見安帝永初五年及順帝永建四年。

㉔ 後漢書獨行陸續傳：「（祖父閎）喜著越布單衣，光武見而好之，自是常勑會稽獻越布。」謝承後漢書卷五陸閎傳也有此記載，但言光武帝與明帝俱好之。

㉕ 後漢書卷二，明帝紀，頁九七。

86 後漢書卷七，桓帝紀，頁三一七。

87 後漢書卷五七，劉陶傳，頁一八五〇。

88 漢書卷二，惠帝紀，頁八五—八六。

89 漢書卷八六，何武傳，頁三四八二。

90 漢書卷二四下，食貨志，頁一一七五；後漢書卷三四，梁冀傳，頁一一八七。

91 加藤繁，「漢代國家財政和帝室財政的區別以及帝室財政的一斑」，收入：中國經濟史考證，（台北，華世出版社，民國七〇年），頁二六—一三四。西嶋定生亦有類似概念，見：中國古代の社會と經濟，頁一八一—一九四。

92 漢代的工程用費主要由大司農來負擔，但有時也會用其他方式來籌集，如王莽九廟之經費是靠「吏民以義入錢穀助作」（漢書王莽傳下），東漢靈帝則徵修宮錢來重建焚毀的宮殿。有關工程籌措資金的方式可參考：楊聯陞，「從經濟角度看帝制中國的公共工程」，頁二三三—二三七。

93 漢書卷八六，王嘉傳，頁三四九四；全後漢文，卷一四，頁五四二—五四三。

94 有關漢代的復除條件及其評論，見：徐天麟，西漢會要，（台北，西南書局，民國六二年），卷四七，頁四八三—四八七；錢文子，補漢兵志，（上海，開明書店，二十五史補編本，民國二五年），頁四一四—四一五；程樹德，九朝律考，（台北，台灣商務印書館，民國五四年），頁一〇七—一〇八；鄒紀萬，兩漢土地問題研究，頁二〇〇—二〇二。

95 高帝仍秦制，七大夫以上即是高爵，惠帝、呂后則將高低爵的界限提到第九級，見：高敏，「論兩漢賜爵制度的歷史演變」，頁三五—四三。

96 史記卷二二，漢興以來將相名臣年表，頁一一二四。

97 漢書卷五一，賈山傳，頁二三三五；史記卷二二，漢興以來將相名臣年表，頁一一二七。

98 漢書卜式傳蘇林註：「外繇謂戍邊也。」但外繇也可能指邊區的其他繇務。若爲後者，則漢代減省戍卒的詔令又少了一次。

⑲ 漢書卷二九，溝洫志，頁一六八八、一六八九。

⑳ 漢書卷二四上，食貨志，頁一一三四—一一三五。卷二四下，食貨志，頁一一五九—一一六〇。

(101) 史記平準書：「兵革數動，民多買復及五大夫，徵發之士益鮮。」

(102) 千夫是武功爵的第七級，每級價十七萬，則買爵者至少需付一百一十九萬。

(103) 月出三百錢代役，則年需三千六百錢，占李悝估算農戶年收入四千五百錢的百分之八十。

(104) 漢書溝洫志如淳注：「律說，戍邊一歲當罷，若有急，當留守六月。」

(105) 漢書卷四八，賈誼傳，頁二二四〇。

(106) 東漢的兵制改革及特色，見：王毓銓，「『民數』與漢代封建政權」，頁二二二八—二二三〇。勞榦，「漢代兵制及漢簡中的兵制」，頁二二三四—二二四一。

(107) 後漢書卷四，和帝紀，頁一八九。

(108) 徐天麟，東漢會要，（國學基本叢書），卷二九，頁三一四。

(109) 明帝初即已有爵過公乘移與子及同產子的詔令，章帝又重申一次，杜絕了經由賜民爵而得免役的途徑。見：高敏，「論兩漢賜爵制度的歷史演變」，頁五〇—五五。

(110) 後漢書卷四一，第五倫傳，頁一三九六。卷六五，張奐傳，頁二一三九。兩漢金石記，「校官碑」，卷一一，頁一八。

(111) 漢書卷七三，韋玄成傳，頁三一一六。

(112) 漢書卷六，武帝紀，頁一五七。西漢衛士人數，勞榦以為初年有二萬人，武帝省去萬人，所餘只一萬人。但武帝省衛士在建元元年初即位時，以後宮室日麗，頗有增修，衛士人數亦應相對增加才是，未必僅守萬人。又韋玄成傳言一歲祠用衛士四萬五千多人，勞氏以為此數目是按工計算，或亦有此可能，但尚乏其他更直接的資料可以為證。此外，韋玄成傳中之一歲祠包括京師及郡國各廟在內，所用人數達四萬餘人，並非完全不可能。而該段文字的出現，似在總結說明所需人力之衆多，故謂衛士有四萬五千多人，亦無不可。勞氏說法見：「漢代兵制及漢簡中的兵制」，頁二二二—二二三。

⑬ 漢書卷九，元帝紀，頁二八四；卷二四上，食貨志，頁一一四二；卷七二，貢禹傳，頁三〇七九。

⑭ 漢書卷九，元帝紀，頁二八四。

⑮ 朱禮漢唐事箋卷五賦兵：「其更代往來道中，衣裝悉自補，惟衞士衣食縣官，罷遣有享，其餘則否。」

⑯ 續漢書卷九，祭祀志下，頁三二〇〇。

⑰ 如漢書高惠高后文功臣表中的信武侯、東茅侯、祝阿侯等皆是。

⑱ 漢書卷九二，游俠郭解傳，頁三七〇二。

⑲ 隸釋，卷五，「酸棗令劉熊碑」，頁一六；兩漢金石記，卷一一，「校官碑」，頁一八。

⑳ 漢書卷八，宣帝紀，頁二五二。

㉑ 借給農民籽種口糧，解決短期農業資金的問題，並達到倉穀出陳易新的目的。見：劉翠溶，「清代倉儲制度穩定功能之檢討」，中研院經濟所經濟論文，八卷一期，（民國六九年），頁一二—一三。

㉒ 後漢書卷四，和帝紀，頁一八八。

㉓ 如漢書宣帝紀元康元年：「所振貸勿收」；成帝紀鴻嘉元年：「逋貸未入者勿收」；昭帝紀始元二年：「所振貸種、食勿收責」；後漢書和帝紀永元十三年：「貧民假種食，皆勿收責」。

㉔ 王莽的賒貸辦法見：漢書卷二四下，食貨志，師古註，頁一一八〇。有關漢代民間與官方各類物品取息的情形，見：Nancy Lee Swann, *Food & Money in Ancient China*, P.392.

㉕ 漢書卷四，文帝紀，頁一一三。

㉖ 漢書卷六，武帝紀，頁一五六。

㉗ 「王杖十簡」成帝建始二年九月制詔：「年七十受王杖者比六百石。」已開啓東漢禮制之端緒：「年始七十者，授之以玉杖，餔之糜粥。」（續漢書禮儀志）但「王杖十簡」末云：「孝平皇帝元始五年幼伯生，

永平十五年受王杖。」則只有六十七歲即受杖或受鬻。「王杖十簡」見：甘肅省博物館中國科學院考古研究所編著，武威漢簡，（考古學專刊乙種十二號，文物出版社，一九六四年），頁一四〇。

(128) 漢制仲秋養老本於古制，並於此時受王杖。見：「王杖十簡考釋」，收入：武威漢簡，頁一四二。

(129) 後漢書卷三，章帝紀，頁一五四；卷五，安帝紀，頁二二九。

(130) 如以每月一石半計之，可食二月或三月餘。但老弱孤疾者之食量應較常人爲小，則所支應的時間可能較所估計者稍長。

(131) 漢書卷四，文帝紀，頁一一三；後漢書卷五，安帝紀，頁二二七。

(132) 漢書卷六，武帝紀，頁一七七、一八二；卷二四下，食貨志，頁一一六二。

(133) 王夫之，讀通鑑論，（台北，河洛出版社，民國六五年），卷三，頁七二；董煟，救荒活民書，（叢書集成簡編本），卷一，頁八。

(134) 漢書卷一〇，成帝紀，頁三一一。

(135) 從漢代賜民爵帛粟來看，貧不能自存者與鰥、寡、孤獨、篤癃者分別稟賜，則這些人當然不是老弱廢疾者。後漢書章帝紀元和三年：「嬰兒無父母親屬，及有子不能養食者，稟給如律。」「有子不能養食者」應指未成年子女之父母，也就是社會的青壯之士，正符合「貧不能自存者」的稟給要求。

(136) 特殊恩澤是指立后、立太子、加元服、改元、行所過等，不包括災荒因素在內。災荒稟貸見第二章一、二節及註五一、八二。

(137) 後漢書卷五，安帝紀，頁二二〇；卷六，質帝紀，頁二八一。

(138) 後漢書卷七，桓帝紀，頁二九五。

(139) 東觀漢記，卷一二，馬援傳，頁一。

(140) 後漢書卷三一，廉范傳，頁一一〇四；卷四三，朱暉傳，頁一四五九；卷八二上，方術廖扶傳，頁二七二〇；卷三八，馮緄傳，頁一二八一；卷五六，种暠傳，頁一八二六。

⑭ 後漢書卷二四，馬防傳，頁八五七；卷三四，梁商傳，頁一一七五。

⑭ 後漢書卷八一，獨行劉翊傳，頁二六九六；卷七六，循吏童恢傳，頁二四八一；全後漢文，卷一〇五，「郃陽令曹全碑」，頁一〇三七；後漢書卷二七，趙溫傳，頁九四九；卷七〇，鄭太傳，頁二二六〇；卷六七，黨錮張儉傳，頁二二一一。

⑭ 鹽鐵論卷一，力耕篇，頁一〇；後漢書卷四九，仲長統傳，頁一六五四。

⑭ 倉儲之目的與功能，見：劉翠溶，費景漢，「清代倉儲制度功能初探」，頁一—二五；劉翠溶，「清代倉儲制度穩定功能之檢討」，頁五—二五。

⑭ 漢書卷二四上，食貨志，頁一一二五。

⑭ 如武帝元鼎二年遣博士中等循行振貸；成帝建始四年遣光祿大夫博士嘉等振困貧；王莽則遣三公將軍、東岳太師開倉振窮乏，或以使者監領；和帝永元六年、安帝初即，分別遣謁者稟貸貧民；安帝永初二年，樊準、呂倉皆以光祿大夫的身分貸流民；順帝永建二年、永和三年、永和四年也以光祿大夫案行稟貸；質帝本初元年，使謁者稟給貧羸；桓帝建和元年，遣四府掾賑給荊揚二州，延熹九年遣三府掾賑稟司隸、豫州；移都長安後，亂甚，獻帝使侍御史出太倉米豆為飢人作糜。

⑭ 後漢書卷三九，王望傳，頁一二九七。

⑭ 同上註。

⑭ 後漢書卷六一，左雄傳，頁二〇二一。

⑮ 後漢書卷六二，韓韶傳，頁二〇六三。

⑮ 後漢書卷二三，竇憲傳，頁八二〇。

⑮ 漢書卷九九下，王莽傳，頁四一五八。

⑮ 後漢書卷五二，崔寔傳，頁一七三〇。儲峙之寫法各不相同，但皆指儲積而言。如漢書平帝紀元始元年詔：「吏民亡得置什器儲偫。」師古曰：「儲，積也。偫，具也。」後漢書章帝紀元和元年：「詔所經道上，郡

縣無得設儲跱。」註：「言不得蓄備。」陳忠傳，使者所過，長吏惶怖：「繕理亭傳，多設儲跱，徵役無度。」

⑭ 文獻通考，卷二一，市糴考，「常平」，頁四b。

⑮ 漢書卷九九下，王莽傳，頁四一八八、四一六一—四一六二。

⑯ 後漢書卷三，章帝紀，頁一三二。

⑰ 同上註。

⑱ 後漢書卷三二，樊準傳，頁一一二八。

⑲ 漢書卷四六，石慶傳，頁二一九八；卷八五，谷永傳，頁三四六二。

⑳ 後漢書卷六六，陳蕃傳，頁二一六二。

161 漢書卷八，宣帝紀，頁二六八；卷二四上，食貨志，頁一一四一。漢代常平倉的功能見：韓復智，「西漢物價的變動與經濟政策之關係」，頁七四—七六；李劍農，先秦兩漢經濟史稿，頁二九二—二九三。

162 朱禮，漢唐事箋，（台北，廣文書局，民國六五年），卷一〇，「常平」，頁二二〇。

163 俞森，常平倉考，（叢書集成簡編本），頁四。

164 元始四年常滿倉見漢書王莽傳：「作市、常滿倉，制度甚盛。」常平倉考則曰：「後漢作常滿倉，立粟市於城東，粟斛直錢三十，府庫環積，既欲置常平倉，議者多以為便，劉般言…，置之不便。」顯然常滿、常平二倉有別。

165 後漢書卷三九，劉般傳，頁一三〇五。

166 漢書卷二九，溝洫志，頁一六九七。

167 後漢書卷七，桓帝紀，頁三〇〇。

168 漢書卷六，武帝紀，頁一七七、一八〇；卷一〇，成帝紀，頁三一一；卷一一，哀帝紀，頁三三七；卷一二，平帝紀，頁三五三。

(169) 安帝元初二年、元初六年、建光元年、延光元年；順帝永建三年、永建四年、永和三年；質帝卽位、本初元年二月、五月；桓帝建和三年、永壽元年、永康元年。

(170) 漢書卷四，文帝紀，頁一二八。

(171) 在景帝中三年、和帝永元十六年、順帝漢安二年、桓帝永興二年。又漢書魏相傳：「竊伏觀先帝聖德仁恩之厚，勤勞天下，垂意黎庶，…省諸用，寬租賦，弛山澤波池，禁秣馬酤酒貯積。」魏相所言之先帝可能指昭帝，則西漢除景帝禁酤酒外，又有一次。

(172) 漢書文帝紀卽位詔，註引文穎語：「漢律，三人以上無故群飲酒，罰金四兩。」

(173) 漢書景帝紀後二年：「以歲不登，禁內郡食馬粟，沒入之。」禁民食馬粟，兩漢僅此一次。有關君主自我節制，禁乘輿秣馬等，見本章第六節㈠的討論。

(174) 漢書卷七二，鮑宣傳，頁三〇八九；後漢書卷三〇下，郎顗傳，頁一〇七四。

(175) 漢書卷八九，循吏傳序，頁三六二四。

(176) 文齊見後漢書卷八六，西南夷傳，頁二八四六；崔寔見東觀漢記，卷一六，頁一一；周憬見全後漢文，卷一〇三，「桂陽太守周憬功勳銘」，頁一〇二六—一〇二七；餘各見兩漢書本傳。

(177) 漢書卷八九，循吏召信臣傳，頁三六四二；後漢書卷二一，李忠傳，頁七五六；卷四四，張禹傳，頁一四九八；隸釋，卷七，「竹邑侯相張壽碑」，頁一八a、一九a。

(178) 儒家對於「士」的要求，是由修身逐步推展到齊家、治國、平天下，在道德提升上，比對一般平民的要求高。漢代儒家未在哲學論證上著力，自是「卑之毋甚高論」，但漢人也認同於導德齊禮，有恥且格的儒家教訓，只是不特別強調治人者的道德修養。在漢帝戒官吏的詔書中，多以務行寬大爲言，甚少著重於要求官吏克己修身方面，蓋漢人之顯善勸義，重在施於事功，以求治效。至於文帝之化行天下，可能不是用儒家尙德興禮的教化方式。應劭風俗通義正失篇：「文帝本修黃老之言，不甚好儒術，其治尙清淨無爲，以故禮樂庠序未修，民俗未能大化，苟溫飽完結，所謂治安之國也。」卽站在儒家觀點批評文帝的富而未能教。有關儒家思想對漢人、漢代吏治的影響，以及文帝的治安之道，見：余英時，「漢代循吏與文化傳播」，收入：中國思想傳統的現代詮釋，（台北，聯經公司，民國七六年），頁一七九—一九四。

(179) 漢書卷八九，循吏傳序，頁三六二四。

(180) 後漢書卷三六，賈逵傳，頁一二四〇；卷七六，循吏第五訪傳，頁二四七五；同卷，循吏童恢傳，頁二四八二；兩漢金石記，卷一一，「校官碑」，頁一八a—b。

(181) 如趙廣漢使潁川豪桀大姓結爲怨仇，以爲耳目；尹翁歸記縣中姦邪罪名，以便因事捕案黠吏豪民；張敞陰令偷盜酋長自贖，而窮治餘者之罪；王尊於長安宿豪大猾，以正法案誅之。各見漢書本傳。

(182) 如張堪仁以惠下，清廉無以爲比，但是「威能討姦」；杜詩爲政清平，愛利百姓，但也「誅暴立威，善於計略」；朱暉以義斷事，不合者卽時僵仆，於是「吏畏其威，人懷其惠」；王渙內懷慈仁，却外行猛政，繩正部郡，風威大行；應奉興學立教，開化蠻夷，但糾舉豪戚，以嚴厲爲名；仇覽勸人生業，令子弟就黌學，然於剽輕游恣者則嚴設科罰，不假寬恕。張堪事見華嶠後漢書卷一，頁五〇七。餘各見後漢書本傳。

(183) 漢官解詁載太守職權是：「信理庶績，勸農賑貧，決訟斷辟，興利除害，檢察郡姦，舉善黜惡，誅討暴賊。」續漢書百官志載縣令長職權是：「顯善勸義，禁姦罰惡，理訟平賊，恤民時務。」可見漢代守令以理訟禁姦爲要務，勸善興化反而居次要地位。

(184) 漢書卷九，元帝紀，頁二七七。

(185) 後漢書卷二四，馬嚴傳，頁八六〇。

(186) 漢書卷四八，賈誼傳，頁二二四五。

(187) 漢書卷七六，尹翁歸傳，頁三二〇八；又，王尊傳，頁三二三四；後漢書卷二九，鮑永傳，頁一〇一九；卷六四，史弼傳，頁二一一一。

(188) 漢書卷八九，循吏黃霸傳，頁三六三一。

(189) 後漢書卷四七，班超傳，頁一五八六。

(190) 漢書卷九〇，酷吏義縱傳，頁三六五四；又，王溫舒傳，頁三六五六；又，嚴延年傳，頁三六六九；後漢書卷七七，酷吏周紆傳，頁二四九三－二四九六；又，王吉傳，頁二五〇一。

(191) 洪邁，容齋隨筆五集，（四部叢刊續編本），卷一一，「漢二帝治盜」，頁一b－二b；顧炎武，日知錄集釋，卷一二，「盜賊課」，頁二九二－二九三；趙翼，二十二史劄記，卷三，「兩帝捕盜法不同」，頁三五。

(192) 後漢書卷三一，杜詩傳，頁一〇九四；謝承後漢書，卷一，張堪傳，頁三七；後漢書卷五七，劉陶傳，頁一八四八；卷三一，賈琮傳，頁一一一二。

(193) 為文齊立祠見華陽國志，卷四，南中志，頁二九四－二九五；其餘各見兩漢書本傳。

(194) 惠帝九條監郡的辦法見：衞宏，漢舊儀補遺，（四部備要本），卷上，頁一。刺史六條問事見：續漢書卷二八，百官五，註引蔡質漢儀，頁三六一七－三六一八。有關這方面的討論見：勞榦，「兩漢刺史制度考」，收入：勞榦學術論文集甲編，頁四七七－四九三。

(195) 日知錄集釋，卷九，「六條之外不察」，頁二〇九。

(196) 余英時認為，漢代有「政」、「教」兩種傳統，一方面相互支援，一方面又不斷發生矛盾，漢代的循吏就恰好處在這兩個傳統的交叉點上。見：前引文，頁二〇一－二〇八。

(197) 勞榦亦認為，刺史的六條問事主要是消極的防範，而不是積極的作為，亦即刺史的職務是限制太守不應如何做，並非督促太守應當如何做。勞氏說法與本文論點可以相互發明，勞說見：「兩漢刺史制度考」，頁四九三。

(198) 余英時，前引文，頁一七八－一九〇。

(199) 有關兩漢郡守與條教的關係，余英時有詳盡析論，見：前引文，頁二四二－二五二。

(200) 漢書卷八九，循吏文翁傳，頁三六二六；卷七九，馮立傳，頁三三〇五；卷八三，薛宣傳，頁三三九〇；後漢書卷二七，張堪傳，頁六二九；卷七六，循吏仇覽傳，頁二四七九－二四八〇；又，童恢傳，頁二四八二。

⑳ 漢書卷八，宣帝紀，頁二六五；後漢書卷六，質帝紀，頁二八〇。
202 續漢書卷二八，百官五，頁三六二三。
203 漢書卷八，宣帝紀，頁二七三；潛夫論，卷五，實邊篇，頁一六四；後漢書卷四，殤帝紀，頁一九八。
204 漢書卷五八，兒寬傳，頁二六三〇。
205 有關韓延壽興化愛民，卻被誣指的情形，見：余英時，前引文，頁二〇三—二〇八。
206 漢書卷九〇，酷吏義縱傳，頁三六五三。
207 後漢書卷七六，循吏任延傳，頁二四六二。
208 嚴耕望，中國地方行政制度史，上編，卷上，秦漢地方行政制度，頁二四五—二四八。
209 漢書卷七二，王吉傳，頁三〇六三。
210 漢書卷八一，孔光傳，頁三三五八。
211 漢唐事箋，卷四，「薦舉」，頁八一—八四。
212 東漢自章帝死後，選舉變本加厲的腐化起來，其因爲豪族請託，宰府郡守之辟召私恩，以及外戚宦官之相繼亂政。見：韓復智，「東漢的選舉」，收入：漢史論集，頁一一五—一一八。
213 後漢書卷二六，韋彪傳，頁九一七。
214 潛夫論，卷一，論榮篇，頁一九；卷二，考績篇，頁四〇。
215 關於漢代察舉制度主要以儒家的賢能觀念爲任官標準，以及察舉科目中孝廉的選任與未來仕途，見：毛漢光，「中國中古賢能觀念之研究—任官標準之觀察」，史語所集刊，四八本三分，（民國六六年），頁三四九—三五三；勞榦，「漢代察舉制度考」，收入：勞榦學術論文集甲編，頁六三七—六六六；嚴耕望，「秦漢郎吏制度考」，史語所集刊，二三本上，（民國四〇年），頁一一八—一二三。
216 後漢書卷六六，陳蕃傳，頁二一六三；卷六一，黃琬傳，頁二〇四〇；卷六五，張奐傳，頁二一四一；卷五六，种暠傳，頁一八二六。

(217) 後漢書卷二六，侯霸傳，頁九〇一。

(218) 東漢南邊每縣的平均人口是四七七四九・五人，關東區每縣的平均人口是五二三八二・三人，故南邊為關東區的百分之九一。東漢南邊縣境平均為六九〇三・六平方公里，關東區為一一一六・六平方公里，故南邊是關東區的六・一八倍。有關二區之縣數、口數、土地面積，見附表二、乙。

(219) 華陽國志，卷一，巴志，頁二六七。

(220) 後漢書卷二四，馬援傳，頁一八三九。

(221) 後漢書卷四九，仲長統傳，頁一六五三。

(222) 東漢北邊每縣的平均人口是一一〇二三・八人，為關東區的百分之二一；北邊縣境平均五一〇〇・五平方公里，是關東區的四・五七倍，可謂是標準的地曠人稀。

(223) 有關漢代三選七遷徙入陵縣的人選，以及元、成以後此舉無法再實施下去的原因，葛劍雄有多角度的詳細分析，見：西漢人口地理，頁一四〇－一五一。

(224) 漢書卷一下，高帝紀，頁七二；卷二八上，地理志，頁一五四九。

(225) 漢書卷一上，高帝紀，頁三八。

(226) 漢書卷六，武帝紀，頁一七〇。

(227) 西漢屯田的構想始自晁錯，其實施的方法，羅致的人力與對象，及其奠定與展開，可參考：管師東貴，「漢代屯田的組織與功能」，史語所集刊，四八本四分，（民國六六年），頁五〇三－五〇六；又，「漢代的屯田與開邊」，史語所集刊，四五本一分，（民國六二年），頁四九－八五；張春樹，「古代屯田制度之原始與西漢河西、西域邊塞上屯田制度之發展過程」，收入：屈萬里先生七秩榮慶論文集，（台北，聯經公司，民國六七年），頁五七二－五九九。

(228) 徙民於關以西及新秦中等地，是在漢已得昆邪，隴西、北地、河西益少胡寇時。

229 漢書卷二四下，食貨志，頁一一六六。

230 漢書卷二四下，食貨志，頁一一七二。

231 兩漢將南方被征服的外族內移至江淮一帶，以及江夏、南郡間，蕭璠所搜集的資料相當詳盡，見：春秋至兩漢時期中國向南方的發展，頁一三五—一三六。

232 武帝元狩四年徙民會稽之事，頗有疑處，葛劍雄就此辨正過。見：西漢人口地理，頁一九三—一九七。

233 漢書卷四五，伍被傳，頁二一七四。

234 遷徙貧民並非易事，一則他們未必願意離鄉，二則因爲他們窮，政府要花費更多的財力，做更多的安排，才能成事，有時，還常兼用威迫與利誘。見：邢義田，「從安土重遷論秦漢時代的徙民與遷徙刑」，頁四一八—四二一。

235 漢書卷二八下，地理志，頁一六四五。

236 救荒活民書，卷一，頁八。

237 漢書卷七，昭帝紀，頁二二一；卷八，宣帝紀，頁二四九。

238 分別在元帝始卽位（漢書于定國傳），成帝河平元年（天文志），陽朔二年，鴻嘉四年（本紀）。

239 後漢書卷三，章帝紀，頁一五四。

240 移民未必直接遷至遼遠地區，而有可能是漸次推動的連鎖式移民。見：James Lee, "Migration and Expansion in Chinese History," in W.H. McNeill and R.S. Adams eds., *Human Migration: Patterns and Policies*, (Bloomington & London: Indiana University Press, 1978), PP.29-31.

241 後漢書卷三二，樊準傳，頁一一二八。

242 續漢書卷一〇，天文志上，頁三二二一。

243 後漢書卷一下，光武帝紀，頁七八；卷二，明帝紀，頁九六、一〇九。

㉔④ 刑徒減罪徙邊原是天子恩典，自東漢明帝以後，將天下死罪繫囚減死，連同家屬遷往邊地充軍，成爲一種經常性措施。見：邢義田，「從安土重遷論秦漢時代的徙民與遷徙刑」，頁四二四、四二五－四二九。

㉔⑤ 後漢書卷一七，賈宗傳，頁六六七。

㉔⑥ 後漢書卷七，桓帝紀，頁二九三；卷六五，張奐傳，頁二一四〇。

㉔⑦ 東漢經常徙置邊人，但邊人所居新地，仍多爲邊區各郡，如光武帝建武十年，省定襄郡，徙民於西河；十五年，徙鴈門、代郡、上谷三郡民於常山關、居庸關以東。安帝永初四年，徙金城於隴西襄武，五年徙安定、北地、上郡於三輔，至順帝永建四年復舊土，人民亦大致隨之移徙。另外，建武九年徙鴈門吏人於太原，二十年徙五原吏人於河東，但這些人可能都在建武二六年、永平五年被發遣布還邊縣。

㉔⑧ 後漢書卷七三，劉虞傳，頁二三五四。

㉔⑨ 「反吸作用」是指經濟發展過程中，較落後地區的勞力、原料、資金被核心區所吸引，而漸轉向集中於核心區，造成原本較落後的地區更退化，而加深二區發展的差距。見：G.Bradford and W.A.Kent, *Human Geography : Theories and Their Applications*, PP.168-172.

㉕⓪ 關於移民的兩種力量—推力（push）與拉力（pull）—的相互關係，學者在討論美洲移民時已有相當深入的分析，見：Brinley Thomas, *Migration and Economic Growth : A Study of Great Britain and the Atlantic Economy*, (Great Britain : Cambridge University Press, 1954), chap.7.

㉕① 如後漢書劉虞傳，虞爲幽州牧，「青徐士庶避黃巾之難歸虞者百餘萬口」。循吏劉寵傳，弟子繇爲楊州牧，「值中國喪亂，士友多南奔」。劉表傳：「是時徐方百姓殷盛，穀食甚豐，流民多歸之。」劉焉傳：「初，南陽、三輔民數萬戶流入益州，焉悉收以爲衆。」張魯傳：「韓遂、馬超之亂，關西民奔魯者數萬家。」荀彧傳：「董卓之亂，…同郡韓融時將宗親千餘家，避亂密西山中。」

㉕② 加藤繁對漢代財政有很詳細的分類，本文的討論方式大體準此，但爲免於過於細鎖，此處依加藤氏文中的

結論部分，歸納爲六大項。各項用費的歸屬亦見該文。見：「漢代國家財政與帝室財政的區別以及帝室財政的一斑」，頁一二三—一二六。

㉝253 漢書卷四，文帝紀，頁一三一、一三四；卷五，景帝紀，頁一三七；卷五一，賈山傳，頁二三三五。

254 漢書卷五，景帝紀，頁一五一；卷六，武帝紀，頁一五七；卷二四下，食貨志，頁一一六六；卷七，昭帝紀，頁二二八；卷八，宣帝紀，頁二四五；卷九，元帝紀，頁二八〇、二八一、二八五；卷八九，循吏召信臣傳，頁三六四二—三六四三；卷一〇，成帝紀，頁三〇六；卷八一，孔光傳，頁三三五六。

255 加藤繁，前引文，頁三一—六六。

256 如齊三服官在元帝初元五年廢止，但哀帝紀綏和二年又有：「齊三服官、諸官織綺繡，難成，害女紅之物，皆止，無作輸。」可見元帝廢後不久，又復原狀。

257 後漢書卷二四，馬廖傳，頁八五三。

258 如景帝後二年，武帝建元元年，昭帝元鳳二年，宣帝元平四年，元帝初元元年、初元五年等皆是。

259 漢書卷七二，貢禹傳，頁三〇七〇；卷七五，翼奉傳，頁三一七五；卷八五，谷永傳，頁三四七一。

260 續漢書卷二六，百官三，頁三六〇〇。

261 後漢書卷一下，光武帝紀，頁六〇；卷三，章帝紀，頁一三五；卷四，和帝紀，頁一七五、一九四；卷四，殤帝紀，頁一九七；卷五，安帝紀，頁二〇八、二一六；卷六，順帝紀，頁二五六。

262 後漢書卷一〇上，皇后紀，頁四二二。

263 後漢書卷四三，何敞傳，頁一四八一；卷三二，樊準傳，頁一一二七；卷六一，黃瓊傳，頁二〇三四。

264 後漢書卷三〇下，郎顗傳，頁一〇八二；卷八，靈帝紀，頁三五〇、三五二；卷七八，宦者張讓傳，頁二五三六。

265 漢書卷七二，貢禹傳，頁三〇六九。放免宮人事見於：呂太后（外戚竇皇后傳），文帝十二年、後七年，及景帝後三年。

㉖⑥ 漢書卷七二，貢禹傳，頁三〇七〇。

㉖⑦ 漢書卷七二，貢禹傳，頁三〇七三；卷一〇，成帝紀，頁三二四；卷一二，平帝紀，頁三六〇。

㉖⑧ 漢書卷一，哀帝紀，頁三三六。漢書補注，外戚趙皇后傳，沈欽韓曰：「漢舊儀：宮人，擇官婢年八歲以上，侍皇后以下，年三十五出嫁。」則哀帝出嫁年三十以下掖庭宮人，可能是較大的恩典。

㉖⑨ 後漢書卷一〇上，皇后紀，頁四〇〇。

㉗⓪ 後漢書卷四，殤帝紀，頁一九八；卷一〇上，皇后紀，頁四二二。

㉗① 後漢書卷三〇下，郎顗傳，頁一〇六一—一〇六二；卷六一，周舉傳，頁二〇二五—二〇二六；卷六六，陳蕃傳，頁二一六一、二一六六；卷六二，荀爽傳，頁二〇五五。

㉗② 農民生活費如以李悝估計的爲粟百五十石，石三十錢計，一戶歲入尚不及五千錢。宮女日用已近千錢，則其年生活費多可至農民的七、八十倍。

㉗③ 漢書食貨志：「其沒入奴婢，分諸苑養狗馬禽獸，及與諸官。」可見諸官及苑中官奴婢甚多。衛宏漢舊儀卷下：「武帝時使上林苑中官奴婢及天下貧民貲不滿五千，徙至苑中養鹿。」又補遺卷上：「太官主飲酒，皆令丞治太官湯官奴婢各三千人。」皆是其例。

㉗④ 漢書卷七二，貢禹傳，頁三〇七六。奴婢一人歲費約五、六千錢，不比李悝估計的農民的生活費低，甚或還有可能略高。

㉗⑤ 漢書卷二四下，食貨志，頁一一七五、一一五九；史記卷六〇，三王世家，頁二一〇九。

㉗⑥ 對一般人民及三老、孝悌、戰士等的賞賜，多由大司農支出。帝室支出的賞賜則包括對王侯從官的定期賞賜，對善言嘉行及有技藝者的賞賜，對大臣的酬功、退任、卒後的賞賜，以及對嬖倖的賞賜。有關事例及金帛多寡，見：加藤繁，前引文，頁九一—九九。

㉗⑦ 後漢書卷五六，張綱傳，頁一八一七。

㉗⑧ 漢書卷九三，佞幸鄧通傳，頁三七二二；後漢書卷二，明帝紀，頁一二四。

(279) 漢書卷九三，佞幸董賢傳，頁三七三三、三七四〇。漢書王嘉傳載「都內錢四十萬萬」，與董賢家財相當。後漢書梁冀傳：「收冀財貨，縣官斥賣，合三十餘萬萬，以充王府，用減天下租稅之半。」則董賢財物亦約合東漢半租。

(280) 東觀漢記，卷一一，郭況傳，頁四。

(281) 後漢書卷四三，何敞傳，頁一四八一；卷四八，翟酺傳，頁一六〇四。

(282) 漢書卷一九上，百官公卿表，頁七四三。通典卷一九職官典所記爲十三萬二百八十五員，與此略異，可能傳鈔有誤，故仍依漢書百官表。

(283) 後漢書卷一下，頁四九；續漢書卷二四，百官一，頁三五五五。

(284) 續漢書卷二四，百官一，頁三五五五。

(285) 隋書地理志：「明、章之後，漸至滋繁，郡縣之數，有加曩日。」則縣官吏職必亦隨之增加。

(286) 通典卷三六職官典後漢官秩差次：「都計內外官及職掌人十五萬二千九百八十六人。」

(287) 祭祀事宜由太常掌管，費用由大司農支出，犧牲則是用上林苑中的禽獸。見：加藤繁，前引文，頁一二三—一二五。

(288) 有關各祠之廢置意見，見兩漢會要禮制的相關部分。西漢晚期貢禹、韋玄成、匡衡等人對廟制、祠祭的意見及原因，可參考：Michael Loewe, *Crisis and Conflict in Han China, 104 B.C. to A.D. 9*，(台北，虹橋翻印本，民國六四年)，PP. 159-188.

(289) 漢書卷二五下，郊祀志，頁一二六四。

(290) 續漢書卷九，祭祀志下，頁三一九九—三二〇〇。

(291) 漢書卷七五，翼奉傳，頁三一七五。

(292) 少府禁錢助大司農，如漢書食貨志：「胡降者數萬人皆得厚賞，衣食仰給縣官，縣官不給，天子乃損膳，解乘輿駟，出御府禁藏以澹之。」賈捐之傳：「臣竊以往者羌軍言之，暴師曾未一年，兵出不踰千里，費四十餘萬萬，大司農錢盡，乃以少府禁錢續之。」

(293) 漢書卷七五，夏侯勝傳，頁三一五六。

(294) 後漢書袁安傳：「漢故事，供給南單于費直歲一億九十餘萬，西域歲七千四百八十萬。」鮮卑傳：「永平元年，……鮮卑大人皆來歸附，並詣遼東受賞賜，青徐二州給錢歲二億七千萬爲常。」

(295) 後漢書段熲傳：「伏計永初中，諸羌反叛，十有四年，用二百四十億；永和之末，復經七年，用八十餘億。」共計三百二十億。

(296) 後漢書卷五八，虞詡傳，頁一八六六；卷六五，段熲傳，頁二一四八。

(297) 有關兩漢軍費詳情，可參考：陳文豪編「兩漢軍費支出表」，見：漢代大司農研究，頁二〇二—二〇六。

(298) 加藤繁，前引文，頁一〇二—一〇五。

(299) 漢書卷四，文帝紀，頁一三四。此外，元帝初元元年、五年（本紀），竟寧中（循吏召信臣傳），以及成帝建始元年（本紀），都省治宮室。東漢事見：後漢書卷一〇上，皇后紀，頁四二三；卷六三，李固傳，頁二〇八三；卷五，安帝紀，頁二〇八。

(300) 華嶠後漢書，卷一，應奉傳，頁五三四；後漢書卷四八，翟酺傳，頁一六〇五。

(301) 漢書卷七五，翼奉傳，頁三一七六。

(302) 如漢書谷永傳：「百姓財竭力盡，愁恨感天，災異婁降，饑饉仍臻。流散冗食，餧死於道，以百萬數。公家無一年之畜，百姓無旬日之儲，上下俱匱，無以相救。」

(303) 漢書卷二四上，食貨志，頁一一四二；卷三六，劉向傳，頁一九五八。

(304) 明帝大起北宮，鍾離意已諫之（後漢書鍾離意傳）。袁宏後漢紀章帝建初五年，「是時承平久，宮室台榭漸爲壯麗」，故梁鴻作五噫歌諷之。

(305) 後漢書卷四二，光武十王傳，頁一四五〇；卷三〇下，郎顗傳，頁一〇五八；卷五四，楊賜傳，頁一七八二—一七八三。

⑯306 後漢書卷五四，楊震傳，頁一七六四。

307 有關營造用費可參考陳文豪編「營建工程支出表」，見：漢代大司農研究，頁二〇七—二〇九。

308 後漢書卷一六，鄧訓傳，頁六〇八；卷三三，鄭弘傳，頁一一五六；卷五一，陳龜傳，頁一六九三；卷八七，西羌傳，頁二八九三。

309 秦之七科讁是吏有讁、贅壻、賈人、嘗有市籍者、父母嘗有市籍者、大父母嘗有市籍者、閭左（漢書晁錯傳）。漢之七科讁是吏有罪、亡命、贅壻、賈人、故有市籍、父母有市籍、大父母有市籍（漢書武帝紀注）。二者的差異在秦有閭左，而漢有亡命。

310 漢書卷三五，吳王濞傳，頁一九〇四；卷四四，淮南厲王傳，頁二一三九—二一四一；後漢書卷一一，劉盆子傳，頁四七七；又，劉玄傳，頁四六七；葛洪，抱朴子，（國學基本叢書），內篇，卷九，道意篇，頁一五七。

311 天田、候蘭是邊塞上防出入的方式，由戍卒負責候望檢查，並加以記錄。相牽證任即連坐之法，所以緝捕逃亡也。移書邊地名捕在漢簡中也數見其例。上述各課題可參考：張春樹，「漢代邊塞上吏卒的日常工作」，收入：漢代邊疆史論集，頁一四八—一五〇、一五四—一五五；勞榦，居延漢簡考證，「塢堡」，頁四二—四三；「屯田」，頁五二—五三。漢代捕亡甚嚴，還用金購求，賞格依重要性而定，並張貼逃亡者的身分、身材、膚色、縣里名等特徵，以利緝捕。見：勞榦，居延漢簡考證，「捕亡」，頁一三—一四；又，「從漢簡所見之邊郡制度」，頁一九五—一九六；陳直，「西漢屯戍研究」，頁一〇—一二。

312 避役亡命者如漢書司馬相如傳：「今聞其乃發軍興制，驚懼子弟，憂患長老，郡又擅為轉粟運輸，皆非陛下之意也。當行者或亡逃自賊殺，亦非人臣之節也。」避苛斂如鹽鐵論未通篇：「大抵逋賦皆在大家（賦字據俞樾考證校改），吏正畏憚，不敢篤責，刻急細民，細民不堪，流亡遠去。」政治誣陷如後漢書寇榮傳：「於人少所與，以此見害於權寵。…榮逃竄數年，會赦令，不得除。」斷獄行刑嚴酷不平者如漢書杜周傳：「至周為廷尉，詔獄亦益多矣。…會獄，吏因責如章告劾，不服，以掠笞定之。於是聞有逮證，皆亡匿。」

㉑③ 如惠帝元年令民有罪得買爵三十級，以免死罪（漢書本紀）。武帝天漢四年、太始二年，令死罪入贖錢五十萬，減死一等（本紀）。晁錯說文帝以粟爲賞罰，募天下入粟縣官，得以拜爵除罪（食貨志）。成安侯坐遲留乏興，入穀贖，完爲城旦（景武昭宣元成功臣表）。

㉑④ 漢書卷七二，貢禹傳，頁三〇七七。

㉑⑤ 漢書卷七八，蕭望之傳，頁三二七五。

㉑⑥ 漢書卷七二，貢禹傳，頁三〇七八。

㉑⑦ 漢代縑價有數種資料可尋，但差別甚大，少則一四四七二錢，一般約五、六百錢，多則至一千四百四十錢。見：韓復智，「西漢物價的變動與經濟政策之關係」，頁二九；朱楠，「漢簡中之河西物價資料」，收入：勞貞一先生七秩榮慶論文集，（台北，簡牘學會出版，民國六六年），頁三九七；王仲犖，「關於中國奴婢社會的瓦解及封建關係的形成問題」，收入：中國古代史分期問題討論集，（北京，三聯書店，一九五七年），頁四三九及註二。

㉑⑧ 輕刑縑贖至少約需一千五百錢，卽以平歲穀高價計之，亦需一八・七五石，約相當於成人一年食量。

㉑⑨ 後漢書卷四六，郭躬傳，頁一五四四。

㉒⓪ 早期是明帝初卽、永平八年、十五年、十八年，章帝建初七年、元和元年、章和元年。中期是和帝永元三年、八年，安帝永初元年、元初二年、延光三年，順帝永建元年、陽嘉元年、永和五年。晚期是桓帝建和三年。流民無名數賜爵見附表一說明(2)。

㉒① 分別在靈帝建寧元年，熹平三年、四年、六年，光和三年、五年，中平四年。

㉒② 漢書卷五一，枚皋傳，頁二三六六；卷五二，游俠原涉傳，頁三七一五；後漢書卷四八，翟酺傳，頁一六〇二；卷二四，馬援傳，頁八二八；卷六七，黨錮張儉傳，頁二二一〇—二二一一；又，岑晊傳，頁二二一二；又，何顒傳，二二一七—二二一八。

323 戴炎輝，中國法制史，（台北，三民書局，民國六〇年），頁一三二—一三三；陳顧遠，中國法制史，（台北，台灣商務印書館，民國四九年），頁三一九。

324 大赦次數就漢書本紀得出，詳於西漢會要的統計。計高帝九次，惠帝一次，高后三次，文帝四次，景帝五次，武帝八次，昭帝七次，宣、元、成三帝各十次，哀、平二帝各四次。若不算王莽居攝時期，則二百一十一年間共八五次大赦，平均二・四八年一次。

325 漢書卷二三，刑法志，頁一〇九七。

326 東漢大赦就後漢書本紀得出，亦詳於東漢會要的統計。計光武帝十次，明、章二帝各三次，和帝五次，殤帝一次，安帝十一次，順帝八次，冲帝〇次，質帝二次，桓帝十四次，靈帝二二次，獻帝九次，共八八次，猶較西漢爲多。就頒布頻率而言，殤帝至靈帝間最密集，計八四年間共五八次，平均一・四五年一次。

327 赦令雖對一般犯人，但有些罪行不在赦原之中，如漢書杜周傳：「獄久者至更數赦十餘歲而相告言。」師古註：「其罪或非赦例，故不得除。」後漢書章帝紀元和二年詔：「其大赦天下，諸犯罪不當得赦者，皆除之。」則需特別言明，方才得赦。有關此一概念。見：戴炎輝，中國法制史，頁一三三—一三五。

328 後漢書卷一六，寇榮傳，頁六二七、六三〇；卷六六，王允傳，頁二一七三；卷六〇下，蔡邕傳，頁二〇〇三。

329 後漢書卷四九，王符傳，頁一六四二。

# 第五章　結論

流民是一群因生活困頓而失籍、脫籍流亡的人，流民問題就是名數失控後的一種社會病象。由於流民身分極易隨客觀形勢轉化，動向又難以確切掌握，除非已發展至相當程度，甚或威脅到政權的安定，否則極易被人忽略。兩漢四百年間，流民問題一直以不同程度出現，其甚者則對漢室的影響是全面性的，不僅因棄業者衆，農產減少，使經濟漸趨衰退；更因貧民流移就食，轉死溝壑，致社會日以凋敝；而流民之散離，或竟投歸豪強，又令政府稅役無出，威權動搖。漢政府對流民問題的處理，影響及於民心之向背，兩漢民變與流民大起在時間上之迭相呼應，即可知流民問題對政權的穩定性，具有極深遠的影響。

漢人安土重遷，政府又相當重視戶籍制，故非有不得已的原因，百姓不會輕易流亡。漢代土地兼併劇烈，人口密集核心區，一般農戶的耕地面積狹小，就算是生產力略爲提升，並儘量壓低生活水準，亦難有餘力蓄藏。漢人又常將「躬耕者少，末作者衆」①，視爲民食不足的重要原因，其結果不但不能以工商業吸收過剩農業人口，也無法改善農本，減輕黎民流散的問題。漢代的小農經濟因政府的賦斂與重役，顯得更爲脆弱。由於稅目繁雜，層層累加，及以國用爲本的概念，使人民成爲統治者的工具，只要財政匱乏即強徵於民，於是僅足糊口的百姓，生活倍感艱困。常與苛斂同時興發的則是重役。兩漢頻見遠行久戍，濫用民力等事，百姓既勞瘁於重役，自不能再勤力田業，桓帝童謠：「小麥青青大麥枯，誰當穫者婦與姑。」②應是役事煩擾下的共同現象。漢代的國家權力，已透過賦稅、徭役等方式，達於個別的人身支配③，但脆弱的小農經濟，如何禁得起苛歛與徭役的重壓，百姓之干冒觸禁，逸離國家支配體系，其情非得已處，已甚顯然。吏治不良，豪強欺壓，是逼迫人民脫籍流亡的另一原因。漢代官吏貪暴，虛慢應事的情形很普遍，百姓的苦況不但不能爲其紓解，甚或反而與豪強相結，共同侵凌之，小民在不堪其擾，冤無所申下，只好流亡遠去。人禍經時不解對民生的損傷當然甚大，但天災肆虐卻可能在極短期內就製造出無以數計的流民。災荒的傷害力強，漫衍區域廣，漢代農民的抗災力弱，而災荒的發生頻率又高，還經常一年數災，或連續數年都有災荒。災荒的出現，又以人口稠密，農產豐盛的關東區爲主，則於農民生計的不利影響，自然更大，災荒與流民問題的關連，亦由此可知。

爲了處理流民問題，漢政府採取了不少應對措施，如以勸農、假田、興水利、改進技術等方式，增加耕地面積，提高單位產量。以減免賦稅徭役的辦法，去除不合理的苛歛與重役，使脆弱的小農經濟得有喘息機會。實施稟貸及各類荒政，以濟民飢困，並示哀矜體恤之意。在撫輯流亡上，循吏的興利從化，寬猛相濟，頗能得安民要義。對於大規模的流民移徙，在解決內郡地窄人稠或邊區防務上，仍有其價值。撙節用度雖然看似消極，卻是避免濫徵的關鍵，自有抑減流民的積極作用。至於亡命聽贖或赦原，終是政府的一番恤刑美意。這些防治流民的措施如能切實奉行，也未始不可化除許多危機，只是小農經濟難改其本質，減免稅役究竟與輕繇薄賦不同，稟貸與荒政以救急爲主，吏治沈痾則是最難根除的弊病，而集體群移耗費財力甚鉅，減省開支行之頗不徹底，亡命赦贖影響又相當有限，故流民問題始終不能禁絕於漢世，且隨政府安輯措施的成效而起伏變化。

流民幾乎在漢代任何時期都可發現，其消長可視爲漢室興衰的徵兆，亦是政府撫輯能力的考驗。自漢初大亂方定，經孝惠、高后的休養生息，至文景時已「流民既歸，戶口亦息」④。但隨著社會經濟的發展，新的流民問題又在醞釀中，文景之勸農、聽徙、弛田苑等措施，皆有廣闢草萊，勸民墾植之意，而文帝的長期普免田租，除戍卒令，撙節各項用度，不費百金作露台，使引發流民的兩項要因——苛歛與重役，減至最低程度。故漢初雖非全無流民問題，至少其患甚輕，也大致都在政府的控制中。

武帝時歷經嚴重的流民問題。在減輕流民壓力上，武帝很少假田苑、減稅役，更不知節用，但數次長程移徙流民，空費府藏以救民飢，以及大興水利，改良農技等，顯示他仍有掌握名數的強烈企圖，只是他的安輯措施耗費過鉅，效果自然不彰。這種情形至昭、宣二帝而頗見轉變。二帝以災荒減免，止徵煩賦，替代龐大的移徙用費；以假民田苑，且毋收事，就近安置流冗貧人；並大加整飭吏治，使脆弱的小農經濟得以舒緩，流民問題漸趨平和。西漢中期流民潮的波盪起伏，明顯反映統治者的不同施政態度與方式，但三帝的強力治國，及其在安輯流民上所展現的意願與魄力，並無太大差別，這正是中期政治能夠亂中有序，危而復安的重要原因。

自西漢晚期再現流民潮以來，層峰累進，似無顯著之減緩迹象，並非末期諸帝不知省田苑、貸種食，亦非不能減帝室供御，而且在改進生產技術與製訂災荒減免辦法上，還頗有創見，但這些措施需賴強力政府的積極推動，才能見其成效。在晚期政府威權下移，吏治益壞，處事能力大減的情況下，七亡之患已然愈演愈烈。

自王莽擅政至大亂揚起，流民問題持續惡化。亂世中已無和輯之法可言，遺人或自覓安全地避難，或歸向豪族營壁，不然則轉入賊中，甚或暴屍荒野。故兩漢之際戶口大量流失，流民問題極度嚴重。

東漢初君臣頗致力於招懷流民，如假予田地、開治墾田、徙就肥饒處、貰貸種食、災荒減免與稟貸、遷內郡邊人還邊、數度減獻御、以及流民賜爵、亡命聽贖等，或承繼前朝遺規，或開啓安民新法，其積極的處理態度，強烈的安民意願，使豪族依附勢力大增後的早期政權，仍能有異乎尋常的高人口增殖率，這應該就是流民還歸的成果。

東漢中期是流民問題很具特色的一個階段。諸帝的安民惠政創下兩漢最豐碩的記錄，如假田苑聽入陂池漁採、災荒減免、災荒稟貸、賜貧不能自存者粟、賜流民無名數爵、亡命聽贖等項，都高居各期首位，其他各類安輯措施也很少落於人後，可見中期政府對民生仍極關切，在財政上也還有此能力來配合行動。然而中期之流冗逃荒所在多有，盜賊邊禍不絕於書，問題不僅較早期複雜得多，各惠政似乎也未見預期功效，這或許與中期災荒連綿而起，羌患久未能平，以及吏治貪汚腐化，外戚宦官相繼擅權有密切關連。

東漢晚期只承續中期之各項不利因素，但中期最光榮的安民記錄至此却大幅下降，甚或不再施行，代之而起的則是稅畝錢、貸吏民等苛斂，使本已飽受摧殘的小農經濟，更面臨崩潰之境，故自桓、靈二帝，放府已幾乎喪失控制民數的能力，至盜亂、群雄紛起後，百姓只有任自離散，隨處依託，政府已無力再安輯照顧了。

兩漢農民的抗災蓄藏力一般甚弱，人民的自救之道與自救能力也相當有限⑤，遇事只有靠政府體恤救助。由前述流民問題的消長變化，以及政府的處理成效來看，流民確如漢朝的警示器，是民變的先兆，凡能平抑或控制該問題者，其政權才能趨於穩定，否則，動亂敗亡將不遠矣！

流民問題還有地域特性。關東是兩漢的核心區，也是流民出現最頻繁，規模最大的區域。兩漢許多大亂興於此處，衆多流民蓋有助成作用。關中是西漢的首都區，政府極重視該區人民的就養，故流民即或產生，也儘速撫平。東漢則因移都雒陽，關中成爲區域性副中心，受到的關注大不如前，自中葉以後爲內外亂事所擾，經常出現大批流民。爲了增強北邊的防禦力量，西漢常將各地流冗貧人徙置北邊，爲了防制流人逃亡，遂嚴制塞防。經兩漢之際的大亂，邊郡頗爲蕭條，復以羌胡寇患不已，幷、涼二州尤爲虛耗，人民流散情況相當嚴重。西漢南邊的開發程度甚低，政府移徙流民較少考慮此區，至王莽亂起才有大批流民南遷。東漢四區中，南邊的成長最速，但也因收聚各方流人，風俗駁雜，民變發生率甚高。

從漢代的流民問題中，吾人可以清楚地意識到流民所傳達的治亂訊息。這個橫亙兩漢四百年的問題，不是在末季已衰之世才奇峰突起，也不是只局限在某一特定地區，但是只有當統治者愈能保持應變的活力與能力，妥善處理這種腐蝕政權的力量，並消解其複雜的長期累積作用時，才愈能維繫政權的有效運作，並避免使流民問題成爲其內變的動力。

## 注釋

① 全後漢文，卷四六，頁七二四。

② 續漢書卷一三，五行一，頁三二八一。

③ 漢代國家的權力構造及形成方式可參考：西嶋定生，中國古代帝國の形成と構造—二十等爵制の研究，（東京大學出版會，一九六一年），頁一九—五二。

④ 漢書卷一六，高惠高后文功臣表，頁五二八。

⑤ 人民的自救之道不外賣身賣爵，賣妻兒家業，或流徙他處，或爲佃傭。其自救能力有限，需政府的幫助。

# 附表一　兩漢書流民資料簡編

**說明：**

(1)本表所列兩漢書中之流民資料，凡可知年代者，依時間先後次序排列，不確知年代者，視情況依序列其後。凡證實爲同一事件者，皆抄錄在一起。

(2)東漢賜爵流民無名數分別在明帝初卽、永平三年、永平十二年、永平十七年、永平十八年、章帝卽位、建初三年、建初四年、和帝永元八年、永元十二年、元興元年、安帝永初三年、元初元年、順帝永建元年、永建四年、陽嘉元年。不再俱錄表中。

(3)除非有與流民直接有關之詞語，下列資料皆不列入表中：

a、流殺人民、漂害人戶等。

b、貧民、飢民、老弱孤疾、賣妻鬻子、父子棄養、被災不能自存者。

c、亡命、亡軍、亡徒、亡邊、亡匿，以及個人或室家之流放逃散。

d、士庶、貧弱、鄰郡人之逃歸避難或求賑贍。

e、盜賊、聚保山澤、外族寇亂。

f、徙民實邊、貧民募徙。

| 年代 | | 資料內容 | 出處 | 備註 |
| --- | --- | --- | --- | --- |
| 高帝 | 二年 | 關中大饑，米斛萬錢，人相食，令民就食蜀漢。 | 漢書高帝紀 | 本條與下條爲同一件事 |
| | 二年 | 漢興，接秦之敝，諸侯並起，民失作業，而大饑饉。凡米石五千，人相食，死者過半，高祖乃令民得賣子，就食蜀漢。 | 漢書食貨志 | |
| | | 時大城名都民人散亡，戶口可得而數裁什二三，是以大侯不過萬家，小者五六百戶。 | 漢書高惠高后文功臣表 | |
| 文帝 | | 上令（薄）昭予厲王書諫數之，曰：「…諸從蠻夷來歸誼及以亡名數自占者，內史縣令主。相與委下吏，無與其禍，不可得也。」 | 漢書淮南厲王傳 | |
| | | 鼂錯復說上曰：「…亡農夫之苦，有仟伯之得，因其富厚，交通王侯，力過吏勢，以利相傾，千里游敖，冠蓋相望，乘堅策肥，履絲曳縞，此商人所以兼并農人，農人所以流亡者也。」 | 漢書食貨志 | |

| | | | | |
|---|---|---|---|---|
| 文景 | | 故逮文、景四五世間，流民既歸，戶口亦息，列侯大者至三四萬戶，小國自倍，富厚如之。 | 漢書高惠高后文功臣表 | |
| 武 | 元狩四年 | 會渾邪等降漢，大興兵伐匈奴，山東水旱，貧民流徙，皆卬給縣官，縣官空虛。 | 漢書張湯傳 | 本條與以下四條皆爲同一件事 |
| | 元狩四年 | 有司言關東貧民徙隴西、北地、西河、上郡、會稽凡七十二萬五千口，縣官衣食振業，用度不足。 | 漢書武帝紀 | 通鑑列於元狩三年 |
| | 元狩四年 | 山東被水災，民多飢乏，於是天子遣使虛郡國倉廩以振貧。猶不足，又募豪富人相假貸，尚不能相救，乃徙貧民於關以西，及充朔方以南新秦中，七十餘萬口，衣食皆仰給於縣官。 | 漢書食貨志 | |
| | 元狩四年 | 會渾邪等降，縣官費衆，倉府空，貧民大徙，皆卬給縣官，無以盡贍。 | 漢書卜式傳 | |
| | 元狩四年 | 於是漢已得昆邪，則隴西、北地、河西益少胡寇，徙關東貧民處所奪匈奴河南地新秦中以實之，而減北地以西戍卒半。 | 漢書匈奴傳 | |
| | 元鼎二年 | 是時山東被河災，及歲不登數年，人或相食， | 漢書食貨志 | |

| 帝 | | | | |
|---|---|---|---|---|
| | | 方二三千里。天子憐之，令飢民得流就食江淮間，欲留，留處。使者冠蓋相屬於道護之，下巴蜀粟以振焉。 | 漢書食貨志 | |
| | 元封四年 | 關東流民二百萬口，無名數者四十萬，公卿議欲請徙流民於邊以適之。…慶慙不任職，上書曰：「…城郭倉廩空虛，民多流亡，罪當伏斧質，上不忍致法。願歸丞相侯印，乞骸骨歸，避賢者路。」上報曰：「…惟吏多私，徵求無已，去者便，居者擾，故爲流民法，以禁重賦。…今流民愈多，計文不改，君不繩責長吏，而請以興徙四十萬口，搖蕩百姓，孤兒幼年未滿十歲，無罪而坐率，朕失望焉。」 | 漢書石慶傳 | |
| | 征和二年 | 制詔御史：「…終不自革，乃以邊爲援，使內郡自省作車，又令耕者自轉，以困農煩擾畜者，重馬傷耗，武備衰減，下吏妄賦，百姓流亡。…」 | 漢書劉屈氂傳 | |
| | | 宣帝初卽位，欲褒先帝，…長信少府勝獨曰：「武帝雖有攘四夷廣土斥境之功，然多殺士衆，竭民財力，奢泰無度，天下虛耗，百姓流離， | 漢書夏侯勝傳 | |

| | | | | |
|---|---|---|---|---|
| 昭帝 | | 物故者半。…」 | | |
| | 始元四年 | 詔曰：「比歲不登，民匱於食，流庸未盡還。」 | 漢書昭帝紀 | |
| | | 至昭帝時，流民稍還，田野益闢，頗有畜積。 | 漢書食貨志 | |
| | | 見國家承武帝奢侈師旅之後，數爲大將軍光言：「年歲比不登，流民未盡還，宜修孝文時政。」 | 漢書杜延年傳 | |
| 宣帝 | 本始三年 | 大旱，郡國傷旱甚者，民毋出租賦。三輔民就賤者，且毋收事，盡四年。 | 漢書宣帝紀 | |
| | 地節三年 | 詔曰：「…今膠東相成勞來不怠，流民自占八萬餘口，治有異等。」 | 漢書宣帝紀 | 本條與下條爲同一件事 |
| | 地節三年 | 下詔曰：「…今膠東相成，勞來不怠，流民自占八萬餘口，治有異等之效。」 | 漢書循吏王成傳 | |
| | 地節三年 | 詔：「…流民還歸者，假公田，貸種、食，且勿算事。」 | 漢書宣帝紀 | |
| 元帝 | | 元帝初卽位，穀貴民流。 | 漢書杜緩傳 | |
| | | 上始卽位，關東連年被災害，民流入關，言事者歸咎於大臣，上於是數以朝日引見丞相、御 | 漢書于定國傳 | |

| | | | | |
|---|---|---|---|---|
| 帝 | | 史，入受詔，條責以職事曰：「…關東流民飢寒疾疫，已詔吏轉漕，虛倉廩開府臧相振救。」 | | |
| | 初元元年 | 捐之對曰：「今天下獨有關東，關東大者獨有齊楚，民衆久困，連年流離，離其城郭，相枕席於道路。」 | 漢書賈捐之傳 | |
| | 永光二年 | 詔曰：「…元元大困，流散道路，盜賊並興，有司又長殘賊，失牧民之術。」 | 漢書元帝紀 | |
| | | 廣德上書曰：「竊見關東困極，人民流離，…。」…以歲惡民流，與丞相定國、大司馬車騎將軍史高俱乞骸骨。 | 漢書薛廣德傳 | |
| | | 使行流民幽州，舉奏刺史二千石勞倈有意者，言勃海鹽池可且勿禁，以救民急。 | 漢書平當傳 | |
| 成 | | 成帝初卽位，舉爲博士，數使錄冤獄，行風俗，振贍流民，奉使稱旨。 | 漢書孔光傳 | |
| | 河平元年 | 三月，流民入函谷關。 | 漢書天文志 | |
| | 河平三年 | 杜欽說大將軍王鳳以爲：「…如使不及今冬成，來春桃華水盛，必羨溢，有塡淤反壤之害。如 | 漢書溝洫志 | |

帝

| | | | |
|---|---|---|---|
| | 此，數郡種不得下，民人流散，盜賊將生。」 | | |
| 河平四年 | 避水它郡國，在所冗食之，謹遇以文理，無令失職。 | 漢書成帝紀 | |
| 陽朔二年 | 秋，關東大水，流民欲入函谷、天井、壺口、五阮關者，勿苛留。 | 漢書成帝紀 | |
| 鴻嘉四年 | 詔曰：「…關東流冗者衆，青、幽、冀部尤劇，朕甚痛焉。…流民欲入關，輒籍內，所之郡國，謹遇以理，務有以全活之。」 | 漢書成帝紀 | |
| 永始二年 | 册免宣曰：「…歲比不登，倉廩空虛，百姓飢饉，流離道路，疾疫死者以萬數，人至相食，盜賊並興，群職曠廢，是朕之不德而股肱不良也。」 | 漢書薛宣傳 | 據百官公卿表，册免薛宣在永始二年。 |
| 永始二年 | 永對曰：「…百姓財竭力盡，愁恨感天，災異婁降，饑饉仍臻。流散冗食，餧死於道，以百萬數。」 | 漢書谷永傳 | 時當永始二年王商爲大司馬衞將軍時。 |
| 元延元年 | 永對曰：「…比年喪稼，時過無宿麥。百姓失業流散，群輩守關。…流恩廣施，振贍困乏，開關梁，內流民，恣所欲之，以救其急。」 | 漢書谷永傳 | |

| 帝 | 年代 | 內容 | 出處 | 備註 |
|---|---|---|---|---|
| | 綏和二年 | 上遂賜册曰：「…間者郡國穀雖頗孰，百姓不足者尚衆，前去城郭，未能盡還，夙夜未嘗忘焉。」 | 漢書翟方進傳 | 據百官公卿表，册免翟方進在綏和二年。 |
| | | 向上疏諫曰：「…死者恨於下，生者愁於上，怨氣感動陰陽，因之以饑饉，物故流離以十萬數。」 | 漢書劉向傳 | |
| 哀帝 | 建平元年 | 策免丹曰：「…間者陰陽不調，寒暑失常，變異婁臻，山崩地震，河決泉涌，流殺人民，百姓流連，無所歸心，司空之職尤廢焉。」 | 漢書師丹傳 | 據外戚恩澤侯表，册免師丹在建平元年。 |
| | 建平二年 | 策免光曰：「…陰陽錯謬，歲比不登，天下空虛，百姓饑饉，父子分散，流離道路，以十萬數。」 | 漢書孔光傳 | 據百官公卿表，策免孔光在建平二年。 |
| | | 上書諫曰：「…國家空虛，用度不足，民流亡，去城郭，盜賊並起，吏爲殘賊，歲增於前。凡民有七亡：陰陽不和，水旱爲災，一亡也；縣官重責更賦租稅，二亡也；貪吏並公，受取不已，三亡也；豪強大姓蠶食無厭，四亡也；苛吏繇役，失農桑時，五亡也；部落鼓鳴，男女遮迣，六亡也；盜賊刼略，取民財物，七亡也。」 | 漢書鮑宣傳 | |

| 朝代 | 年份 | 記事 | 出處 | 備註 |
|---|---|---|---|---|
| 平帝 | 元始二年 | 郡國大旱，蝗，青州尤甚，民流亡。 | 漢書平帝紀 | |
| 新莽 | 始建國三年 | 是時諸將在邊，須大衆集，吏士放縱，而內郡愁於徵發，民棄城郭流亡爲盜賊。…莽下書曰：「…各爲權勢，恐猲良民，妄封人頸，得錢者去，毒蠚並作，農民離散。」 | 漢書王莽傳 | |
| | 天鳳元年 | 於是邊民流入內郡，爲人奴婢，乃禁吏民敢挾邊民者棄市。 | 漢書王莽傳 | |
| | 天鳳六年 | 青、徐民多棄鄉里流亡，老弱死道路，壯者入賊中。 | 漢書王莽傳 | |
| | 地皇三年 | 莽曰：「…枯旱霜蝗，飢饉薦臻，百姓困乏，流離道路，于春尤甚，予甚悼之。」 | 漢書王莽傳 | 本條與下條應爲同一件事 |
| | 地皇三年 | 莽恥爲政所致，乃下詔曰：「枯旱霜蝗，饑饉荐臻，蠻夷猾夏，寇賊姦軌，百姓流離。予甚悼之，害氣將究矣。」 | 漢書食貨志 | |
| | 地皇三年 | 流民入關者數十萬人，置養澹官以稟之，吏盜其稟，飢死者什七八。 | 漢書食貨志 | 本條與下條爲同一件事 |
| | 地皇三年 | 流民入關者數十萬人，乃置養贍官稟食之。使 | 漢書王莽傳 | |

| 時期 | | 光武 | |
|---|---|---|---|
| | 者監領，與小吏共盜其稟，飢死者十七八。…莽聞城中飢饉，以問（王）業，業曰：「皆流民也。」 | | |
| 地皇四年 | （隗囂）移檄告郡國曰：「…其死者則露屍不掩，生者則奔亡流散，幼孤婦女，流離係虜，此其逆人之大罪也。」 | 後漢書隗囂傳 | 即漢復元年 |
| | 衍因以計說（鮑）永曰：「…元元無聊，飢寒並臻，父子流亡，夫婦離散，廬落丘墟，田疇蕪穢，疾疫大興，災異蜂起。」 | 後漢書馮衍傳 | 更始二年 |
| | 安定、北地、上郡流人避凶飢者，歸之不絕。 | 後漢書竇融傳 | |
| | 光武初，烏桓與匈奴連兵爲寇，代郡以東尤被其害，居止近塞，朝發穹廬，暮至城郭，五郡民庶，家受其辜，至於郡縣損壞，百姓流亡。 | 後漢書烏桓傳 | |
| | 六年，遷丹陽太守。…墾田增多，三歲間流民占著五萬餘口。 | 後漢書李忠傳 | |
| | 隴西雖平，而人飢，流者相望。歙乃傾倉廩，轉運諸縣，以賑贍之。 | 後漢書來歙傳 | 在隗囂亡後及建武十一年間 |

| 帝 | 年 | 事 | 出處 | |
|---|---|---|---|---|
| 帝 | 建武十二年 | 匈奴入河東，中國未安，米穀荒貴，民或流散。 | 續漢書天文志 | |
| | | 於是役省勞息，姦吏杜絕，流民稍還，漸成聚邑，使輸租稅，同之平民。 | 後漢書循吏衞颯傳 | |
| 明帝 | | 是時州郡災旱，百姓窮荒，望行部，道見飢者，裸行草食，五百餘人，愍然哀之，因以便宜出所在布粟，給其稟糧，爲作褐衣。 | 後漢書王望傳 | |
| 章帝 | 建初元年 | 詔三州郡國：「…流人欲歸本者，郡縣其實稟，令足還到，聽過止官亭，無雇舍宿。」 | 後漢書章帝紀 | |
| | 建初元年 | 詔曰：「比年牛多疾疫，墾田減少，穀價頗貴，人以流亡。」 | 後漢書章帝紀 | |
| | 建初元年 | 帝報書曰：「…今改元之後，年飢人流，此朕之不德感應所致。」 | 後漢書東平憲王蒼傳 | |
| 和 | 永元五年 | 遣使者分行貧民，擧實流冗，開倉賑稟三十餘郡。 | 後漢書和帝紀 | |
| | 永元六年 | 詔流民所過郡國皆實稟之，其有販賣者勿出租稅，又欲就賤還歸者，復一歲田租、更賦。 | 後漢書和帝紀 | |

| 帝 | | | |
|---|---|---|---|
| 永元六年 | 詔曰：「…陰陽不和，水旱違度，濟河之域，凶饉流亡。」 | 後漢書和帝紀 | |
| 永元七年 | 出爲河內太守。時春夏大旱，糧穀踊貴。褒到，乃省吏幷職，退去姦殘，澍雨數降。其秋大孰，百姓給足，流冗皆還。 | 後漢書曹褒傳 | |
| 永元十二年 | 郡國流民，聽入陂池漁采，以助蔬食。 | 後漢書和帝紀 | |
| 永元十二年 | 詔曰：「比年不登，百姓虛匱，京師去冬無宿雪，今春無澍雨，黎民流離，困於道路。」 | 後漢書和帝紀 | |
| 永元十四年 | 賑貸張掖、居延、敦煌、五原、漢陽、會稽流民下貧穀，各有差。 | 後漢書和帝紀 | |
| 永元十五年 | 詔流民欲還歸本而無糧食者，過所實稟之，疾疫加致醫藥；其不欲還歸者，勿強。 | 後漢書和帝紀 | |
| 和帝末 | 恭上疏諫曰：「…比年水旱傷稼，人飢流冗。…」 | 後漢書魯恭傳 | |
| | （汝郁）後累遷爲魯相，以德教化，百姓稱之，流人歸者八九千戶。 | 後漢書賈逵傳附汝郁傳 | |

| | | | | |
|---|---|---|---|---|
| 殤帝 | 延平元年 | 勑司隸校尉、部刺史曰：「…郡國欲獲豐穰虛飾之譽，遂覆蔽災害，多張墾田，不揣流亡，競增戶口。」 | 後漢書殤帝紀 | |
| 安 | 永初元年 | 民訛言相驚，司隸、幷、冀州民人流移。 | 續漢書五行志 | 本條與下條爲同一件事 |
| | 永初元年 | 勑司隸校尉、冀幷二州刺史：「民訛言相驚，棄捐舊居，老弱相攜，窮困道路。」 | 後漢書安帝紀 | |
| | 永初元年 | 參於徒中使其子俊上書曰：「方今西州流民擾動，而徵發不絕，水潦不休，地力不復。」 | 後漢書龐參傳 | |
| | 永初二年 | 稟河南、下邳、東萊、河內貧民。古今注曰：「時州郡大飢，米石二千，人相食，老弱相棄道路。」 | 後漢書安帝紀 | |
| | 永初二年 | 遣光祿大夫樊準、呂倉分行冀兗二州，稟貸流民。 | 後漢書安帝紀 | 本條與下條爲同一件事 |
| | 永初二年 | 準與議郎呂倉並守光祿大夫，準使冀州，倉使兗州。準到部，開倉稟食，慰安生業，流人咸得蘇息。 | 後漢書樊準傳 | |

| | | | |
|---|---|---|---|
| 永初二年 | 還，拜鉅鹿太守。時飢荒之餘，人庶流迸，家戶且盡，準課督農桑，廣施方略，期年閒，穀粟豐賤數十倍。 | 後漢書樊準傳 | |
| 永初二年 | 詔曰：「…陰陽差越，變異並見，萬民飢流，羌貊叛戾。」 | 後漢書安帝紀 | |
| 永初二年 | 會羌虜颷起，邊方擾亂，米穀踊貴，自關以西，道殣相望。 | 後漢書馬融傳 | |
| 永初四年 | 三輔比遭寇亂，人庶流冗。 | 後漢書安帝紀 | |
| 永初四年 | 詡爲朝歌長，…詡曰：「…朝歌者，韓、魏之郊，背太行，臨黃河，去敖倉百里，而青、冀之人流亡萬數。」 | 後漢書虞詡傳 | |
| 永初五年 | 時連旱蝗飢荒，而驅蹙刼略，流離分散，隨道死亡，或棄捐老弱，或爲人僕妾，喪其太半。 | 後漢書西羌傳 | |
| 永初五年 | 安定、北地、上郡皆被羌寇，穀貴人流，不能自立。 | 後漢書梁慬傳 | |
| 元初二年 | 詔稟三輔及幷、涼六郡流冗貧人。 | 後漢書安帝紀 | |
| | 自帝卽位以後，頻遭元二之戹，百姓流亡，盜賊並起，郡縣更相飾匿，莫肯糾發。 | 後漢書陳忠傳 | |

| | | | |
|---|---|---|---|
| 帝 | | 詡乃占相地勢，築營壁百八十所，招還流亡，假賑貧人，郡遂以安。 | 後漢書虞詡傳 |
| | | 詡始到郡，戶裁盈萬。及綏聚荒餘，招還流散，二三年間，遂增至四萬餘戶。（註）續漢書曰：「詡始到，穀石千，鹽石八千，見戶萬三千。視事三歲，米石八十，鹽石四百，流人還歸，郡戶數萬，人足家給，一郡無事。」 | 後漢書虞詡傳 |
| | | （註）謝承書曰：「…（施延）家貧母老，周流傭賃。」 | 後漢書陳忠傳 |
| 順帝 | 永建二年 | 詔稟貸荊、豫、兗、冀四州流冗貧人，所在安業之，疾病致醫藥。 | 後漢書順帝紀 |
| | 永建六年 | 詔曰：「連年灾潦，冀部尤甚。比蠲除實傷，贍恤窮匱，而百姓猶有棄業，流亡不絕。」 | 後漢書順帝紀 |
| | 永和四年 | 太原郡旱，民庶流冗。 | 後漢書順帝紀 |
| | 永和末 | 奏記諫曰：「…昔永和之末，綱紀少弛，頗失人望。四五歲耳，而財空戶散，下有離心。」 | 後漢書朱穆傳 |
| | | 規乃上疏求乞自效曰：「…江湖之人，群爲盜 | 後漢書皇甫規 |

| | | | | |
|---|---|---|---|---|
| | | 賊，青、徐荒飢，襁負流散。」 | 傳 | |
| 質帝 | 永憙元年 | 詔曰：「…又兵役連年，死亡流離，或支骸不斂，或停棺莫收，朕甚愍焉。」 | 後漢書質帝紀 | |
| 桓帝 | 建和三年 | 詔曰：「…民有不能自振及流移者，稟穀如科。」 | 後漢書桓帝紀 | |
| | 永興元年 | 郡國三十二蝗，河水溢，百姓飢窮，流冗道路，至有數十萬戶，冀州尤甚。 | 後漢書桓帝紀 | 本條與下條爲同一件事 |
| | 永興元年 | 河溢，漂害人庶數十萬戶，百姓荒饉，流移道路，冀州盜賊尤多，故擢穆爲冀州刺史。 | 後漢書朱穆傳 | |
| | 永興二年 | 太山賊公孫擧僞號歷年，…乃以韶爲嬴長，賊聞其賢，相戒不入嬴境。餘縣多被寇盜，廢耕桑，其流入縣界求索衣糧者甚衆。韶愍其飢困，乃開倉賑之，所稟贍萬餘戶。 | 後漢書韓韶傳 | |
| | 永壽中 | 拜高密侯相。是時徐兗二州盜賊群輩，高密在二州之郊，種乃大儲糧稸，勤勵吏士，賊聞皆憚之，桴鼓不鳴，流民歸者，歲中至數千家。 | 後漢書第五種傳 | |
| | 延熹六年 | 蕃上疏諫曰：「…況當今之世，有三空之戹哉！田野空，朝廷空，倉庫空，是謂三空。加兵戎 | 後漢書陳蕃傳 | |

| | | | |
|---|---|---|---|
| | 未戢，四方離散，是陛下焦心毀顏，坐以待旦之時也。」 | | |
| 延熹九年 | 蕃因上疏極諫曰：「…青、徐炎旱，五穀損傷，民物流遷，茹菽不足。」 | 後漢書陳蕃傳 | |
| 靈 | | | |
| | 先是，黃巾帥張角等執左道，稱大賢，以誑燿百姓，天下襁負歸之。賜時在司徒，召掾劉陶告曰：「…且欲切勑刺史、二千石，簡別流人，各護歸本郡，以孤弱其黨，然後誅其渠帥，可不勞而定，何如？」 | 後漢書楊賜傳 | 楊賜在光和二年十二月爲司徒，四年九月罷。此條應爲光和中之事。 |
| 光和六年 | 時鉅鹿張角僞託大道，妖惑小民，陶與奉車都尉樂松、議郎袁貢連名上疏言之，曰：「…前司徒楊賜奏下詔書，切勑州郡，護送流民，會賜去位，不復捕錄。」 | 後漢書劉陶傳 | 明年，張角反亂，故此條應在光和六年 |
| 中平元年 | 交阯屯兵反，…有司擧琮爲交州刺史。…琮卽移書告示，各使安其資業，招撫荒散，蠲復傜役，誅斬渠帥爲大害者，簡選良吏試守諸縣，歲閒蕩定，百姓以安。 | 後漢書賈琮傳 | |
| 中平二年 | 復上疏曰：「…今三郡之民皆以奔亡，南出武 | 後漢書劉陶傳 | |

| | | | | |
|---|---|---|---|---|
| 帝 | | 關，北徙壺谷，冰解風散，唯恐在後。…」 | | |
| | 靈帝末 | 黃巾餘黨郭太等復起西河白波谷，轉寇太原，遂破河東，百姓流轉三輔，號爲「白波賊」，衆十餘萬。 | 後漢書董卓傳 | |
| | 靈帝末 | 韓、濊並盛，郡縣不能制，百姓苦亂，多流亡入韓者。 | 後漢書東夷傳 | |
| | | 除不其令。…一境清靜，牢獄連年無囚，比縣流人歸化，徙居二萬餘戶。 | 後漢書循吏童恢傳 | |
| 獻 | 初平元年 | 青、徐士庶避黃巾之難歸虞者百餘萬口，皆收視溫恤，爲安立生業，流民皆忘其遷徙。 | 後漢書劉虞傳 | |
| | | 李傕、郭汜作亂關中。…是時徐方百姓殷盛，穀實甚豐，流民多歸之。…（曹操擊謙）初三輔遭李傕亂，百姓流移依謙者皆殲。 | 後漢書陶謙傳 | 其事在初平、興平年間 |
| | | 初，帝入關，三輔戶口尚數十萬，自傕汜相攻，天子東歸後，長安城空四十餘日，強者四散，羸者相食，二三年閒，關中無復人跡。 | 後漢書董卓傳 | 天子入關在初平元年，東歸在建安元年。 |
| | | 初，南陽、三輔民數萬戶流入益州，焉悉收以 | 後漢書劉焉傳 | |

帝

爲衆，名曰「東州兵」。

（註）典略曰：「……（張魯）教使起義舍，以米肉置其中，以止行人。又教使自隱，有小過者，當循道百步，則罪除。又依月令，春夏禁殺。又禁酒。流移寄在其地者，不敢不奉也。」

後漢書張魯傳

（註）虞溥江表傳曰：「獻帝嘗時見（郗）慮及少府孔融，問融曰：『鴻豫何所優長？』融曰：『可與適道，未可與權。』慮舉笏曰：『融昔宰北海，政散人流，其權安在？』遂與融互相長短，以至不穆。曹操以書和解之。」

後漢書孔融傳

# 附表二　兩漢各區郡國縣、户、口數及土地面積、人口密度總表

**說明：**

(1)區域分畫標準據本書第二章第二節所論，所屬之州、郡國、縣以漢書地理志、續漢書郡國志爲準，並參考顧頡剛「兩漢州制考」，譚其驤編中國歷史地圖集而成。

(2)縣數、戶數、口數分別取材自二志，並參考漢書補注、後漢書集解。各項之合計與二志略有出入，其百分比是以二志爲基準得出。

(3)土地面積依勞榦「兩漢郡國面積之估計及口數增減之推測」一文製成，百分比亦就勞表爲準得出，有關勞表之其他說明見第二章註八四。

(4)人口密度是以二志口數及勞表土地面積爲準得出。凡勞表計算有誤或未核校出者，皆改正之。若所得之人口密度不甚合理，但爲資料所限，難以校正者，其上加※號。

(5)凡無人口密度之郡國，計算該區之平均人口密度時亦不列入，並以〔　〕註明。

## 甲、西漢

| 區 | 州 | 郡國 | 縣數 | 戶數 | 口數 | 土地面積（平方公里） | 人口密度（人／平方公里） |
|---|---|---|---|---|---|---|---|
| 關 | 司隸 | 河南郡 | 二二 | 二七六、四四四 | 一、七四〇、二七九 | 一一、二五〇 | 一五四・六九 |
| | | 河內郡 | 一八 | 二四一、二四六 | 一、〇六七、〇九七 | 一八、二七〇 | 五八・四一 |
| | | 河東郡 | 二四 | 二三六、八九六 | 九六二、九一二 | 三六、〇九〇 | 二六・六八 |
| | 豫州 | 沛郡 | 三七 | 四〇九、〇七九 | 二、〇三〇、四八〇 | 三六、九九〇 | 五四・八九 |
| | | 梁國 | 八 | 三八、七〇九 | 一〇六、七五二 | 五、四〇八 | 一九・七四 |
| | | 潁川郡 | 二〇 | 四三二、四九一 | 二、二一〇、九七三 | 一〇、七一〇 | 二〇六・四四 |
| | | 汝南郡 | 三七 | 四六一、五八七 | 二、五九六、一四八 | 三七、〇九七 | 六九・九八 |
| | 徐州 | 魯國 | 六 | 一一八、〇四五 | 六〇七、三八一 | 五、四〇〇 | 一一二・四八 |
| | | 琅邪郡 | 五一 | 二二八、九六〇 | 一、〇七九、一〇〇 | 二三、六二五 | 四五・六八 |
| | | 東海郡 | 三八 | 三五八、四一四 | 一、五五九、三五七 | 二二、五〇〇 | 六九・三〇 |
| | | 楚國 | 七 | 一一四、七三八 | 四九七、八〇四 | 五、二四七 | 九四・八七 |

東

| 州 | 郡國 | | | | | |
|---|---|---|---|---|---|---|
| | 泗水國 | 三 | 二五、〇二五 | 一一九、一一四 | 三、三七五 | 三五•二九 |
| | 臨淮郡 | 二九 | 二六八、二八三 | 一、二三七、七六四 | 四二、三七二 | 二九•二一 |
| | 廣陵國 | 四 | 三六、七七三 | 一四〇、七二二 | 七、四六七 | 一八•八五 |
| 青州 | 平原郡 | 一九 | 一五四、三八七 | 六六四、五四三 | 一、五九五 | ※四一六•六四 |
| | 千乘郡 | 一五 | 一一六、七二七 | 四九〇、七二〇 | 五、四八一 | 八九•五三 |
| | 齊郡 | 一二 | 一五四、八二六 | 五五四、四四四 | 六、一四七 | 九〇•二〇 |
| | 北海郡 | 二六 | 一二七、〇〇〇 | 五九三、一五九 | 七、八三〇 | 七五•七五 |
| | 膠東國 | 八 | 七二、〇〇二 | 三二三、三三一 | 七、四二五 | 四三•五五 |
| | 東萊郡 | 一七 | 一〇三、二九二 | 五〇二、六九三 | 一〇、八七二 | 四六•二四 |
| | 高密國 | 五 | 四〇、五三一 | 一九二、五三六 | 一、二六九 | 一五一•七二 |
| | 菑川國 | 三 | 五〇、二八九 | 二二七、〇三一 | 一、四三一 | 一五八•六五 |
| | 濟南郡 | 一四 | 一四〇、七六一 | 六四二、八八四 | 七、九二三 | 八一•一四 |
| 兗州 | 泰山郡 | 二四 | 一七二、〇八六 | 七二六、六〇四 | 一八、〇〇〇 | 四〇•三七 |
| | 山陽郡 | 二三 | 一七二、八四七 | 八〇一、二八八 | 九、〇〇〇 | 八九•〇三 |
| | 東郡 | 二二 | 四〇一、二九七 | 一、六五九、〇二八 | 一三、五〇〇 | 一二二•八九 |
| | 陳留郡 | 一七 | 二九六、二八四 | 一、五〇九、〇五〇 | 一〇、八九〇 | 一三八•五七 |
| | 東平國 | 七 | 一三一、七五三 | 六〇七、九七六 | 三、一五〇 | 一九三•〇一 |

| 地區 | | | | | | |
|---|---|---|---|---|---|---|
| | 濟陰郡 | 九 | 二九〇、〇二五 | 一、三八六、二七八 | 六、二一〇 | 二二三・二三 |
| | 城陽國 | 四 | 五六、六四二 | 二〇五、七八四 | 三、三七五 | 六〇・九七 |
| | 淮陽國 | 九 | 一三五、五四四 | 九八一、四二三 | 一一、〇〇〇 | 八九・二二 |
| 冀州 | 常山郡 | 一八 | 一四一、七四一 | 六七七、九五六 | 一五、九三〇 | 四二・五六 |
| | 中山國 | 一四 | 一六〇、八七三 | 六六八、〇八〇 | 九、二三四 | 七二・三五 |
| | 鉅鹿郡 | 二〇 | 一五五、九五一 | 八二七、一七七 | 七、四四〇 | 一一一・一八 |
| | 魏郡 | 一八 | 二一二、八四九 | 九〇九、六五五 | 一〇、八〇〇 | 八四・二三 |
| | 眞定國 | 四 | 三七、一二六 | 一七八、六一六 | 一、八八一 | 九四・九六 |
| | 河間國 | 四 | 四五、〇四三 | 一八七、六六二 | 三、〇六九 | 六一・一五 |
| | 廣平國 | 一六 | 二七、九八四 | 一九八、五五八 | 一、一九九 | 一六五・六〇 |
| | 信都國 | 一七 | 六五、五五六 | 三〇四、三八四 | 八、二五三 | 三六・八八 |
| | 趙國 | 四 | 八四、二〇二 | 三四九、九五二 | 四、〇五〇 | 八六・四一 |
| | 清河郡 | 一四 | 二〇一、七七四 | 八七五、四二二 | 四、五〇〇 | 一九四・五四 |
| 并州 | 太原郡 | 二一 | 一六九、八六三 | 六八〇、四八八 | 五一、七五〇 | 一三・一五 |
| | 上黨郡 | 一四 | 七三、七九八 | 三三七、七六六 | 二九、七七〇 | 一一・三五 |
| 荊州 | 南陽郡 | 三六 | 三五九、三一六 | 一、九四二、〇五一 | 四六、一七〇 | 四二・〇六 |
| 小計 | | 七三八(四六・五〇%) | 七、五九九、〇五九(六二・一三%) | 三六、一六二、四二二(六〇・六八%) | 五八四、九四五(二三・一六%) | 六一・八二 |

| 地區 | 州 | 郡 | | | | | |
|---|---|---|---|---|---|---|---|
| 關中地區 | 司隸 | 京兆尹 | 一二 | 一九五、七〇二 | 六八二、四六八 | 八、五九九 | 七九•三七 |
| | | 左馮翊 | 二四 | 二三五、一〇一 | 九一七、八二二 | 一四、二四七 | 六四•四二 |
| | | 右扶風 | 二一 | 二一六、三七七 | 八三六、〇七〇 | 二七、六七五 | 三〇•二一 |
| | | 弘農郡 | 一一 | 一一八、〇九一 | 四七五、九五四 | 四一、一三〇 | 一一•五七 |
| | 小計 | | 六八（四•二八%） | 七六五、二七一（六•二六%） | 二、九一二、三一四（四•八九%） | 九一、六五一（二•〇六%） | 三一•七八 |
| 北及西 | 朔方州 | 上郡 | 二三 | 一〇三、六八三 | 六〇六、六五八 | 四四、七八四 | 一三•五五 |
| | | 西河郡 | 三六 | 一三六、三九〇 | 六九八、八三六 | 四四、〇一〇 | 一五•八八 |
| | | 朔方郡 | 一〇 | 三四、三三八 | 一三六、六二八 | 七九、七七五 | 一•七一 |
| | | 五原郡 | 一六 | 三九、三二二 | 二三一、三二八 | 一六、一五〇 | 一四•三二 |
| | 并州 | 雲中郡 | 一一 | 三八、三〇三 | 一七三、二七〇 | 一七、七五〇 | 九•七六 |
| | | 定襄郡 | 一二 | 三八、五五九 | 一六三、一四四 | 一七、〇〇〇 | 九•六〇 |
| | | 鴈門郡 | 一四 | 七三、一三八 | 二九三、四五四 | 一八、九〇〇 | 一五•五三 |
| | | 代郡 | 一八 | 五六、七七一 | 二七八、七五四 | 二七、七五〇 | 一〇•〇五 |
| | 涼州 | 安定郡 | 二一 | 四二、七二五 | 一四三、二九四 | 六四、七五〇 | 二•二一 |
| | | 北地郡 | 一九 | 六四、四六一 | 二一〇、六八八 | 五九、七五〇 | 三•五三 |
| | | 天水郡 | 一六 | 六〇、三七〇 | 二六一、三四八 | 一七、〇〇〇 | 一五•三七 |

| | | | | | | |
|---|---|---|---|---|---|---|
| 北邊區 | | | | | | |
| | 隴西郡 | 一一 | 五三、九六四 | 二三六、八二四 | 二六、九二五 | 八·八〇 |
| | 武都郡 | 九 | 五一、三七六 | 二三五、五六〇 | 二五、七五〇 | 九·一五 |
| | 金城郡 | 一三 | 三八、四七〇 | 一四九、六四八 | 五九、五〇〇 | 二·五二 |
| | 武威郡 | 一〇 | 一七、五八一 | 七六、四一九 | 八三、二五〇 | 〇·九二 |
| | 張掖郡 | 一〇 | 二四、三五二 | 八八、七三一 | 一三五、五〇〇 | 〇·六五 |
| | 酒泉郡 | 九 | 一八、一三七 | 七六、七二六 | 五八、二五〇 | 一·三二 |
| | 敦煌郡 | 六 | 一一、二〇〇 | 三八、三三五 | 一四九、七五〇 | 〇·二六 |
| 幽州 | 涿郡 | 二九 | 一九五、六〇七 | 七八二、七六四 | 一六、〇二〇 | 四八·八六 |
| | 勃海郡 | 二六 | 二五六、三七七 | 九〇五、一一九 | 二二、七二五 | 三九·八三 |
| | 上谷郡 | 一五 | 三六、〇〇八 | 一一七、七六二 | 三一、二五〇 | 三·七七 |
| | 漁陽郡 | 一二 | 六八、八〇二 | 二六四、一一六 | 三七、九〇〇 | 六·九七 |
| | 右北平郡 | 一六 | 六六、六八九 | 三二〇、七八〇 | 三六、七五〇 | 八·七三 |
| | 遼西郡 | 一四 | 七二、六五四 | 三五二、三二五 | 三九、七五〇 | 八·八六 |
| | 遼東郡 | 一八 | 五五、九七二 | 二七二、五三九 | 八三、七〇〇 | 三·二六 |
| | 玄菟郡 | 三 | 四五、〇〇六 | 二二一、八四五 | 八四、七五〇 | 二·六二 |
| | 樂浪郡 | 二五 | 六二、八一二 | 四〇六、七四八 | 六九、七五〇 | 五·八三 |
| | 廣陽國 | 四 | 二〇、七四〇 | 七〇、六五八 | 二、七〇〇 | 二六·一七 |

| 南及西 | | | | | | |
|---|---|---|---|---|---|---|
| 小計 | | 四二六 (二六・八四%) | 一、七八三、八〇七 (一四・五八%) | 七、八一四、三〇一 (二三・一一%) | 一、三七一、八三九 (三〇・八七%) | 五・七〇 |
| 荊州 | 南郡 | 一八 | 一二五、五七九 | 七一八、五四〇 | 七四、二五〇 | 九・六八 |
| | 江夏郡 | 一四 | 五六、八四四 | 二一九、二一八 | 七六、五一八 | 二・八六 |
| | 桂陽郡 | 一一 | 二八、一一九 | 一五六、四八八 | 五一、三九〇 | 三・〇五 |
| | 武陵郡 | 一三 | 三四、一七七 | 一八五、七五八 | 一一六、一〇〇 | 一・六〇 |
| | 零陵郡 | 一〇 | 二一、〇九二 | 一三九、三七八 | 五九、七七八 | 二・三三 |
| | 長沙國 | 一三 | 四三、四七〇 | 二三五、八二五 | 七五、五一〇 | 三・一二 |
| 揚州 | 廬江郡 | 一二 | 一二四、三八三 | 四五七、三三三 | 四四、三二五 | 一〇・三二 |
| | 九江郡 | 一五 | 一五〇、〇五二 | 七八〇、五二五 | 三七、七一〇 | 二〇・七〇 |
| | 會稽郡 | 二六 | 二二三、〇三八 | 一、〇三二、六〇四 | 八三、九七〇 | 一二・三〇 |
| | 丹揚郡 | 一七 | 一〇七、五四一 | 四〇五、一七一 | 五九、七〇〇 | 六・七九 |
| | 豫章郡 | 一八 | 六七、四六二 | 三五一、九六五 | 一七四、九六〇 | 二・〇一 |
| | 六安國 | 五 | 三八、三四五 | 一七八、六一六 | 一〇、八八一 | 一六・四二 |
| 益州 | 巴郡 | 一一 | 一五八、六四三 | 七〇八、一四八 | 一三五、八一〇 | 五・二一 |
| | 蜀郡 | 一五 | 二六八、二七九 | 一、二四五、九二九 | 二四、二一九 | 五一・四四 |
| | 廣漢郡 | 一三 | 一六七、四九九 | 六六二、二四九 | 五五、九五三 | 一一・八四 |

| 南邊區 | | | | | | |
|---|---|---|---|---|---|---|
| | 犍為郡 | 一二 | 一〇九、四一九 | 四八九、四八六 | 一二九、九三〇 | 三·七七 |
| | 漢中郡 | 一二 | 一〇一、五七〇 | 三〇〇、六一四 | 六九、八九四 | 四·三〇 |
| | 牂牁郡 | 一七 | 二四、二一九 | 一五三、三六〇 | 一八三、九六九 | 〇·八三 |
| | 越嶲郡 | 一五 | 六一、二〇八 | 四〇八、四〇五 | 一〇八、七四七 | 三·七六 |
| | 益州郡 | 二四 | 八一、九四六 | 五八〇、四六三 | 二五八、三二〇 | 二·二五 |
| 交趾州 | 南海郡 | 六 | 一九、六一三 | 九四、二五三 | 九五、六七〇 | 〇·九九 |
| | 鬱林郡 | 一二 | 一二、四一五 | 七一、一六二 | 一三五、一九〇 | 〇·五七 |
| | 交趾郡 | 一〇 | 九二、四四〇 | 七四六、二三七 | 七七、四九〇 | 九·六三 |
| | 合浦郡 | 五 | 一五、三九八 | 七八、九八〇 | 五六、九七〇 | 一·三九 |
| | 九眞郡 | 七 | 三五、七四三 | 一六六、〇一三 | 五五、六二〇 | 二·九八 |
| | 蒼梧郡 | 一〇 | 二四、三七九 | 一四六、一六〇 | 五七、五一〇 | 二·五四 |
| | 日南郡 | 五 | 一五、四六〇 | 六九、四八五 | 九四、五〇〇 | 〇·七四 |
| 小計 | | 三四六 (二一·〇%) | 二、二〇八、三三三 (一八·〇五%) | 一〇、七八二、三六五 (一八·〇九%) | 二、三九四、八八四 (五三·九〇%) | 四·五〇 |
| 合計 | | 一五七八 | 一三、三五六、四七〇 | 五七、六七一、四〇二 | 四、四四三、三一九 | — |
| 地理志 | | 一五八七 | 一二、二三三、〇六二 | 五九、五九四、九七八 | — | 一三·四一 |

## 乙、東漢

| 區 | 州 | 郡國 | 縣數 | 戶數 | 口數 | 土地面積（平方公里） | 人口密度（人／平方公里） |
|---|---|---|---|---|---|---|---|
| 關 | 司隸 | 河南尹 | 二一 | 二〇八、四八六 | 一、〇一〇、八二七 | 一一、二五〇 | 八九・八五 |
| | | 河內郡 | 一八 | 一五九、七七〇 | 八〇一、五五八 | 一八、二七〇 | 四三・八七 |
| | | 河東郡 | 二〇 | 九三、五四三 | 五七〇、八〇三 | 三六、〇九〇 | 一五・八二 |
| | 豫州 | 沛國 | 二一 | 二〇〇、四九五 | 二五一、三九三 | 二九、九七〇 | 八・三九 |
| | | 梁國 | 九 | 八三、三〇〇 | 四三一、二八三 | 五、四〇〇 | 七九・八七 |
| | | 潁川郡 | 一七 | 二六三、四四〇 | 一、四三六、五一三 | 一一、〇七〇 | 一二九・七七 |
| | | 汝南郡 | 三七 | 四〇四、四四八 | 二、一〇〇、七八八 | 三四、四七〇 | 六〇・九五 |
| | | 魯國 | 六 | 七八、四四七 | 四一一、五九〇 | 五、四〇〇 | 七六・二二 |
| | | 陳國 | 九 | 一一二、六五三 | 一、五四七、五七二 | 一〇、九八〇 | 一四〇・九四 |
| | 徐州 | 琅邪國 | 一三 | 二〇、八〇四 | 五七〇、九六七 | 一八、九六五 | 三〇・一一 |
| | | 東海郡 | 一三 | 一四八、七八四 | 七〇六、四一六 | 二一、七四四 | 三二・四九 |

| | | | | | | | |
|---|---|---|---|---|---|---|---|
| 東地 | | 彭城國 | 八 | 八六、一七〇 | 四九三、〇二七 | 四、四一九 | 一一一・五七 |
| | | 廣陵郡 | 一一 | 八三、九〇七 | 四一〇、一九〇 | 三六、〇〇〇 | 一一・三九 |
| | | 下邳國 | 一七 | 一三六、三八九 | 六一一、〇八三 | 二二、五〇〇 | 二七・一六 |
| | 青州 | 平原郡 | 九 | 一五五、五八八 | 一、〇〇二、六五八 | 一〇、五九五 | 九四・六四 |
| | | 齊國 | 六 | 六四、四一五 | 四九一、七六五 | 五、四〇〇 | 九一・〇七 |
| | | 北海國 | 一八 | 一五八、六四一 | 八五三、六〇四 | 一四、〇九四 | 六〇・五七 |
| | | 東萊郡 | 一三 | 一〇四、二九七 | 四八四、三九三 | 一七、一〇〇 | 二八・三三 |
| | | 濟南國 | 一〇 | 七八、五四四 | 四五三、三〇八 | 五、四七二 | 八二・八四 |
| | | 樂安國 | 九 | 七四、四〇〇 | 四二四、〇七五 | 七、三五三 | 五七・六七 |
| | 兗州 | 泰山郡 | 一二 | 八、九二九 | 四三七、三一七 | 一三、三二〇 | 三二・八三 |
| | | 山陽郡 | 一〇 | 一〇九、八九八 | 六〇六、〇九一 | 七、二七二 | 八三・三五 |
| | | 東郡 | 一五 | 一三六、〇八八 | 六〇三、三九三 | 一〇、七一九 | 五六・二九 |
| | | 陳留郡 | 一七 | 一七七、五二九 | 八六九、四三三 | 九、〇三六 | 九六・二二 |
| | | 東平國 | 七 | 七九、〇一二 | 四四八、二七〇 | 三、〇六〇 | 一四六・四九 |
| | | 濟陰郡 | 一一 | 一三三、七一五 | 六五七、五五四 | 七、〇四七 | 九三・三一 |
| | | 任城國 | 三 | 三六、四四二 | 一九四、一五六 | 一、〇五三 | 一八四・三八 |
| | | 濟北國 | 五 | 四五、六八九 | 二三五、八九七 | 二、五五五 | 九二・三三 |

| | | | | | | | |
|---|---|---|---|---|---|---|---|
| 區 | 冀州 | 常山國 | 一三 | 九七、五〇〇 | 六三一、一八四 | 一五、一三〇 | 四一・七二 |
| | | 中山國 | 一三 | 九七、四一二 | 六五八、一九五 | 一六、九二〇 | 三八・九〇 |
| | | 鉅鹿郡 | 一五 | 一〇九、五一七 | 六〇二、〇九六 | 七、五六〇 | 七九・六四 |
| | | 魏郡 | 一五 | 一二九、三一〇 | 六九五、六〇六 | 一二、七五三 | 五四・五四 |
| | | 河閒國 | 一一 | 九三、七五四 | 六三四、四二一 | 六、〇〇七 | 一〇五・六一 |
| | | 安平國 | 一三 | 九一、四四〇 | 六五五、一一八 | 二、九〇〇 | ＊二二五・九〇 |
| | | 趙國 | 五 | 三二、七一九 | 一八八、三八一 | 四、〇五〇 | 四六・五一 |
| | | 清河國 | 七 | 一二三、九六四 | 七六〇、四一八 | 四、五〇〇 | 一六八・九八 |
| | | 勃海郡 | 八 | 一三二、三八九 | 一、一〇六、五〇〇 | 一七、三九七 | 六三・六〇 |
| | 并州 | 上黨郡 | 一三 | 二六、二二二 | 一二七、四〇三 | 二九、七九〇 | 四・二八 |
| | | 太原郡 | 一六 | 三〇、九〇二 | 二〇〇、一二四 | 四五、三六〇 | 四・四一 |
| | 荊州 | 南陽郡 | 三七 | 五二八、五五一 | 二、四三九、六一八 | 四九、九五八 | 四八・八三 |
| | 小計 | | 五三一 (四五・〇〇%) | 四、九三七、五〇三 (五〇・九一%) | 二七、八一四、九八八 (五六・五九%) | 五九二、九二九 (一三・五二%) | 四六・九一 |
| 關中 | 司隸 | 京兆尹 | 一〇 | 五三、二九九 | 二八五、五七四 | 一五、〇〇三 | 一九・〇三 |
| | | 左馮翊 | 一三 | 三七、〇九〇 | 一四五、一九五 | 一四、二〇〇 | 一〇・二三 |
| | | 右扶風 | 一五 | 一七、三五二 | 九三、〇九一 | 二七、六七五 | 三・三六 |

| 地區 | | 郡 | | | | | |
|---|---|---|---|---|---|---|---|
| | | 弘農郡 | 九 | 四六、八一五 | 一九九、一一三 | 三六、〇〇〇 | 五・五三 |
| | 小計 | | 四七 (三・九八%) | 一五四、五五六 (一・五九%) | 七二二、九七三 (一・四七%) | 九二、八七八 (三・一二%) | 七・七八 |
| 北及西 | 并州 | 上郡 | 一〇 | 五、一六九 | 二八、五九九 | 四四、七三〇 | 〇・六四 |
| | | 西河郡 | 一三 | 五、六九八 | 二〇、八三八 | 五〇、一三〇 | 〇・四二 |
| | | 朔方郡 | 六 | 一、九八七 | 七、八四三 | 七九、七五〇 | 〇・一〇 |
| | | 五原郡 | 一〇 | 四、六六七 | 二二、九五七 | 一六、一五〇 | 一・四二 |
| | | 雲中郡 | 一一 | 五、三五一 | 二六、四三〇 | 一七、九三〇 | 一・四七 |
| | | 定襄郡 | 五 | 三、一五三 | 一三、五七一 | 一五、〇〇〇 | 〇・九〇 |
| | | 鴈門郡 | 一四 | 三一、八六二 | 二四九、〇〇〇 | 二五、〇〇〇 | 九・九六 |
| | 涼州 | 安定郡 | 八 | 六、〇九四 | 二九、〇六〇 | 六四、七五〇 | 〇・四五 |
| | | 北地郡 | 六 | 三、一二二 | 一八、六三七 | 五九、七五〇 | 〇・三一 |
| | | 漢陽郡 | 一三 | 二七、四二三 | 一三〇、一三八 | 一六、七五〇 | 七・七七 |
| | | 隴西郡 | 一一 | 五、六二八 | 二九、六三七 | 四四、七七五 | 〇・六六 |
| | | 武都郡 | 七 | 二〇、一〇二 | 八一、七二八 | 二五、七五〇 | 三・一七 |
| | | 金城郡 | 一〇 | 三、八五八 | 一八、九四七 | 四一、六五〇 | 〇・四五 |
| | | 武威郡 | 一四 | 一〇、〇四二 | 三四、二二六 | 八三、三七〇 | 〇・四一 |

| 北邊區 | | | | | | |
|---|---|---|---|---|---|---|
| | 張掖郡 | 八 | 六、五五二 | 二六、○四○ | 五○、五○○ | ○・五二 |
| | 酒泉郡 | 九 | 一二、七○六 | — | 五八、二五○ | — |
| | 敦煌郡 | 六 | 七四八 | 二九、一七○ | 一四九、七五○ | ○・一九 |
| | 張掖屬國 | 五 | 四、六五六 | 一六、九五二 | 二二、七五○ | ○・七五 |
| | 張掖居延屬國 | 一 | 一、五六○ | 四、七三三 | 五八、二五○ | ○・○八 |
| 幽州 | 涿郡 | 七 | 一○二、二一八 | 六三三、七五四 | 九、九○○ | 六四・○二 |
| | 代郡 | 一一 | 二○、一二三 | 一二六、一八八 | 二二、○○○ | 五・七四 |
| | 上谷郡 | 八 | 一○、三五二 | 五一、二○四 | 三一、二五○ | 一・六四 |
| | 漁陽郡 | 九 | 六八、四五六 | 四三五、七四○ | 三七、九○○ | 一一・五○ |
| | 右北平郡 | 四 | 九、一七○ | 五三、四七五 | 三六、七五○ | 一・四六 |
| | 遼西郡 | 五 | 一四、一五○ | 八一、七一四 | 二一、九三○ | 三・七三 |
| | 遼東郡 | 一一 | 六四、一五八 | 八一、七一四 | 六九、七五○ | 一・一七 |
| | 玄菟郡 | 六 | 一、五九四 | 四三、一六三 | 七三、六五四 | ○・五九 |
| | 樂浪郡 | 一八 | 六一、四九二 | 二五七、○五○ | 二一、六○○ | 一一・九○ |
| | 廣陽郡 | 五 | 四四、五五○ | 二八○、六○○ | 三、六○○ | ＊七七・九四 |
| | 遼東屬國 | 六 | — | — | 五七、五一○ | — |
| 小計 | | 二五七 (三一・六八%) | 五五六、六四一 (五・七四%) | 二、八三三、一○八 (五・七六%) | 一、三一○、八二九 (二九・八九%) | (二・三七) |

南 及 西

| | | | | | | |
|---|---|---|---|---|---|---|
| 荊州 | 南郡 | 一七 | 一六二、五七〇 | 七四七、六〇四 | 七五、八九七 | 九・八五 |
| | 江夏郡 | 一四 | 五八、四三四 | 二六五、四六四 | 七六、五一八 | 三・四七 |
| | 桂陽郡 | 一一 | 一三五、〇二九 | 五〇一、四〇三 | 五一、三九〇 | 九・七六 |
| | 武陵郡 | 一二 | 四六、六七二 | 二五〇、九一三 | 一一四、五三〇 | 二・一九 |
| | 零陵郡 | 一三 | 二一二、二八四 | 一、〇〇一、五七八 | 五九、七七八 | 一六・七五 |
| | 長沙郡 | 一三 | 二五五、八五四 | 一、〇五九、三七二 | 七五、五一〇 | 一四・〇三 |
| 揚州 | 廬江郡 | 一四 | 一〇一、三九二 | 四二四、六八三 | 四二、三〇〇 | 一〇・〇四 |
| | 九江郡 | 一四 | 八九、四三六 | 四三二、四二六 | 三七、七一〇 | 一一・四七 |
| | 會稽郡 | 一四 | 一二三、〇九〇 | 四八一、一九六 | 六八、六七〇 | 七・〇一 |
| | 吳郡 | 一三 | 一六四、一六四 | 七〇〇、七八二 | 三八、七九〇 | 一八・〇七 |
| | 丹陽郡 | 一六 | 一三六、五一八 | 六三〇、五四五 | 五六、八七五 | 一一・〇九 |
| | 豫章郡 | 二一 | 四〇六、四九六 | 一、六六八、九〇六 | 一七四、九六〇 | 九・五四 |
| 益州 | 巴郡 | 一四 | 三一〇、六九一 | 一、〇八六、〇四九 | 一三五、九〇〇 | 七・九九 |
| | 蜀郡 | 一一 | 三〇〇、四五二 | 一、三五〇、四七六 | 二四、二一〇 | 五五・七八 |
| | 廣漢郡 | 一一 | 一三九、八六五 | 五〇九、四三八 | 五五、九八〇 | 九・一〇 |
| | 犍爲郡 | 九 | 一三七、七一三 | 四一一、三七八 | 一二九、九三〇 | 三・一七 |
| | 漢中郡 | 九 | 五七、三四四 | 二六七、四〇二 | 六九、九三〇 | 三・八二 |

| | | | | | | | |
|---|---|---|---|---|---|---|---|
| 南邊區 | | 牂牁郡 | 一六 | 三一、五二三 | 二六七、二五三 | 一八三、九六〇 | 一・四五 |
| | | 越巂郡 | 一四 | 一三〇、一二〇 | 六二三、四一八 | 一〇八、七二〇 | 五・七三 |
| | | 益州郡 | 一七 | 二九、〇三六 | 一一〇、八〇二 | 一五九、五〇〇 | 〇・六九 |
| | | 永昌郡 | 八 | 二三一、八九七 | 一、八九七、三四四 | 九八、八二〇 | 一九・二〇 |
| | | 廣漢屬國 | 三 | 三七、一一〇 | 二〇五、六五二 | 一六、八四〇 | 一三・二一 |
| | | 蜀郡屬國 | 四 | 一一一、五六八 | 四七五、六二九 | 五三、二〇〇 | 八・九四 |
| | | 犍爲屬國 | 二 | 七、九三八 | 三七、一八七 | 六六、九六〇 | 〇・五六 |
| | 交州 | 南海郡 | 七 | 七一、四七七 | 二五〇、二八二 | 九六、二三〇 | 二・六〇 |
| | | 鬱林郡 | 一一 | — | — | 一二五、一九〇 | — |
| | | 交趾郡 | 一二 | — | — | 二五、八三〇 | — |
| | | 合浦郡 | 五 | 二三、一二一 | 八六、六一七 | 五六、九七〇 | 一・五二 |
| | | 九眞郡 | 五 | 四六、五一三 | 二〇九、八九四 | 一八、五四〇 | 一二・三三 |
| | | 蒼梧郡 | 一一 | 一一一、三九五 | 四六六、九七五 | 五七、五一〇 | 八・一三 |
| | | 日南郡 | 五 | 一八、二六三 | 一〇〇、六七六 | 三一、五〇〇 | 三・二〇 |
| | 小計 | | 三四六 (二九・三%) | 三、六八七、九六五 (三八・〇三%) | 一六、五二一、三四四 (三三・六一%) | 二、三八八、六四八 (五四・四七%) | (七・三八) |
| 合計 | | | 一一八一 | 九、三三六、六六五 | 四七、八九二、四一三 | 四、三八五、二八四 | — |
| 郡國志 | | | 一一八〇 | 九、六九八、六三〇 | 四九、一五〇、二二〇 | — | (一一・九三) |

# 參考書目

## 甲、中文部分

### ㈠史料


司馬遷，史記，台北，世界書局，新校三家注本，民國六七年。

班固，漢書，台北，世界書局，新校集注本，民國六一年。

范曄，後漢書，台北，世界書局，新校集注本，民國六一年。

陳壽，三國志，台北，洪氏出版社，新校標點本，民國六三年。

房玄齡等，晉書，台北，鼎文書局，新校標點本，民國六八年。

蕭子顯，南齊書，台北，鼎文書局，新校標點本，民國六八年。

魏徵等，隋書，台北，鼎文書局，新校標點本，民國六八年。

周禮，台北，藝文印書館，十三經注疏本。

許愼撰，段玉裁注，說文解字，台北，廣文書局，民國五八年。

管　子，台北，台灣商務印書館，四部叢刊正編本。
王夫之，讀通鑑論，台北，河洛出版社，民國六五年。
王　充，論衡，台北，台灣商務印書館，四部叢刊正編本。
王先謙，漢書補注，台北，台灣商務印書館，國學基本叢書。
王先謙，後漢書集解，台北，台灣商務印書館，國學基本叢書。
王明編校，太平經合校，北京，中華書局，一九六〇年。
王　昶，金石萃編，台北，藝文印書館，石刻史料叢書甲編。
王　符，潛夫論，台北，台灣商務印書館，國學基本叢書。
王鳴盛，十七史商榷，台北，廣文書局，民國六〇年。
王應麟，漢制考，台北，新文豐出版社，叢書集成新編本，民國七四年。
司馬光，資治通鑑，台北，世界書局，民國六三年。
石聲漢校注，氾勝之書今釋，北京，科學出版社，一九五六年。
朱　禮，漢唐事箋，台北，廣文書局，民國六五年。
汪之昌，漢律逸文，收入：中國法制史料，第二輯第一册，台北，鼎文書局，民國七五年。
呂不韋，呂氏春秋，台北，台灣商務印書館，國學基本叢書。
汪文臺輯，七家後漢書，台北，文海出版社，民國六一年。
杜　佑，通典，清咸豐九年崇仁謝氏刊本。
李昉等撰，太平御覽，台北，大化書局，民國六六年。

沈家本，漢律摭遺，台北，台灣商務印書館，民國六五年。

杜貴墀，漢律輯證，收入：中國法制史料，第二輯第一冊，台北，鼎文書局，民國七五年。

洪适，隸釋，台北，藝文印書館，石刻史料叢書甲編。

洪适，隸續，台北，藝文印書館，石刻史料叢書甲編。

俞森，常平倉考，台北，台灣商務印書館，叢書集成簡編本。

洪邁，容齋隨筆五集，台北，台灣商務印書館，四部叢刊續編本。

徐天麟，西漢會要，台北，西南書局，民國六二年。

徐天麟，東漢會要，台北，台灣商務印書館，國學基本叢書。

翁方綱，兩漢金石記，台北，藝文印書館，石刻史料叢書甲編。

袁宏，後漢紀，台北，台灣商務印書館，國學基本叢書。

馬邦玉，漢碑錄文，連筠簃叢書。

班固，白虎通德論，台北，台灣商務印書館，四部叢刊正編本。

孫星衍校集，漢官六種，台北，台灣中華書局，四部備要本。

荀悅，申鑒，台北，台灣商務印書館，國學基本叢書。

荀悅，漢紀，台北，台灣商務印書館，國學基本叢書。

徐幹，中論，台北，台灣商務印書館，國學基本叢書。

孫傳鳳，集漢律逸文，收入：中國法制史料，第二輯第一冊，台北，鼎文書局，民國七五年。

桓　寬，鹽鐵論集釋，台北，廣文書局，民國六四年。
馬端臨，文獻通考，清咸豐九年崇仁謝氏刊本。
張仲景，傷寒論，台北，新文豐出版社，叢書集成新編本，民國七四年。
崔寔著，石聲漢校注，四民月令，北京，中華書局，一九六五年。
陸　賈，新語，台北，台灣商務印書館，國學基本叢書。
陸增祥，八瓊室金石補正，台北，藝文印書館，石刻史料叢書甲編。
黃　憲，天祿閣外史，台北，新興書局，筆記小說大觀本，民國六七年。
常　璩，華陽國志，台北，新興書局，筆記小說大觀本，民國六七年。
張鵬一，漢律類纂，收入：中國法制史料，第二輯第一冊，台北，鼎文書局，民國七五年。
董仲舒，春秋繁露，中國子學名著集成珍本初編。
葛　洪，抱朴子，台北，台灣商務印書館，國學基本叢書。
賈思勰，齊民要術，台北，台灣商務印書館，國學基本叢書。
董　煟，救荒活民書，台北，台灣商務印書館，叢書集成簡編本。
賈　誼，賈子新書，台北，台灣商務印書館，國學基本叢書。
趙　翼，二十二史劄記，台北，洪氏出版社，民國六三年。
劉　安，淮南子，台北，台灣商務印書館，四部叢刊正編本。
劉　向，新序，台北，台灣商務印書館，國學基本叢書。
劉　向，說苑，台北，台灣商務印書館，國學基本叢書。

劉　珍，東觀漢記，台北，台灣中華書局，四部備要本。
劉　歆，西京雜記，台北，台灣商務印書館，四部叢刊正編本。
鄭　樵，通志，清咸豐九年崇仁謝氏刊本。
劉徽注，李淳風注釋，九章算術，台北，台灣商務印書館，叢書集成簡編本。
錢大昕，十駕齋養心錄，台北，台灣商務印書館，國學基本叢書。
錢大昕，廿二史考異，台北，樂天書局，民國五三年。
錢文子，補漢兵志，上海，開明書店，二十五史補編本，民國二五年。
薛允升，漢律輯存，收入：中國法制史料，第二輯第一册，台北，鼎文書局，民國七五年。
應　劭，風俗通義，台北，新興書局，漢魏叢書本，民國四八年。
魏　禧，救荒策，台北，台灣商務印書館，叢書集成簡編本。
嚴可均校輯，全上古三代秦漢三國六朝文，京都，中文出版社，一九八一年。
顧炎武，日知錄集釋，台北，世界書局，民國五七年。
酈道元，水經注，台北，台灣商務印書館，國學基本叢書。
不著撰人，三輔黃圖，台北，台灣商務印書館，四部叢刊續編本。

## (二)專　書

王　恢，漢王國與侯國之演變，台北，國立編譯館，民國七三年。
中國社會科學院考古研究所編，居延漢簡甲乙編，北京，中華書局，一九八一年。

中國社會科學院考古研究所編，新中國的考古發現和研究，北京，文物出版社，一九八四年。

中國科學院中國自然地理編輯委員會，中國自然地理—歷史自然地理，北京，科學出版社，一九八二年。

中國科學院考古研究所編著，考古學基礎，北京，科學出版社，一九五八年。

中國科學院考古研究所編著，新中國的考古收獲，北京，文物出版社，一九六二年。

中國秦漢史研究會編，秦漢史論叢，一—三輯，陝西，人民出版社，一九八一—一九八六年。

王國維，流沙墜簡考釋補正，台北，藝文印書館，叢書集成三編。

史念海，河山集，一—三集，北京，三聯書店，一九六三年、一九八一年；人民出版社，一九八八年。

甘芳蘭，漢隋之間關中區域的發展與變遷，東海大學碩士論文，民國七四年。

甘肅省博物館中國科學院考古研究所編著，武威漢簡，北京，文物出版社，一九六四年。

石璋如等，中國歷史地理，台北，中華文化出版事業委員會，民國四三年。

加藤繁，中國經濟史考證，台北，華世出版社，民國七〇年。

加藤繁，中國經濟史概說，台北，華世出版社，民國六七年。

池田溫，中國古代籍帳研究，台北，弘文館出版社，民國七四年。

安作璋，漢史初探，上海，學習生活出版社，一九五五年。

朱紹侯，秦漢土地制度與階級關係，河南，中州古籍出版社，一九八五年。
岑仲勉，歷代黃河變遷考，台北，里仁書局，民國七一年。
李長年，中國農業史話，台北，明文書局，民國七一年。
宋佩韋，東漢宗教史，台北，台灣商務印書館，民國五三年。
余英時，歷史與思想，台北，聯經公司，民國六五年。
余英時，中國知識階層史論，台北，聯經公司，民國六九年。
余英時，史學與傳統，台北，時報文化出版社，民國七一年。
呂思勉，秦漢史，台北，台灣開明書店，民國六二年。
呂思勉，讀史劄記，台北，木鐸出版社，民國七二年。
何炳棣，黃土與中國農業的起源，香港，中文大學，一九六九年。
宋敍五，西漢貨幣史初稿，香港，中文大學，一九七一年。
邢義田，秦漢史論稿，台北，東大圖書公司，民國七六年。
李劍農，先秦兩漢經濟史稿，台北，華世出版社，民國七〇年。
金發根，永嘉亂後北方的豪族，台北，嘉新文化基金獎助委員會，民國五三年。
林劍鳴，簡牘概述，陝西，人民出版社，一九八四年。
金觀濤、劉青峰，興盛與危機—論中國封建社會的超穩定結構，台北，谷風出版社，民國七六年。
范文瀾，中國通史簡編，北京，人民出版社，一九五五年。

侯外廬，中國封建社會史論，台北，谷風出版社，民國七七年。
馬先醒，漢代人口研究，文化大學博士論文，民國五五年。
卿希泰，中國道教思想史綱，成都，四川人民出版社，一九八〇年。
唐長孺，三至六世紀江南大土地所有制的發展，台北，帛書出版社，民國七四年。
高　敏，秦漢史論集，河南，中州書畫社，一九八二年。
徐復觀，兩漢思想史，台北，台灣學生書局，民國六八年。
梁方仲，中國歷代戶口田地田賦統計，上海，人民出版社，一九八〇年。
陳文豪，漢代大司農研究，文化大學碩士論文，民國七五年。
陳正祥，中國文化地理，台北，木鐸出版社，民國七一年。
陶希聖，中國政治思想史，台北，食貨出版社，民國六一年。
陳邦賢，中國醫學史，台北，台灣商務印書館，民國五四年。
陳　直，兩漢經濟史料論叢，陝西，人民出版社，一九五八年。
張春樹，漢代邊疆史論集，台北，食貨出版社，民國六六年。
許倬雲，求古編，台北，聯經公司，民國七一年。
堀敏一，均田制研究，台北，弘文館出版社，民國七五年。
陳勝崑，中國傳統醫學史，台北，時報文化出版社，民國六八年。
陳勝崑，中國疾病史，台北，自然科學公司，民國七〇年。
陳　槃，漢晉遺簡識小七種，史語所專刊六三，民國六四年。

陳夢家，漢簡綴述，北京，中華書局，一九八〇年。
黃耀能，中國古代農業水利史研究，台北，六國出版社，民國六七年。
陳顧遠，中國法制史，台北，台灣商務印書館，民國四九年。
賀昌群，漢唐間封建土地所有制形式研究，上海，人民出版社，一九六四年。
閔宗殿、董凱忱、陳文華編著，中國農業技術發展簡史，北京，農業出版社，一九八三年。
勞　榦，居延漢簡考釋，史語所專刊二一，一九四九年。
勞　榦，居延漢簡考釋之部，史語所專刊四〇，民國四九年。
勞　榦，勞榦學術論文集甲編，台北，藝文印書館，民國六五年。
傅勤家，中國道教史，台北，台灣商務印書館，民國七三年。
程樹德，九朝律考，台北，台灣商務印書館，民國五四年。
鄒紀萬，兩漢土地問題研究，台大文史叢刊，民國七〇年。
鄒紀萬，秦漢史，台北，衆文書局，民國七三年。
萬國鼎等，中國農學史，北京，科學出版社，一九八四年。
葛劍雄，西漢人口地理，北京，人民出版社，一九八六年。
楊聯陞，國史探微，台北，聯經公司，民國七二年。
趙　岡、陳鍾毅，中國土地制度史，台北，聯經公司，民國七一年。
趙　岡、陳鍾毅，中國經濟制度史論，台北，聯經公司，民國七五年。
趙　岡、陳鍾毅，中國歷史上的勞動力市場，台北，台灣商務印書館，民國七五年。

漆俠等，秦漢農民戰爭史，北京，三聯書店，一九七九年。
睡虎地秦墓竹簡整理小組，睡虎地秦墓竹簡，北京，文物出版社，一九七八年。
聞鈞天，中國保甲制度，上海，商務印書館，民國二四年。
劉克智、劉翠溶，中國人口問題研究，台北，中央文物供應社，民國七二年。
翦伯贊，秦漢史，香港，中國圖書刊行社，一九八四年。
鄧雲特，中國救荒史，台北，台灣商務印書館，民國五五年。
劉增貴，漢代豪族研究—豪族的士族化與官僚化，台大博士論文，民國七四年。
錢　穆，秦漢史，台北，東大圖書公司，民國七四年。
錢　穆，國史大綱，台北，台灣商務印書館，民國五五年。
戴炎輝，中國法制史，台北，三民書局，民國六〇年。
蕭公權，中國政治思想史，台北，華岡出版社，民國六六年。
薩孟武，中國社會政治史，台北，三民書局，民國六九年。
韓復智，兩漢的經濟思想，台北，中國學術著作獎助委員會，民國五八年。
韓復智，漢史論集，台北，文史哲出版社，民國六九年。
蕭　璠，春秋至兩漢時期中國向南方的發展，台大文史叢刊，民國六二年。
羅振玉輯，羅振玉、王國維考釋，流沙墜簡，上虞，羅氏宸翰樓印行，民國三年。
嚴耕望，中國地方行政制度史，上編，卷上，秦漢地方行政制度，史語所專刊四五，民國五〇年。

譚其驤，中國歷史地圖集，上海，地圖出版社，一九八二年。

中國社會經濟史參考文獻，台北，華世出版社，民國七三年。

中國歷史自然地理，台北，明文書局，民國七四年。

馬王堆漢墓，台北，弘文館出版社，民國七四年。

### (三)論　文

山西省文物管理委員會，「山西平陸棗園村壁畫漢墓」，考古，一九五九年九期。

于炳文、李紹榮、黃德榮，「漢墓畫像與董仲舒的三綱五常」，文物，一九六四年八期。

王仲犖，「關於中國奴婢社會的瓦解及封建關係的形成問題」，收入：中國古代史分期問題討論集，北京，三聯書店，一九五七年。

方清河，「西漢的災荒」，史原，第七期，民國六五年。

王業鍵，「近代中國的農業成長及其危機」，近史所集刊，七期，民國六七年。

毛漢光，「中國中古賢能觀念之研究—任官標準之觀察」，史語所集刊，四八本三分，民國六六年。

王毓銓，「『民數』與漢代封建政權」，收入：中國社會經濟史參考文獻，台北，華世出版社，民國七三年。

加藤繁，「漢代國家財政和帝室財政的區別以及帝室財政的一斑」，收入：中國經濟史考證，台北，華世出版社，民國七〇年。

加藤繁，「關於算賦的小研究」，收入：中國經濟史考證。
弘　一，「江陵鳳凰山十號漢墓簡牘初探」，文物，一九七四年六期。
史念海，「三門峽與古代漕運」，收入：河山集，北京，三聯書店，一九六三年。
史念海，「由歷史時期黃河的變遷探討今後治河的方略」，收入：河山集，二集，北京，三聯書店，一九八一年。
朱　楠，「漢簡中之河西物價資料」，收入：勞貞一先生七秩榮慶論文集，台北，簡牘學會出版，民國六六年。
全漢昇，「中古自然經濟」，收入：中國經濟史研究，香港，新亞研究所，民國六五年。
沈　元，「『急就篇』研究」，收入：中國社會經濟史參考文獻，台北，華世出版社，民國七三年。
李文信，「古代的鐵農具」，文物參考資料，一九五四年九期。
杜正勝，「古代聚落的傳統與變遷」，收入：第二屆中國社會經濟史研討會論文集，台北，漢學中心出版，民國七二年。
杜正勝，「『編戶齊民』的出現及其歷史意義」，史語所集刊，五四本三分，民國七二年。
杜正勝，「戶籍制度起源及其歷史意義」，食貨月刊（復刊），十七卷三、四期合刊，民國七七年。
李光璧，「漢代太平道與黃巾大起義」，歷史教學，一卷六期，一九五一年。
余英時，「關於中國歷史特質的一些看法」，收入：歷史與思想，台北，聯經公司，民國六五年。
余英時，「反智論與中國政治傳統」，收入：歷史與思想。
余英時，「東漢政權之建立與士族大姓之關係」，收入：中國知識階層史論，台北，聯經公司，民國六九年。
余英時，「畢漢思(Hans Bielenstein)『王莽亡於黃河改道說』質疑」，收入：中國知識階層史論。
余英時，「從史學看傳統」，收入：史學與傳統，台北，時報文化出版社，民國七一年。
余英時，「漢代循吏與文化傳播」，收入：中國思想傳統的現代詮釋，台北，聯經公司，民國七六年。
邢義田，「東漢的胡兵」，國立政治大學學報，二八期，民國六二年。
邢義田，「試釋漢代的關東、關西與山東、山西」及「補正」，收入：秦漢史論稿，台北，東大圖書公司，民國七六年。
邢義田，「從安土重遷論秦漢時代的徙民與遷徙刑」，收入：秦漢史論稿。
邢義田，「漢代的父老、僤與聚族里居」，收入：秦漢史論稿。
谷霽光，「戰國秦漢間重農輕商之理論與實際」，收入：王業鍵等編，中國經濟發展史論文選集，台北，聯經公司，民國六九年。
谷霽光，「漢唐間『一丁百畝』的規定與封建占有制」，收入：中國社會經濟史參考文獻，台北，華世出版社，民國七三年。

佐藤武敏著，姜鎭慶譯，「漢代的戶口調查」，收入：簡牘研究譯叢，第二輯，北京，中國社會科學出版社，一九八七年。

金發根，「塢堡溯源及兩漢的塢堡」，史語所集刊，三七本上册，民國五六年。

邱漢生，「從『四民月令』看東漢大地主的田莊」，歷史教學，一九五九年一一期。

侯仁之，「漢書地理志中所釋之職方山川澤寖」，禹貢半月刊，一卷五期，民國二三年。

馬王堆漢墓帛書整理小組，「馬王堆三號漢墓出土駐軍圖整理簡報」，文物，一九七六年一期。

唐長孺，「西晉戶調式的意義」，收入：魏晉南北朝史論叢續編，北京，三聯書店，一九七八年。

官崎市定著，杜正勝譯，「從部曲到佃戶」，食貨月刊（復刊），三卷九期，民國六二年。

徐復觀，「先秦儒家思想發展中的轉折及天的哲學的完成」，收入：兩漢思想史，卷二，台北，台灣學生書局，民國六八年。

徐復觀，「鹽鐵論中的政治社會文化問題」，收入：兩漢思想史，卷三，台北，台灣學生書局，民國六八年。

陳良佐，「自然環境對中國古代農業發展的影響」，收入：中央研究院國際漢學會議論文集，台北，中研院編印，民國七〇年。

陳良佐，「從漢書地理志試論我國古代黃河下游的黃河主流及其分流」，大陸雜誌，七二卷三期，民國七五年。

陳　直，「西漢屯戍研究」，收入：兩漢經濟史料論叢，陝西，人民出版社，一九五八年。

陳　直，「關於兩漢的手工業」，收入：兩漢經濟史料論叢。

陳　直，「關於兩漢的徒」，收入：兩漢經濟史料論叢。

陳　直，「漢代的米穀價及內郡邊郡物價情況」，收入：兩漢經濟史料論叢。

張政烺，「漢代的鐵官徒」，歷史教學，一卷一期，一九五一年。

張春樹，「漢代邊塞上吏卒的日常工作」，收入：漢代邊疆史論集，台北，食貨出版社，民國六六年。

張春樹，「古代屯田制度之原始與西漢河西、西域邊塞上屯田制度之發展過程」，收入：屈萬里先生七秩榮慶論文集，台北，聯經公司，民國六七年。

許倬雲，「漢代的市場化農業經濟」，思與言，一二卷四期，民國六三年。

許倬雲，「由新出簡牘所見秦漢社會」，史語所集刊，五一本二分，民國六九年。

許倬雲，「傳統中國社會經濟史的若干特性」，收入：求古編，台北，聯經公司，民國七一年。

許倬雲，「西漢政權與社會勢力的交互作用」，收入：求古編。

許倬雲，「漢代的精耕農作與市場經濟」，收入：求古編。

許倬雲，「漢代中國體系的網絡」，收入：勞貞一先生八秩榮慶論文集，台北，台灣商務印書館，民國七五年。

黃盛璋，「江陵鳳凰山漢墓簡牘及其在歷史地理研究上的價值」，文物，一九七四年六期。

張傳璽，「漢代大鐵犁研究」，收入：秦漢問題研究，北京，北京大學出版，一九八五年。

陳槃，「讖緯釋名」，史語所集刊，一一本，民國三二年。

陳槃，「秦漢間之所謂『符應』論略」，史語所集刊，一六本，民國三六年。

陳槃，「讖緯命名及其相關之諸問題」，幼獅學報，一卷一期，民國四七年。

湯用彤，「讀『太平經』書所見」，收入：玄學、文化、佛教，台北，育民出版社，民國六九年。

馮承基，「伏無忌所記東漢戶口數字之檢討」，大陸雜誌，二七卷二期，民國五二年。

勞榦，「漢代的雇庸制度」，史語所集刊，二三本上，民國四〇年。

勞榦，「三老餘義」，大陸雜誌，二一卷九期，民國四九年。

勞榦，「漢代的豪彊及其政治上的關係」，收入：慶祝李濟先生七十歲論文集，台北，清華學報社，民國五四年。

勞榦，「兩漢戶籍與地理之關係」，收入：勞榦學術論文集甲編，台北，藝文印書館，民國六五年。

勞榦，「兩漢郡國面積之估計及口數增減之推測」，收入：勞榦學術論文集甲編。

勞榦，「從漢簡所見之邊郡制度」，收入：勞榦學術論文集甲編。

勞榦，「漢簡中的河西經濟生活」，收入：勞榦學術論文集甲編。

勞榦，「漢代兵制與漢簡中的兵制」，收入：勞榦學術論文集甲編。

勞榦，「漢代察舉制度考」，收入：勞榦學術論文集甲編。

勞　榦，「兩漢刺史制度考」，收入：勞榦學術論文集甲編。

勞　榦，「漢代黃金及銅錢的使用問題」，收入：勞榦學術論文集甲編。

傅樂成，「西漢的幾個政治團體」，收入：漢唐史論集，台北，聯經公司，民國六六年。

傅擧有，「從奴婢不入戶籍談到漢代的人口數」，中國史研究，一九八三年四期。

楊　遠，「兩漢鹽、鐵、工官的地理分布」，香港中文大學中國文化研究所學報，九卷上冊，一九七八年。

楊　遠，「西漢人物的地理分布」，幼獅學誌，一九卷二期，民國七五年。

楊　遠，「西漢的人口」，收入：國史釋論，台北，食貨出版社，民國七六年。

楊毓鑫，「禹貢等五書所記藪澤表」，禹貢半月刊，一卷二期，民國二三年。

楊聯陞，「從四民月令所見到的漢代家族的生產」，食貨半月刊，一卷六期，民國二四年。

楊聯陞，「東漢的豪族」，清華學報，一一卷四期，民國二五年。

楊聯陞，「原商賈」，收入：余英時，中國近世宗教倫理與商人精神，台北，聯經公司，民國七六年。

趙　岡，「中國歷史上人口壓力的問題」，中研院經濟所經濟論文，九卷一期，民國七〇年。

趙　岡，「中國歷史上的城市人口」，食貨月刊（復刊），十三卷三、四期合刊，民國七二年。

趙　岡，「中國歷史上的城鎮與市場」，食貨月刊（復刊），十三卷五、六期合刊，民國七二年。
趙岡，「中國歷史上的人與地」，中研院經濟所經濟論文，一一卷二期，民國七二年。
趙岡，「中國歷史上的墾荒與農田水利」，幼獅學誌，一八卷一期，民國七三年。
趙岡，「中國歷史上的糧食單位面積產量」，漢學研究，五卷二期，民國七六年。
趙岡，「中國歷史上生態環境之變化」，幼獅學誌，一九卷三期，民國七六年。
管東貴，「漢代的屯田與開邊」，史語所集刊，四五本一分，民國六二年。
管東貴，「漢代屯田的組織與功能」，史語所集刊，四八本四分，民國六六年。
管東貴，「戰國至漢初的人口變遷」，史語所集刊，五〇本四分，民國六八年。
翦伯贊，「兩漢時期的雇傭勞動」，收入：翦伯贊歷史論文選集，北京，人民出版社，一九八〇年。
劉翠溶、費景漢，「清代倉儲制度功能初探」，中研院經濟所經濟論文，七卷一期，民國六八年。
劉翠溶，「清代倉儲制度穩定功能之檢討」，中研院經濟所經濟論文，八卷一期，民國六九年。
謝雁翔，「四川郫縣犀浦出土的東漢殘碑」，文物，一九七四年四期。
蕭公權著，陳國棟譯，「調爭解紛—帝制時代中國社會的和解」，收入：迹園文錄，台北，聯經公司，民國七二年。
韓連琪，「漢代的戶籍和上計制度」，文史哲，一九七八年三期。

韓復智，「西漢物價的變動與經濟政策之關係」，收入：漢史論集，台北，文史哲出版社，民國六九年。

韓復智，「三國時代的經濟思想與政策」，收入：漢史論集。

韓復智，「東漢的選舉」，收入：漢史論集。

蕭　璠，「關於戰國秦漢分配理論的一些初步考察」，收入：第二屆中國社會經濟史研討會論文集，台北，漢學中心出版，民國七二年。

羅彤華，「兩漢客的演變」，漢學研究，五卷二期，民國七六年。

羅彤華，「東漢黨人之士氣與義行—兼論黨錮之禍的起因」，中華文化復興月刊，二一卷一一期，民國七七年。

羅彤華，「東漢的關中區」，大陸雜誌，七八卷六期，民國七八年。

嚴耕望，「秦漢郎吏制度考」，史語所集刊，二三本上，民國四〇年。

嚴耕望，「戰國時代列國民風與生計—兼論秦統一天下之一背景」，食貨月刊（復刊），十四卷九、十期合刊，民國七四年。

顧頡剛，「寫在藪澤表的後面」，禹貢半月刊，一卷二期，民國二三年。

顧頡剛，「兩漢州制考」，收入：中研院史語所集刊外編，慶祝蔡元培先生六十五歲論文集，下册，民國二四年。

Wittfogel, Karl A.，楊儒賓譯，「從歷史觀點論中國社會的特質」，史學評論，一二期，台北，華世出版社，民國七五年。

## 乙、外文部分

### (一)英　文


Bielenstein, Hans. *The Restoration of the Han Dynasty*. Stockholm, 1953.

Bradford, M. B. and Kent, W. A. *Human Geography: Theories and Their Applications*. Oxford: Oxford University Press, 1977.

Chen, Chi-yun. *Hsün Yüeh (A.D. 148-209): The Life and Reflection of an Early Medieval Confucian*. N. Y.: Cambridge University Press, 1975.

Ch'ü, T'ung-tsu. *Han Social Structure*. 台北，虹橋書店翻印本，民國六二年。

Eisenstadt, S. N. *The Political Systems of Empires: The Rise and Fall of the Historical Bureaucratic Societies*. New York: The Free Press, 1969.

Franke, Herbert. "Warfare in Medieval China: Some Research Problems," 中央研究院第二屆國際漢學會議宣讀論文，民國七五年十二月.

Ho, Ping-ti. *Studies on the Population of China*, 1368-1953. Cambridge: Harvard University Press, 1959.

Hsu, Cho-yun. *Han Agriculture: The Formation of Early Chinese Agrarian Economy (206 B.C.-A.D. 220)*. Seattle: University of Washington Press,

1980.

Hucker, Charles O. *China's Imperial Past; An Introduction to Chinese History and Culture*. Stanford: Stanford University Press, 1975.

Lamson, Herbert Day. *Social Pathology in China: A Source Book for the Study of Problems of Livelihood, Health, and the Family*. 台北，成文出版社重印本，一九七四年.

Lee, James. "Migration and Expansion in Chinese History," in W. H. McNeill and R. S. Adams eds., *Human Migration: Patterns and Policies*. London: Indiana University Press, 1978.

Loewe, Michael. *Crisis and Conflict in Han China*, 104 *B.C. to A.D.* 9.台北，虹橋書店翻印本，民國六四年.

Reischauer, Edwin O. and Fairbank, John K. *East Asia: The Great Tradition*. 台北，經文書局翻印本，一九六七年.

Swann, Nancy Lee. *Food and Money in Ancient China*. N. J.: Princeton University Press, 1950.

Thomas, Brinley. *Migration and Economic Growth: A Study of Great Britain and Atlantic Economy*. Great Britain: Cambridge University Press, 1954.

Twitchett, Denis, and Fairbank, John K. eds. *The Cambridge History of*

*China, vol. 1. The Ch'in and Han Empires*, 221 *B.C.-A.D.* 220. Cambridge: Cambridge University Press, 1986.

Wilbur, C. Martin. *Slavery in China During the Former Han Dynasty*, 206 *B.C.-A.D.* 25. Chicago: Field Museum Press, 1943.

Wittfogel, Karl A. *Oriental Despotism, A Comparative Study of Total Power*. New Haven and London: Yale University Press, 1957.

Yü, Ying-shih. *Trade and Expansion in Han China, A Study in the Structure of Sino-Barbarian Economic Relations*. Berkeley and Los Angeles: University of California Press, 1967.

## (二)日 文

大庭脩，秦漢法制史の研究，東京，創文社，昭和五七年。

平中苓次，中國古代の田制と稅法——秦漢經濟史研究——，京都大學，東洋史研究叢刊，昭和四二年。

宇都宮清吉，中國古代中世史研究，東京，創文社，昭和五二年。

西嶋定生，中國古代の社會と經濟，東京，東京大學，一九八一年。

西嶋定生，中國古代帝國の形成と構造——二十等爵制の研究——，東京，東京大學，一九六一年。

濱口重國，秦漢隋唐史の研究，東京，東京大學，一九八〇年。

鎌田重雄，漢代史研究，東京，川田書房，昭和二三年。

國家圖書館出版品預行編目資料

漢代的流民問題

羅彤華著. – 初版. – 臺北市：臺灣學生，1989
面；公分

ISBN 978-957-15-0035-5(精裝)
ISBN 978-957-15-0036-2(平裝)

1. 中國 – 歷史 – 漢(公元前 206-公元 220)
2. 難民 – 中國

622.04/8586

漢代的流民問題

著 作 者 羅彤華
出 版 者 臺灣學生書局有限公司
發 行 人 楊雲龍
發 行 所 臺灣學生書局有限公司
地 址 臺北市和平東路一段 75 巷 11 號
劃撥帳號 00024668
電 話 (02)23928185
傳 真 (02)23928105
E-mail student.book@msa.hinet.net
網 址 www.studentbook.com.tw
登記證字號 行政院新聞局局版北市業字第玖捌壹號
定 價 精裝新臺幣七五〇元
平裝新臺幣四五〇元

一九八九年十二月 初版
二〇二三年 十月 初版二刷

68501 